NOVO DESENVOLVIMENTISMO

introduzindo uma nova teoria econômica
e economia política

CONTRACORRENTE

Luiz Carlos Bresser-Pereira

NOVO DESENVOLVIMENTISMO

introduzindo uma nova teoria econômica
e economia política

SÃO PAULO
2024

CONTRACORRENTE

Copyright © EDITORA CONTRACORRENTE
Alameda Itu, 852 | 1º andar |
CEP 01421 002
www.editoracontracorrente.com.br
contato@editoracontracorrente.com.br

EDITORES
Camila Almeida Janela Valim
Gustavo Marinho de Carvalho
Rafael Valim
Walfrido Warde
Silvio Almeida

EQUIPE EDITORIAL
COORDENAÇÃO DE PROJETO: Erick Facioli
REVISÃO: Douglas Magalhães
PREPARAÇÃO DE TEXTO E REVISÃO TÉCNICA: Amanda Dorth e Beatriz Duarte Lopes
DIAGRAMAÇÃO: Pablo Madeira
CAPA: Maikon Nery

EQUIPE DE APOIO
Carla Vasconcelos
Regina Gomes
Nathalia Oliveira

Dados Internacionais de Catalogação na Publicação (CIP)
(Câmara Brasileira do Livro, SP, Brasil)

Bresser-Pereira, Luiz Carlos
  Novo desenvolvimentismo : introduzindo uma nova teoria econômica e economia política / Luiz Carlos Bresser-Pereira ; tradução do autor. -- São Paulo : Editora Contracorrente, 2024.

  Título original: New developmentalism: introducing a new economics and political economy.
  Bibliografia.
  ISBN 978-65-5396-180-7

  1. Capitalismo 2. Desigualdade 3. Economia política 4. Macroeconomia 5. Teoria econômica I. Título.

24-197633   CDD-330

Índices para catálogo sistemático:

1. Economia política   330
Tábata Alves da Silva - Bibliotecária - CRB-8/9253

@editoracontracorrente
Editora Contracorrente
@ContraEditora
Editora Contracorrente

SUMÁRIO

INTRODUÇÃO 11

CAPÍTULO I – O MÉTODO E AS ESCOLAS 21
    1.1 As primeiras escolas de pensamento 25
    1.2 Teoria Econômica Neoclássica 30
    1.3 Teoria Econômica Pós-Keynesiana 33

CAPÍTULO II – AS ESCOLAS DESENVOLVIMENTISTAS E O ANTI-IMPERIALISMO 39
    2.1 Desenvolvimentismo Estruturalista Clássico 40
    2.2 Desenvolvimentista de segunda geração 44
    2.3 Novo Desenvolvimentismo 46
    2.4 Comparando com o Desenvolvimentismo Estruturalista Clássico 51
    2.5 Comparando com a Teoria Econômica Pós-Keynesiana 54
    2.6 Anti-imperialismo 55
    2.7 Duas correntes da teoria da dependência 58
    2.8 Escola de Regulação e Teoria Monetária Moderna 61
    2.9 Sociologia do desenvolvimento 62

CAPÍTULO III – REVOLUÇÃO CAPITALISTA E ESTADO DESENVOLVIMENTISTA ... 65

3.1 O desenvolvimentista e a forma liberal ... 67
3.2 Formas de organização social ... 70
3.3 A formação dos estados-nação ... 72
3.4 Grande divergência, Estado e imperialismo ... 73
3.5 O Estado desenvolvimentista ... 76
3.6 Quatro tipos de revolução capitalista ... 79

CAPÍTULO IV – FORMAS E FASES DO DESENVOLVIMENTO CAPITALISTA ... 87

4.1 Duas instituições, o Estado e o mercado ... 88
4.2 Políticas definem o Estado desenvolvimentista ... 91
4.3 Fases do desenvolvimento capitalista ... 92
4.4 A fase mercantilista ... 96
4.5 A fase industrial (empreendedora) ... 99
4.6 Fase capitalista-gerencial ... 103
4.7 Fase neoliberal financeiro-rentista ... 105
4.8 O papel crescente do mercado ... 106
4.9 Resumindo ... 108

CAPÍTULO V – A MICROECONOMIA DO NOVO DESENVOLVIMENTISMO ... 111

5.1 Microeconomia clássica e neoclássica ... 113
5.2 Microeconomia estruturalista clássica ... 116
5.3 Microeconomia da ND ... 118
5.4 Os cinco preços macroeconômicos ... 120

CAPÍTULO VI – MACROECONOMIA E AUSTERIDADE ... 123

6.1 Política fiscal ... 127
6.2 Crise fiscal ou crise financeira? ... 129

    6.3 A síndrome da austeridade, uma condição e não uma política ... 132
    6.4 Austeridade como vício ... 135
    6.5 Austeridade e ordem social ... 136

CAPÍTULO VII – A TAXA DE JURO ... 141
    7.1 A determinação da taxa de juro ... 142
    7.2 Taxas de juro nos países em desenvolvimento ... 144
    7.3 Dinheiro ... 147
    7.4 Política monetária ou política de juros? ... 152

CAPÍTULO VIII – INFLAÇÃO E ATÉ ONDE VAI A TEORIA ECONÔMICA ... 155
    8.1 Teoria ortodoxa da inflação ... 157
    8.2 Teoria pós-keynesiana da inflação ... 160
    8.3 Inflação de custos ... 163
    8.4 Inflação inercial e expectativas ... 164
    8.5 Limitações da economia ... 169

CAPÍTULO IX – A TAXA DE LUCRO E OS SALÁRIOS ... 171
    9.1 Tipos de progresso técnico ... 172
    9.2 Teorema de Okishio ... 176
    9.3 Fases de acordo com o progresso técnico e taxa de lucro ... 178
    9.4 Uma previsão otimista, mas equivocada ... 179
    9.5 Distribuição entre salários e lucros ... 180
    9.6 Taxa salarial ... 181
    9.7 Salários e custo efetivo de reprodução ... 183

CAPÍTULO X – DETERMINAÇÃO DA TAXA DE CÂMBIO ... 187
    10.1 Paridade do poder de compra ... 188

10.2 A taxa de câmbio implicitamente desejada ... 191

10.3 O valor da moeda estrangeira ... 192

10.4 Três variáveis adicionais ... 197

CAPÍTULO XI – CRESCIMENTO E ESTAGNAÇÃO ... 201

11.1 Desenvolvimento como sofisticação produtiva ... 203

11.2 Modelos de crescimento ... 205

11.3 Modelo de Crescimento da ND ... 208

11.4 A taxa de investimento ... 209

11.5 Modelo de Thirwall ... 212

11.6 O modelo de dois hiatos ... 219

CAPÍTULO XII – POLÍTICA DE DÉFICIT EM CONTA CORRENTE ... 221

12.1 A taxa de substituição da poupança interna pela poupança externa ... 224

12.2 Exceções ... 227

12.3 Ciclo cambial ... 229

CAPÍTULO XIII – CÂMBIO, INVESTIMENTO E CRESCIMENTO ... 233

13.1 Três equilíbrios ... 235

13.2 Taxa de câmbio flutuante gerenciada ... 237

13.3 Teoria do acesso à demanda ... 239

13.4 Populismo econômico ... 242

13.5 O custo da restrição externa ... 245

CAPÍTULO XIV – A DOENÇA HOLANDESA E SUA NEUTRALIZAÇÃO ... 247

14.1 Dois modelos ... 249

14.2 Doença holandesa estendida ... 250

    14.3 A doença holandesa e a maldição dos recursos naturais 252

    14.4 Neutralizando a doença holandesa 256

    14.5 O segundo argumento a favor das tarifas aduaneiras 260

CAPÍTULO XV – VERDE E SOCIAL 263

    15.1 Aquecimento global e suas consequências 263

    15.2 Desenvolvimento protege o patrimônio público 265

    15.3 Grandes investimentos para conter as mudanças climáticas 267

    15.4 Desigualdade crescente 274

    15.5 Por que a desigualdade está aumentando? 283

CAPÍTULO XVI – APLICAÇÃO À AMERICA LATINA E AO BRASIL 285

    16.1 Quase estagnação 287

    16.2 Fatos históricos novos e quase estagnação 291

    16.3 Por quê? 293

    16.4 O terceiro argumento 297

    16.5 O que fazer? 298

    16.6 Populismo econômico 300

BIBLIOGRAFIA 305

LISTA DE ILUSTRAÇÕES 327

ÍNDICE ONOMÁSTICO 329

INTRODUÇÃO

Este livro resume e discute o Novo Desenvolvimentismo (ND), uma nova teoria econômica e economia política que um grupo de economistas vem desenvolvendo no Brasil nos últimos 20 anos. É uma reação à quase estagnação que caracteriza a maioria dos países de renda média, especialmente os latino-americanos, desde a década de 1980. Suas origens estão na Economia Política Marxista, na Teoria Econômica Pós-Keynesiana e no Desenvolvimentismo Estruturalista Clássico. Também pode ser chamada de Nova Teoria do Desenvolvimento, talvez um nome mais apropriado, mas, neste livro, usarei o Novo Desenvolvimentismo, que é como a teoria se tornou mais conhecida.

O Desenvolvimentismo Estruturalista Clássico, originalmente chamado no Norte Global de "economia do desenvolvimento" e na América Latina de "teoria estruturalista", nasceu durante a Segunda Guerra Mundial. Era uma escola de pensamento desenvolvimentista que criticava a teoria econômica liberal-ortodoxa ou neoclássica e propunha uma intervenção moderada do Estado na economia e uma postura econômico-nacionalista anti-imperialista em relação ao imperialismo e ao liberalismo econômico do Norte Global.[1]

---

[1] Note-se que neste livro uso uma letra maiúscula para Estado, como instituição (o sistema constitucional-legal e a organização que o garante), e uso

Essa escola não tinha uma macroeconomia, adotando os princípios da revolução keynesiana. Os representantes mais legítimos dessas duas escolas adotaram o método histórico-estrutural associado a Marx e aos demais economistas políticos que rejeitaram o modo a-histórico de pensar a teoria econômica neoclássica.

A Teoria Econômica Pós-Keynesiana e o Desenvolvimentismo Estruturalista Clássico foram as principais teorias e políticas econômicas heterodoxas da década de 1960. A primeira foi a ciência de Joan Robinson, Nicholas Kaldor e Paul Davidson, a segunda, a ciência de Raúl Prebisch, Arthur Lewis, Albert Hirschman e Celso Furtado. Foi a teoria em que me formei como economista. Na década de 1980, ambas as teorias passaram por uma crise quando os Anos Neoliberais substituíram a Era de Ouro do capitalismo e a teoria econômica ortodoxo-liberal voltou a dominar as universidades. Após a Virada Neoliberal, o Banco Mundial, que era o principal centro dos economistas desenvolvimentistas, tornou-se a principal instituição internacional e pressionou os países em desenvolvimento a adotarem reformas neoliberais – principalmente a liberalização comercial e financeira.

A ND começou a ser desenvolvida quando ficou claro que era possível enriquecer teorias e políticas estruturalistas clássicas e pós-keynesianas – para oferecer novas ferramentas que explicassem por que a maioria dos países em desenvolvimento permaneceu quase estagnada por 40 anos e quais novas políticas se adotarem. Os estruturalistas clássicos apostaram na política industrial, enquanto os pós-keynesianos apostaram na demanda efetiva, mas a teoria e as políticas que eles ofereceram não foram suficientes para ajudar os países em desenvolvimento, especialmente os exportadores de *commodities*, a retomar o crescimento e alcançar os países desenvolvidos.

---

estado com letra minúscula para indicar formas de sociedade territorial, como o estado-nação e a cidade-estado, que são formados por uma nação e um Estado.

INTRODUÇÃO

A ND estava se desenvolvendo enquanto as economias dos países centrais e periféricos enfrentavam grandes mudanças. Após a Segunda Guerra Mundial, os países centrais adotaram políticas keynesianas e desenvolvimentistas em vez de liberais e viveram a Era de Ouro do Capitalismo (1945-1973). Mas, na década de 1970, os EUA e o Reino Unido caíram em crises econômicas que abriram espaço para que a teoria econômica ortodoxa voltasse a ser dominante nas universidades e na formulação de políticas. Os neoliberais argumentavam que as falhas políticas eram piores do que as falhas de mercado, e o liberalismo econômico era entendido como a condição necessária para uma teoria econômica sólida e democrática, a democracia liberal. Enquanto isso acontecia nos países centrais, na periferia do capitalismo, alguns países, como Brasil e México, na América Latina, e Índia e Coreia do Sul, na Ásia, se industrializavam com sucesso ao adotar a estratégia desenvolvimentista de industrialização proposta pelo desenvolvimentismo estruturalista. Os países ricos reagiram negativamente a essa estratégia porque ela bloqueou a entrada de suas exportações de manufaturados nos países em desenvolvimento e criou dificuldades para seus investimentos estrangeiros. No entanto, os países centrais não rejeitaram completamente as políticas desenvolvimentistas e permitiram que o Banco Mundial financiasse a industrialização dos países em desenvolvimento, incluindo as empresas estatais que então estavam sendo criadas. No entanto, por volta de 1980, houve a virada neoliberal nos países centrais – a transição de uma formação social-democrata e desenvolvimentista para uma neoliberal. A partir daí, os países centrais, liderados pelos Estados Unidos, começaram a pressionar o resto do mundo a abrir suas economias. O Banco Mundial tornou-se o agente das reformas neoliberais, cujas políticas foram sintetizadas no Consenso de Washington. A liberalização comercial e financeira tornou-se o novo nome do jogo. Por volta de 1990, os países periféricos, com exceção dos países do Leste Asiático e da Índia, adotaram abruptamente reformas neoliberais por meio da abertura de suas economias. Seguiu-se a desindustrialização e a quase estagnação.

Durante as décadas de 1980 e 1990, a resposta desenvolvimentista a essas mudanças veio de sociólogos como Peter Evans e Dietrich Rueschemeyer – que editaram um livro com um título sugestivo, *Bringing Back the State* (1985),² e de alguns economistas líderes do desenvolvimento, Alice Amsden, Robert Wade e Ha-Joon Chang estudaram países do Leste Asiático, com foco em política industrial, enquanto Gabriel Palma e Lance Taylor investiram em macroeconomia estruturalista.³ Esses economistas avançaram na análise do desenvolvimento econômico nos países periféricos e ofereceram uma análise do crescimento bem-sucedido dos países do Leste Asiático, mas não ofereceram uma teoria para explicar a quase estagnação de muitos países de renda média. Foi nesse contexto histórico que, no início dos anos 2000, comecei a construir o Novo Desenvolvimentismo. Eu estava reagindo à quase estagnação que o Brasil e muitos outros países em desenvolvimento estavam vivendo, bem como reagindo à incapacidade, não só da teoria econômica ortodoxa, mas também do desenvolvimentismo estruturalista, de superá-la.

O desenvolvimentismo estruturalista clássico conseguiu orientar o crescimento de vários países em desenvolvimento, mas com a grande crise da dívida externa dos anos 1980, mostrou-se incapaz de resistir à ideologia neoliberal e à ortodoxia econômica liberal que então se tornou dominante nos países centrais, o que imediatamente pressionou o resto do mundo a adotar o liberalismo

---

2   EVANS, Peter B.; RUESCHEMEYER, Dietrich; SKOCPCOL, Theda (Coord.). *Bringing the State back in*. Cambridge: Cambridge University Press, 1985.

3   AMSDEN, Alice H. *Asia's next giant*: South Korea and late industrialization. Nova York: Oxford University Press, 1989; WADE, Robert. *Governing the market*. Princeton: Princeton University Press, 1990; CHANG, Ha-Joon. *Kicking Away the Ladder*. Londres: Anthem Press, 2002; TAYLOR, Lance. *Structuralist macroeconomics*. Nova York: Basic Books, 1983; PALMA, Gabriel. "Four sources of 'de-industrialization' and a new concept of Dutch Disease". *In*: OCAMPO, José Antonio (Coord.). *Beyond reforms*: structural dynamics and macroeconomic vulnerability. Stanford: Stanford University Press; World Bank, 2005.

INTRODUÇÃO

econômico radical. Dez anos depois, por volta de 1990, os países latino-americanos submeteram-se à pressão do Norte Global e se engajaram na liberalização e privatização comercial e financeira. Não surpreende que esses países não tenham retomado seu crescimento.

As três *visões originais* que deram origem à ND eram, em primeiro lugar, uma macroeconomia desenvolvimentista voltada para os países de renda média; em segundo lugar, a taxa de câmbio vista como um dos principais determinantes do investimento nos países em desenvolvimento, onde há uma tendência à sobrevalorização cíclica; em terceiro lugar, os governos deveriam se recuperar do baixo nível de investimento público, que havia caído da crise da dívida externa dos anos 1980, e da onda de privatizações de estatais monopolistas e lucrativas que veio com o neoliberalismo.

Já havia algumas pesquisas que mostravam uma relação positiva entre uma taxa de câmbio competitiva e o crescimento econômico, mas faltava uma teoria. ND focou nesse problema e criou uma teoria. Se a taxa de câmbio estiver cronicamente sobrevalorizada, as empresas competentes que utilizam tecnologia global de ponta não teriam *acesso à demanda* e não investiriam. Normalmente, a teoria econômica vê esse preço macroeconômico como um preço de curto prazo que não faz parte da teoria do desenvolvimento, mas da macroeconomia e do comércio internacional. Mas, se a taxa de câmbio tende a permanecer apreciada por vários anos, torna-se um problema central para a teoria do desenvolvimento econômico. Por outro lado, enquanto o investimento deve ser predominantemente privado, as empresas estatais têm um papel fundamental no investimento em infraestrutura e em algumas indústrias de insumos básicos.

Na ND, há uma teoria econômica e uma economia política. A teoria econômica procura definir em termos abstratos o processo de produção de bens e serviços, a distribuição da renda gerada por essa produção na forma de salários, lucros e rendas, e a estabilidade e crescimento dos sistemas econômicos. A economia política do

ND discute o processo histórico de desenvolvimento capitalista, a formação do estado-nação e a revolução industrial – que juntos formam a Revolução Capitalista – e o papel dos capitalistas, dos gestores e da classe trabalhadora nesse processo. Nessa análise, a ND introduz novas ideias, como a taxa de câmbio de equilíbrio industrial, a taxa de substituição da poupança interna pela poupança externa, o acesso à demanda, as duas formas de organização econômica do capitalismo (desenvolvimentismo e liberalismo econômico), a distinção entre a revolução capitalista no centro e na periferia do capitalismo, a coalizão financeiro-rentista na fase neoliberal do capitalismo. Essas ideias são relativamente novas e contribuem para nossa compreensão do mundo em que vivemos.

A teoria econômica de ND é um sistema de ideias que critica a teoria econômica ortodoxa e se baseia no que chamo de "economia geral" – um conjunto de conceitos e modelos simples que praticamente todos os economistas usam –, bem como na Teoria Econômica Pós-Keynesiana, a única escola heterodoxa que é quase tão sistemática e abrangente quanto a teoria ortodoxa. ND inova ao fazer a crítica metodológica da Teoria Econômica Neoclássica; ao incluir a macroeconomia na teoria do desenvolvimento; com um novo modelo de determinação da taxa de câmbio; com uma função de investimento em que a taxa de câmbio desempenha um papel fundamental na medida em que garante que as empresas competitivas tenham acesso à demanda que uma taxa de câmbio cronicamente apreciada rejeita; e com a teoria econômica da inflação inercial. Sua abordagem da macroeconomia é original ao definir os cinco preços macroeconômicos: a taxa de juros, a taxa de salários, a taxa de lucro, a taxa de inflação e a taxa de câmbio. Uma das razões pelas quais o ND se concentra na taxa de câmbio é que a taxa de câmbio, apesar de ser uma variável crucial na determinação dos lucros e da competitividade e das relações comerciais de um país, é provavelmente o preço macroeconômico que os economistas menos estudaram.

Seguindo a tradição clássica, o ND define desenvolvimento econômico como "o processo histórico de acumulação de capital

INTRODUÇÃO

e progresso técnico que aumenta a produtividade, a renda por pessoa e os padrões de vida". É difícil pensar em uma situação em que tal processo não envolva mudanças estruturais.[4] Os economistas desenvolvimentistas costumam distinguir o crescimento econômico – o aumento da renda por pessoa – do desenvolvimento econômico, que envolve mudanças estruturais, mas prefiro vê-los como equivalentes. Podemos ter casos em que há crescimento sem desenvolvimento, mas são casos muito especiais. Outros acadêmicos afirmam que o desenvolvimento requer a diminuição da desigualdade, mas se aceitarmos essa visão, do ponto de vista teórico, os episódios mais relevantes do desenvolvimento econômico – por exemplo, o desenvolvimento econômico da China de 1980 a 2020 – teriam que ser descartados.

ND rejeita a verdade convencional de que os países pobres em capital devem atrair capital do mundo rico e critica a política de reduzir os déficits em conta corrente para crescer com a dívida externa (a chamada "poupança externa"). A ND também oferece um novo conceito de doença holandesa – uma desvantagem competitiva enfrentada por países que exportam *commodities* – e oferece dois métodos para neutralizá-la. Um método é a adoção de tarifas de importação sobre produtos manufaturados; uma política que muitos países adotam pragmaticamente há muito tempo. Os formuladores de políticas nesses países não sabiam que, dessa forma, estavam neutralizando a doença holandesa, mas sabiam que o desenvolvimento econômico exigia industrialização e que a industrialização pararia no momento em que derrubassem as tarifas de importação. A teoria econômica baseou-se em apenas um argumento não protecionista a favor das tarifas de importação: o argumento da indústria nascente que tem validade limitada. Depois de algum tempo, cada setor industrial deixa de ser infantil. A ND desenvolveu um segundo

---

[4] A situação clássica em que tivemos este problema foi em países onde existiam enclaves modernos totalmente separados da sociedade tradicional dominante. Hoje, casos desse dualismo radical são raros, se é que existem.

argumento não protecionista para justificar as tarifas de importação – o argumento da neutralização da doença holandesa que consiste em impor tarifas de importação sobre produtos manufaturados (e subsídios à exportação para os mesmos bens).

O leitor deve ter notado que, nesta introdução, utilizo a palavra "desenvolvimentismo" com dois significados: ou como estilo de formulação de políticas, ou como nome de uma economia. O desenvolvimentismo é ao mesmo tempo uma forma de organização econômica do capitalismo e o nome de duas teorias: Desenvolvimentismo Estruturalista Clássico e Novo Desenvolvimentismo.

A ND se concentra em países de renda média que realizaram, ou estão realizando, sua revolução industrial e capitalista. No entanto, vários de seus resultados são gerais o suficiente para serem usados pelas economias centrais. A teoria do ND depende das contribuições de muitos economistas que trabalharam comigo no desenvolvimento de um novo quadro teórico que explica por que alguns países em desenvolvimento conseguiram recuperar o atraso – reduzindo sua diferença econômica com os países ricos –, enquanto outros ficaram para trás. O interesse em novas ideias desenvolvimentistas está aumentando em todo o mundo e está transformando o pensamento em torno do desenvolvimento econômico.

A ND nos permite entender melhor as causas e os remédios para o desenvolvimento e a quase estagnação em países de renda média e, em certos casos, é útil em relação aos países ricos. Entendemos, por exemplo, que os países latino-americanos pararam de recuperar o atraso, enquanto os países do Leste Asiático continuaram a crescer rapidamente porque, em 1990, os primeiros países não conseguiram neutralizar a doença holandesa liberalizando o comércio, enquanto os segundos não tinham recursos naturais abundantes, não tendo, portanto, a desvantagem competitiva. Associado a isso, aprendemos que a principal forma que os países utilizam para neutralizar essa doença é o uso de tarifas de importação, embora a maioria deles não soubesse. Sabiam, no entanto,

INTRODUÇÃO

que precisavam se industrializar para crescer; que essa foi a política que os EUA usaram porque eram exportadores de *commodities* e só abriram sua economia em 1939. Os países em desenvolvimento que abriram suas economias antes de neutralizar a doença caíram na armadilha da taxa de juros e da taxa de câmbio ou na armadilha da liberalização. Com o conceito de populismo cambial, entendemos por que tantos países em desenvolvimento praticam um nível de taxa de juros acima da média internacional mais risco país ou adotam a política de crescimento com poupança externa. Em relação aos países ricos, entendemos melhor por que os EUA praticamente pararam de se industrializar enquanto a China se tornou a fábrica do mundo. Entendemos também que a Crise do Euro foi um problema cambial interno, e a austeridade drástica que a Troika (grupo formado pela Comissão Europeia, Banco Central Europeu e Fundo Monetário Internacional) obrigou os países com dívida externa a adotar o objetivo de reduzir os salários reais e, assim, restabelecer o equilíbrio das taxas de câmbio internas.

Nesta introdução, quero expressar meus agradecimentos aos amigos que me ajudaram a escrever este livro ao longo do último ano. Cito Tiago Porto, que acompanhou o trabalho desde o início, e Eliane C. Araujo, que leu o manuscrito e fez sugestões. Outros leram capítulos específicos, como foi o caso de Arthur Barrionuevo, Paulo Gala, Fabio Anderaos e Rafael R. Leão. Estendo meus agradecimentos a José Luis Oreiro e Nelson Marconi, que escreveram comigo um livro sobre macroeconomia do desenvolvimento e conduziram pesquisadores mais jovens sobre a ND. Yoshiaki Nakano escreveu os dois primeiros artigos sobre ND comigo. Alexandre Abdal, André Nassif, Carmem Feijó, Elias Jabbour, Fabio Brittes Terra, Fabrício Missio, Fernando Ferrari Filho, Francisco Eduardo Pires de Souza, o saudoso François Chesnais, Frederico, Gilberto Tadeu Lima, Frederico Gonzaga Jayme Junior, Guilherme Jonas Gomes da Silva, Jan Kregel, Leda Paulani, Leonardo Burlamaqui, Luiz Felipe Alencastro, Luiz Fernando de Paula, Luiz Gonzaga Belluzzo, Marco Flavio Cunha Resende, Miguel Bruno, Pedro

César Dutra Fonseca, Pierre Salama, Ricardo Bielschowsky, Robert Boyer, Robert Guttmann e Robert Wade são amigos que contribuíram para as ideias aqui desenvolvidas. E Carlos A. Medeiros, que sempre foi crítico da ND. Sou grato a Cecilia Heise, uma assistente extraordinária, e aos meus editores da Edward Elgar Publishing, que perceberam que o Novo Desenvolvimentismo estava chamando cada vez mais a atenção de pessoas interessadas em desenvolvimento econômico e me convidaram para escrever este livro. Meus últimos agradecimentos são à minha sempre querida esposa e companheira, Vera.

CAPÍTULO I
O MÉTODO E AS ESCOLAS

Este livro oferece um resumo do Novo Desenvolvimentismo (ND): uma teoria econômica e economia política que estuda os países em desenvolvimento, especialmente os de renda média.[5] É uma teoria que adota o método histórico-estrutural e é crítica da teoria econômica ortodoxa ou neoclássica, que utiliza o método hipotético-dedutivo. ND descarta tal teoria econômica dominante nas universidades dos países centrais, que tem em seu cerne o modelo de equilíbrio geral e a tese das expectativas racionais, que transformaram a Teoria Econômica Neoclássica em uma defesa radical do liberalismo econômico.

Os economistas devem sempre considerar que trabalham com uma ciência substantiva cujo critério de verdade é a adequação à realidade. Isso pode parecer óbvio, mas não é tão óbvio quando distinguimos as ciências substantivas (ciências naturais ou sociais, que têm um objeto substantivo de estudo) das ciências metodológicas (que não têm um objeto de estudo, mas têm um

---

[5] A palavra economia não pode ser simplesmente traduzida como "economia". A melhor tradução é "teoria econômica", que uso nesta tradução para o português deste livro.

objetivo: ajudar a pensar). Física, biologia e teoria econômica são exemplos de ciências substantivas, enquanto matemática e econometria são ciências metodológicas. Nas ciências metodológicas, o analista parte de axiomas e deduz o resto logicamente, o que faz sentido porque não há realidade a ser compreendida. As ciências substantivas são diferentes. Os cientistas trabalham com observações combinadas com raciocínio lógico. Começam observando a realidade e tentam generalizar ou definir "leis" buscando regularidades e tendências. Este é o método empírico ou, nas ciências sociais, o método histórico-estrutural.

O critério de verdade nas ciências substantivas é a adequação à realidade. Nas ciências metodológicas, nas quais não há realidade para explicar, uma afirmação é verdadeira se for logicamente consistente. É por isso que, em matemática, os teoremas são tão inegáveis que sua exposição termina com "QED" (*quod erat demonstrandum* – "o que foi provado"). Em contraste, nas ciências substantivas, o problema da precisão é central, mas a certeza é virtualmente impossível, porque a realidade é ambígua, contraditória e em constante mudança. Isso não é, no entanto, motivo de desespero, porque o elemento constituinte de toda ciência é estável, embora não igualmente estável. Nêutrons e átomos na física são mais estáveis do que as células na biologia, que são mais estáveis ou previsíveis do que os humanos, os quais são relativamente livres. A liberdade é nossa habilidade mais excelente, mas torna as ciências sociais intrinsecamente incertas. É por isso que economistas, sociólogos ou antropólogos devem ser modestos. Você verá neste livro que eu uso palavras como "muitas vezes", "normalmente". Isso se deve ao método histórico e ao fato de que, na economia real, nem sempre os fatos ou causas têm as mesmas consequências, apesar dos controles que os cientistas sociais adotam para demarcar suas previsões.

Por outro lado, como argumentou Charles Peirce (1839-1914) – o grande filósofo pragmatista americano – no final do século XIX, não podemos provar que nossas descobertas são verdadeiras, porque

CAPÍTULO I – O MÉTODO E AS ESCOLAS

a prova é baseada na indução, como argumentou Hume no século XVIII: um cisne negro sempre pode aparecer. Mas, para Peirce, só podemos considerar nossas descobertas verdadeiras até que um novo estudo mostre que a teoria claramente não é adequada para a realidade. No início do século XX, Karl Popper (1902-1994), baseado em Peirce, desenvolveu o "falsificacionismo metodológico" sem citar Peirce e foi creditado com essa excelente ideia. No entanto, o próprio Popper não era um realista-falsificacionista como ele supunha, mas um filósofo conservador-idealista para quem a pesquisa realmente não importava – o que importava para ele era a lógica dedutiva. Com o conceito de "falsificacionismo ingênuo", ele permitiu que os cientistas ignorassem legitimamente muitas pesquisas que falsificavam (refutavam) as descobertas de uma determinada teoria.[6] É isso que a Teoria Econômica Neoclássica essencialmente faz. O número de modelos que são persistentemente refutados é enorme, mas a Escola de pensamento neoclássica continua dominante nas universidades, e esses modelos continuam a ser ensinados.

Há também o problema da verificação empírica. Para as ciências metodológicas, isso não existe, e para as ciências substantivas, sua solução está longe de ser simples. O pesquisador formula a hipótese, deduzindo-a a partir do que observou, e então verifica se a hipótese está certa ou errada. Se a hipótese é específica, a verificação é relativamente simples. Em questões econômicas, no entanto, as hipóteses mais relevantes são complexas, envolvem muitas variáveis e o método padrão de verificação – a econometria – está vacilando.

Aqui é preciso aprofundar essa discussão. Refiro-me a dois artigos em que critico a teoria econômica ortodoxa de uma perspectiva metodológica. Na primeira, critico a Teoria Econômica Neoclássica, cujo núcleo (o modelo de equilíbrio geral e a teoria das expectativas racionais) é exclusivamente hipotético-dedutivo.

---

[6] PEIRCE, Charles Sanders. "The fixation of belief". *Popular Science Monthly*, vol. 12, nov. 1877, pp. 1-15; POPPER, Karl R. *The Logic of Scientific Discovery*. Londres: 1957 [1934].

No segundo artigo, defendo que a teoria econômica deve usar basicamente modelos históricos, mas também pode usar silogismos, desde que as condições em que eles se baseiam sejam reais ou históricas.[7] Um exemplo de silogismo é a lei da vantagem comparativa. É um belo silogismo, porque a partir de suas premissas chega a uma conclusão surpreendente – que dois países devem negociar, embora um deles seja mais eficiente que o outro em todos os bens comercializáveis. Mas a ortodoxia liberal abusa dela para justificar a liberalização comercial, ignorando que as condições que a tornam válida (pleno emprego e curto prazo) raramente estão presentes no processo de desenvolvimento de longo prazo.

No caso das ciências sociais, além da lógica e da observação, devemos considerar a dialética. A realidade social é intrinsecamente contraditória – as relações de causa e efeito podem funcionar em duas direções, dependendo de condições específicas. Por exemplo, veremos neste livro que, no curto prazo, a variável exógena é a taxa de câmbio. Desequilibra-se devido a algum choque externo e, consequentemente, altera o saldo da conta corrente. Ao mesmo tempo, no longo prazo, um superávit ou déficit permanente em conta corrente só pode ser o resultado de uma escolha política, e a variável endógena será a taxa de câmbio.

De tudo isso, chego a uma conclusão moral: os economistas devem ser modestos. Os silogismos econômicos podem ser úteis, mas a observação da realidade deve sempre ter precedência sobre a lógica. Os economistas neoclássicos são frequentemente prisioneiros de seus modelos axiomáticos centrais. Os economistas heterodoxos não sofrem desse pecado original, mas a verdade de suas afirmações e descobertas é relativa. Em 1962, Thomas Kuhn mostrou que as ciências naturais avançam à medida que alcançam

---

[7] BRESSER-PEREIRA, Luiz Carlos. "The two methods and the hardcore of economics". *Journal of Post Keynesian Economics*, vol. 31, nº 3, 2009, pp. 493-522; BRESSER-PEREIRA, Luiz Carlos. "Historical models and economic syllogisms", *Journal of Economic Methodology*, 25, 2018, pp. 68-82.

CAPÍTULO I – O MÉTODO E AS ESCOLAS

novos paradigmas, definidos por ele como novas ideias básicas que se tornaram consensuais entre cientistas reconhecidos. Nas ciências sociais, incluindo a economia, não temos paradigmas; temos escolas de pensamento. Isso reflete não apenas o quão incertas são as previsões envolvidas em teorias ou modelos econômicos, mas também o quão humildes os economistas devem ser.

1.1 As primeiras escolas de pensamento

A distinção entre teorias econômicas desenvolvimentistas e liberais é central para a DE. De acordo com a perspectiva desenvolvimentista, a coordenação das economias e a alocação dos fatores de produção são o resultado da competição de mercado e da intervenção corretiva do Estado – uma perspectiva mais realista do que a visão de que as forças de mercado coordenam os sistemas econômicos de forma otimizada. As escolas de pensamento originais – Mercantilismo, Economia Política Clássica e Economia Política Marxista – desenvolveram-se entre os séculos XVI e XIX, quando o capitalismo estava em ascensão. As duas primeiras escolas de pensamento foram influentes na promoção da industrialização e do desenvolvimento, e a terceira ofereceu uma visão sistemática e aguda do capitalismo ao criticá-lo. Discutirei brevemente essas três teorias e mencionarei duas outras escolas: a Escola Fisiocrática, que teve influência na França no século XVIII, e a Escola Histórica Alemã, que teve papel crucial na industrialização da Alemanha no século XIX.

A Escola Mercantilista. Esta é a primeira escola que vou discutir. Foi a escola de pensamento dominante nos séculos XVII e XVIII, e sua parte final coincidiu com a Revolução Industrial na Grã-Bretanha. Nessa época, as sociedades europeias iniciaram sua revolução capitalista construindo os primeiros mercados nacionais. Teoria econômica ou economia política (eram a mesma coisa até o final do século XIX) eram a ciência dos mercados – como os mercados coordenam os sistemas econômicos. Portanto, só poderia surgir quando os mercados se tornassem nacionais. Antes do mercantilismo, o que se entendia por teoria econômica era a gestão da economia local; não era uma ciência, era apenas uma prática.

Os economistas mercantilistas tiveram precursores no Renascimento.[8] Os mercantilistas eram italianos, holandeses e britânicos. Na Inglaterra, junto com os comerciantes, contaram com o apoio dos monarcas, a começar pela rainha Elizabeth I (1558-1603). O mercantilismo como teoria econômica nasceu em resposta aos sucessos econômicos da República Holandesa, que foi o principal país capitalista no século XVII. Josiah Child (1630-1699) e James Stewart (1712-1780) foram os principais mercantilistas britânicos. Jean-Baptiste Colbert (1619-1693) dirigia a escola mercantil francesa, enquanto Antonio Genovesi (1712-1769), economista e filósofo italiano, fazia a transição para a Economia Política Clássica. O mais importante mercantilista italiano foi Antonio Serra, que viveu no século XVIII e publicou seu principal livro, *Um Breve Tratado sobre a Riqueza das Nações*, em 1613. Segundo Erik Reinert, Serra foi "o primeiro economista a produzir uma teoria do desenvolvimento desigual". Ele argumentou que os venezianos, incapazes de cultivar a terra como os napolitanos, foram forçados a depender da indústria para ganhar a vida, aproveitando os crescentes retornos de escala oferecidos pelas atividades manufatureiras.[9]

Os mercantilistas eram economistas desenvolvimentistas, não liberais. Na época em que o Estado moderno e o mercado – as duas instituições centrais do capitalismo – estavam sendo construídos, os mercantilistas reconheceram a precedência da política sobre a economia, do Estado sobre o mercado. Eles viam a prosperidade das nações como resultado da associação do monarca e de sua corte

---

[8] Entre eles, Giovanni Botero (1544-1617) e Antonio Serra (datas de nascimento e morte desconhecidas), que publicou seu livro mais importante em 1613.

[9] REINERT, Erik S. *How rich countries got rich... and why poor countries stay poor*. Nova York: Carroll & Graf Publishers, 2007, p. 7. Fanfani citado por Reinert.

com a burguesia mercantil e financeira em ascensão e a obtenção de superávits comerciais de suas relações com as outras nações. Como disse Amintore Fanfani (1908-1999), um proeminente democrata-cristão italiano de centro-esquerda em 1955, a principal diferença entre a ortodoxia clássica e a teoria do desenvolvimento econômico é que "enquanto a escolástica pensa em uma ordem de equilíbrio, o mercantilismo pensa em uma ordem de crescimento". Como o desenvolvimentismo moderno, o mercantilismo afirmava que o desenvolvimento econômico era essencialmente o desenvolvimento da indústria manufatureira. Seguindo essa linha de pensamento, Reinert e Reinert argumentam que a principal diferença entre a teoria econômica ortodoxa (uma forma de teoria econômica escolástica) e a teoria econômica mercantilista era que

> as recomendações de políticas mercantilistas eram altamente dependentes do contexto – proteger a manufatura pode ser a coisa certa a fazer em um contexto, enquanto o livre comércio pode estar certo em outro, enquanto as recomendações da Teoria Econômica Neoclássica são independentes do contexto.[10]

Escola Clássica de Economia Política. Com a publicação de *A Riqueza das Nações* em 1776, Adam Smith (1723-1790) pode ser visto como o fundador do liberalismo econômico e da Economia Política Clássica. Esse duplo papel – ideológico e teórico – fez dele o economista mais importante do século XVIII, assim como Karl Marx e Alfred Marshall seriam no século XIX. Sua teoria representava progresso na medida em que definia a riqueza das nações não como um superávit comercial e o volume de reservas de ouro que um país possuía, mas como produção: o que hoje chamamos de Produto Interno Bruto (PIB). Assistiu-se também ao aumento

---

[10] REINERT, Erik S.; REINERT, Sophus A. "Mercantilism and economic development: Schumpeterian Dynamics, institution building, and international benchmarking". *OIKOS*, vol. 10, nº 1, 2005, pp. 5 e 10.

da capacidade produtiva de um país como resultado da divisão do trabalho e do uso de novas técnicas.

Outros economistas políticos proeminentes foram Thomas Malthus (1766-1834), Jean-Baptiste Say (1767-1832), David Ricardo (1772-1823) e John Stuart Mill (1806-1873). Esses economistas viveram durante a época das revoluções capitalistas em seus próprios países. Eles adotaram o método histórico para desenvolver suas teorias. No entanto, nas obras de David Ricardo, podemos encontrar as sementes do método hipotético-dedutivo, e em certo momento de sua vida, Stuart Mill considerou sua adoção para tornar a teoria econômica "precisa", embora, ao publicar seus *Princípios de Economia Política* em 1848, ele continuou a usar o método histórico. Eles também adotaram a teoria do valor-trabalho: "valor" sendo definido como a quantidade de trabalho usada para produzir o bem. Os preços variam em torno desse valor de acordo com a demanda e oferta do bem ou serviço. Karl Marx, que também pode ser considerado membro da escola da Economia Política Clássica, adotou igualmente a teoria do valor-trabalho, mas usou esse conceito para definir a taxa de exploração nas sociedades capitalistas – a "taxa da mais-valia", definida como a razão entre a quantidade total de trabalho não pago (mais-valia) e a quantidade total de salários pagos (o valor criado apenas pelo trabalho).

Adam Smith criou a metáfora da "mão invisível" para explicar como funcionam os mercados competitivos e como eles garantem a alocação mais eficiente dos fatores de produção. Desse conceito, Ricardo derivaria a lei da vantagem comparativa. Esse silogismo poderoso e enganador se tornaria a principal ferramenta que o imperialismo liberal adotou para persuadir ou pressionar os países em desenvolvimento a não protegerem sua indústria nascente. Digo "imperialismo liberal" porque o liberalismo econômico é a principal ferramenta ideológica que as nações poderosas usam no âmbito do "imperialismo informal" – o tipo de imperialismo econômico que se tornou dominante após a Segunda Guerra Mundial. Com as guerras de independência travadas pelas colônias, o imperialismo formal tornou-se economicamente inviável. O imperialismo informal ou de *soft power* usou então o liberalismo econômico como sua principal ferramenta para impedir que países periféricos de baixos salários se industrializassem e competissem nos mercados internacionais.

Escola Marxista de Economia Política. Enquanto a escola mercantilista foi abandonada devido à ascensão da escola clássica de economia política, e esta cedeu à ascensão da neoclássica, a escola marxista permaneceu viva e o marxismo moderno deu uma contribuição decisiva para a compreensão do capitalismo hoje. Inspira escolas heterodoxas não marxistas, incluindo a ND. Marx analisou e criticou as sociedades capitalistas e seu caráter dinâmico, contraditório e injusto com uma profundidade nunca alcançada por um economista ou filósofo. Marx fracassou quando previu o colapso do capitalismo em sua vida, e a escola marxista carece de uma proposta de formulação de políticas, porque vê o capitalismo como uma crise permanente. Ainda assim, o método histórico que ele adota – e sua crítica radical ao capitalismo – explica por que ele continua a ser influente. A escola de pensamento marxista é a única escola original que permanece viva.[11] Combinando economia política, sociologia e história, oferece uma visão ampla e crítica do capitalismo e de seu desenvolvimento histórico.

---

[11] Escolhendo alguns dos principais economistas marxistas do passado recente de forma um tanto arbitrária, temos, na Alemanha, Ernest Mandel (1923-1995) e Andre Gunder Frank (1929-2005); na França, Samir Amin (1931-2018); nos Estados Unidos, Paul M. Sweezy (1910-2004) e David Gordon (1944-1996); na Grã-Bretanha, Maurice Dobb (1900-1976). Immanuel Wallerstein (1930-2019) e Giovanni Arrighi (1937-2009) por sua abordagem do Sistema Mundial. Entre os marxistas atuais, temos Shaikh, Anwar, François Chesnais, David Harvey, Gérard Duménil, Dominique Levy, Michael Hudson, Leda Paulani, John Bellamy Foster e Alfredo Saad Filho.

1.2 Teoria Econômica Neoclássica

A Teoria Econômica Neoclássica nasceu por volta de 1870, quando um grupo de economistas propôs simultaneamente uma nova teoria do valor para definir preços. Léon Walras (1834-1910), William Stanley Jevons (1835-1882) e Karl Menger (1840-1921) adotaram o método hipotético-dedutivo e desenvolveram o conceito de utilidade marginal e uma teoria subjetiva do valor relacionada que permitiria a matematização progressiva de toda a economia. Isso não representou progresso para a economia; representaram uma regressão significativa. Em sua essência, a teoria econômica deixou de ser uma ciência de como os sistemas econômicos funcionam e se tornou uma justificativa ideológica do liberalismo econômico e uma teoria abstrata da tomada de decisões econômicas.

O principal economista dessa escola foi Alfred Marshall (1824-1918), que, com a publicação de seus monumentais *Princípios de Teoria Econômica* em 1890, mudou o nome de nossa ciência de economia política para *economia*. Homem contraditório, elogiava a discussão histórica dos problemas e políticas econômicas, mas os conceitos e figuras de sua microeconomia eram puramente dedutivos. Como esse sistema microeconômico é altamente abstrato – a-histórico –, os livros didáticos de microeconomia atuais não diferem muito dos *Princípios* de Marshall.

Neste livro, chamarei de "ortodoxia liberal" não as teorias, mas as políticas que os economistas liberais costumam defender. E temos duas teorias econômicas liberais: Teoria Econômica Neoclássica, ou teoria econômica ortodoxa, e Teoria Econômica Austríaca. Alguns de seus membros, como Ludwig von Mises (1881-1973), defendem o individualismo metodológico; outros, como seu principal representante no século XX, Friedrich Hayek (1899-1992), também eram liberais, mas pensavam mais historicamente, rejeitando o individualismo metodológico que é o irmão gêmeo do método hipotético-dedutivo. De qualquer forma, Hayek foi um grande economista. Assim, não considero essa escola apenas

CAPÍTULO I – O MÉTODO E AS ESCOLAS

mais uma escola ortodoxa, mas uma escola que não obstante seja liberal, é heterodoxa.

A Escola Neoclássica tem sido a escola dominante de pensamento econômico no departamento de teoria econômica das principais universidades do Reino Unido e dos EUA desde a época de Alfred Marshall. O *crash* da bolsa de valores de 1929 e a Grande Depressão dos anos 1930 desmoralizaram essa escola e o liberalismo econômico que ela pregava, abrindo espaço para a crítica keynesiana. De meados da década de 1940 até meados da década de 1960, a Teoria Econômica Neoclássica perdeu sua posição dominante para a Teoria Econômica Pós-Keynesiana, mas, no final da década de 1970, retornou a essa posição.

A profunda atração que a teoria econômica liberal-ortodoxa exerce sobre os economistas deve-se à crença de que os mercados podem coordenar economias sem a intervenção de seres humanos e porque pode ser expressa na forma de um sistema matemático de equações. Os humanos eram fascinados pela filosofia idealista de Platão, que sustentava que a realidade é uma projeção da mente humana. A filosofia idealista rejeita a perspectiva dualista, que se opõe à realidade da ideia e afirma o *primado da* consciência, que seria a origem e o pré-requisito dos fenômenos existentes. Na modernidade, filósofos importantes como Descartes, Kant e Hegel eram idealistas, e praticamente todos pensavam logicamente dedutivamente. A exceção é Hegel, cuja genialidade lhe permitiu combinar indução e dedução dialeticamente. Na antiguidade, Aristóteles e Tomás de Aquino eram filósofos realistas, assim como Hume, Marx e Peirce na modernidade. Só entendi o idealismo filosófico quando, estudando criticamente a Teoria Econômica Neoclássica, percebi que seu caráter escolástico e idealista derivava da adoção do método hipotético-dedutivo. Usando esse método, os economistas neoclássicos "resolveram" o problema da verdade. A verdade tornou-se uma questão de consistência lógica que não precisava ser verificada pela adequação à realidade – uma realidade complexa e contraditória que só permite às ciências sociais fazer generalizações provisórias e imprecisas. Os economistas neoclássicos de hoje – aqueles que acreditam no modelo de equilíbrio geral walrasiano e na teoria das expectativas racionais – insistem na importância da pesquisa empírica. Ainda assim, quando os fatos refutam a teoria, concluem que o problema está nos fatos e não no caráter axiomático da ideia, que é lógica e, portanto, verdadeira.

Geralmente, vemos a história da ciência como um processo de progresso contínuo, às vezes contraditório. No caso da economia, no entanto, as escolas neoclássica e austríaca não representavam progresso, mas sim um retrocesso ou um desvio mortal. Os economistas neoclássicos mudaram o nome de teoria econômica porque o novo nome (*economics*, que estou traduzindo por teoria econômica) sugeria que a teoria econômica havia se tornado uma ciência "pura", enquanto o antigo nome (economia política) indicava que a ciência econômica misturava economia com política. A adoção do método hipotético-dedutivo permitiu a construção de uma teoria totalmente abstrata e, portanto, supostamente mais científica. Mas o que aconteceu foi o contrário. A Teoria Econômica Neoclássica perdeu contato com a realidade econômica. Tornou-se um sistema de silogismo econômico de caráter normativo, não a análise de como os sistemas econômicos realmente funcionam. A economia deve ajudar os economistas a entender os sistemas econômicos do presente e do passado. Ao adotar um método adequado às ciências metodológicas, mas não às ciências substantivas, e assumir radicalmente a ideologia liberal, a ortodoxia liberal dificulta em vez de ajudar os economistas a fazerem seu trabalho.

Há alguns economistas nos Estados Unidos e na Grã-Bretanha que são brilhantes e progressistas, mas que não criticam o núcleo da Teoria Econômica Neoclássica. Penso em acadêmicos como Dani Rodrik ou Paul Krugman. Explico que são economistas competentes e experientes que utilizam modelos práticos que não dependem do núcleo da Teoria Econômica Neoclássica: o modelo de equilíbrio geral e a teoria das expectativas racionais. Há também o caso de muitos acadêmicos que publicam artigos de pesquisa em revistas econômicas usando econometria e algoritmos para testar projetos e políticas públicas. Eles foram educados em universidades que ensinam Teoria Econômica Neoclássica, mas não são economistas neoclássicos. Poderíamos dizer que fazem parte de uma escola de avaliação de projetos e políticas públicas. Eles estão interessados em avaliar políticas e projetos específicos relevantes, não em sistemas econômicos. São essencialmente economistas pragmáticos.

Desde a crise financeira global de 2008, a economia ortodoxa, que serve de justificativa para as reformas neoliberais e a ideologia neoliberal, voltou a enfrentar sérios problemas. A crise de 2008 foi mais branda do que a de 1929 porque os governos adotaram imediatamente políticas fiscais anticíclicas keynesianas (heterodoxas). Em 2016, com a eleição de um populista de direita nos EUA, Donald Trump, e o referendo do Brexit no Reino Unido, o neoliberalismo enfrentou uma crise política. O colapso aconteceu em 2021 com a pandemia de Covid-19 e a eleição de Joe Biden como presidente dos EUA. Assim, desde 2021, assistimos a uma Virada Desenvolvimentista, diferentemente da Virada Neoliberal de 1980. O Estado está de volta e a intervenção estatal já não é o problema, mas a solução. Note-se, no entanto, que o desenvolvimentismo que está surgindo é conservador, não progressista, como foi na Era de Ouro do Capitalismo após a Segunda Guerra Mundial.

1.3 Teoria Econômica Pós-Keynesiana

A Escola Pós-Keynesiana de Economia é a mais importante escola heterodoxa. Nasceu na década de 1930 com as contribuições de John Maynard Keynes (1883-1946) e Michal Kalecki (1899-1970). É uma teoria crítica à ortodoxia liberal que fundou a macroeconomia e que defende a intervenção moderada do Estado na economia. Dada a afirmação de ND de que as teorias econômicas são desenvolvimentistas ou liberais, a Teoria Econômica Pós-Keynesiana é uma economia desenvolvimentista. Ele usa primariamente, ou deveria usar primariamente, o método histórico-dedutivo, não o método hipotético-dedutivo. Keynes e Kalecki não partiram de axiomas, mas da observação dos sistemas econômicos de sua época – principalmente o Reino Unido e os Estados Unidos. Na década de 1930, Keynes fazia parte do *mainstream* e tinha mais influência do que Kalecki na mudança da economia. Keynes foi professor em Cambridge, enquanto Kalecki foi um economista polonês que lecionou em Cambridge e Oxford por algum tempo – um *outsider*. Juntos, eles fizeram uma revolução na economia.

O *crash* de 1929 e a Grande Depressão dos anos 1930 desmoralizaram a Teoria Econômica Neoclássica e o liberalismo econômico, antes que os documentos fundadores da Teoria Econômica Pós-Keynesiana fossem publicados entre 1934 e 1939. Da década de 1940 até meados da década de 1970, a Teoria Econômica Neoclássica perdeu sua posição na economia *mainstream* para a Teoria Econômica Pós-Keynesiana, que conseguiu promover o crescimento e o pleno emprego nos países centrais. No final dos anos 1970, as eleições de Margaret Thatcher e Ronald Reagan e as crises econômicas na Grã-Bretanha e nos Estados Unidos abriram caminho para a virada neoliberal dos anos 1980 – a transição da economia keynesiana para a neoclássica nas universidades e de uma economia socialista e uma ideologia democrática e desenvolvimentista para o fundamentalismo conservador de mercado. A Teoria Econômica Pós-Keynesiana nasceu na década de 1930, quando a ortodoxia liberal estava em crise e os departamentos de economia nas universidades eram relativamente abertos ao pensamento heterodoxo. A partir da década de 1980, o núcleo da Teoria Econômica Neoclássica – o modelo de equilíbrio geral e a teoria das expectativas racionais – tornou-se "verdade absoluta", e os departamentos de economia fecharam suas portas para economistas heterodoxos.

Antes da revolução keynesiana, a economia era uma microeconomia que partia do conceito e da determinação do valor e dos preços. Em termos filosóficos, a Teoria Econômica Pós-Keynesiana é uma teoria realista, não uma teoria idealista, como é a Economia

CAPÍTULO I – O MÉTODO E AS ESCOLAS

Convencional. Esse realismo tornou a economia operacional – permitiu que os economistas formulassem e implementassem políticas de estabilização e crescimento. Antes disso, a economia era uma construção escolástica e uma ferramenta ideológica para justificar o liberalismo econômico. Os governos não devem fazer nada para tornar as economias nacionais mais estáveis e crescer mais rapidamente. Os governos foram realistas o suficiente para entender que esse *laissez-faire* não fazia sentido para eles. Os políticos tiveram que ignorar a economia quando adotaram políticas ativas de estabilização e crescimento.

Em termos contabilísticos, *a oferta agregada ex post* é igual à soma dos salários e dos lucros, que, por sua vez, é igual à procura agregada em termos de consumo e investimento. Os economistas políticos clássicos transformaram essa identidade em uma teoria, a lei de Say, que afirma que a oferta cria demanda – o que Keynes rejeitou no primeiro capítulo de seu livro *Teoria Geral* (1936). Tal identidade é falsa porque a economia lida com economias monetárias, não com economias de escambo. Isso porque capitalistas e empregados sempre podem decidir "valorizar" seus dividendos, juros e aluguéis de imóveis, ou seus salários e salários – eles podem colocar seu dinheiro "debaixo do colchão" ou depositá-lo nos bancos. Por outro lado, a Teoria Econômica Pós-Keynesiana sustenta que os investimentos não dependem de poupança prévia, dependem da taxa de lucro esperada menos a taxa de juros. O pleno emprego não é a condição "normal" das economias monetárias; é uma condição excepcional que pode derivar de políticas macroeconômicas desordenadas ou ativas.

Homens e mulheres não são os agentes oniscientes e inteiramente racionais assumidos pela economia liberal-ortodoxa. São pessoas de carne e osso que seguem rotinas e tomam decisões com base em previsões inevitavelmente incertas. Isso explica por que a incerteza desempenha um papel central na macroeconomia de Keynes. Keynes e Kalecki tinham formações intelectuais diferentes. Keynes foi discípulo de Alfred Marshall e foi originalmente um economista neoclássico, enquanto Kalecki tinha a economia política de Marx por trás. Assim, Keynes teve mais dificuldade do que Kalecki em se livrar do método hipotético-dedutivo e da Teoria Econômica Neoclássica. A formação marxista de Kalecki o ajudou a pensar historicamente e a ver a economia como parte de uma sociedade capitalista maior e mais complexa. Keynes limitou sua análise ao curto prazo, deixando o estudo do desenvolvimento econômico para seus seguidores. Ao mesmo tempo, Kalecki também foi um dos fundadores do Desenvolvimentismo Estruturalista, além de ser um dos fundadores da macroeconomia.

Aqui, estou destacando as contribuições originais de Keynes e Kalecki para a macroeconomia, mas como observa Marc Lavoie, "a Teoria Econômica Pós-Keynesiana é muito mais do que uma versão modernizada da economia de um único colaborador – Keynes".[12] Podemos distinguir quatro ramos dentro da Escola Pós-Keynesiana. Considerando apenas os economistas que hoje fazem parte da história, tivemos a escola de Cambridge de Joan Robinson (1903-1983), a escola kaleckiana, a escola keynesiano-institucionalista de John Kenneth Galbraith (1908-2006) e a escola americana de Sidney Weintraub (1914-1983).[13] Hoje, a Teoria Econômica Pós-Keynesiana é uma escola de pensamento complexa e dinâmica que atrai economistas heterodoxos interessados em políticas voltadas para

---

[12] LAVOIE, Marc. *Post-Keynesian Economics*: new foundations. Londres: Edward Elgar, 2014, p. 43.

[13] Considerando apenas os economistas fundadores, temos (1) na escola de pensamento de Cambridge, Roy Harrod (1900-1978) and Nicholas Kaldor (1908-1986); (2) na escola kaleckiana, Joseph Steindl (1912-1993); (3) na escola keynesiano-institucionalista, John Kenneth Galbraith (1908-2006), (4) na escola americana, Sidney Weintraub (1914-1983), Hyman Minsky (1919-1996), Paul Davidson (1930) e Fernando Cardim de Carvalho (1958-2018).

o pleno emprego.[14] Mas é uma teoria que mostra pouco interesse nos países em desenvolvimento.[15]

A Teoria Monetária Moderna é um desenvolvimento teórico recente associado à Teoria Econômica Pós-Keynesiana. Origina-se da Escola Bancária de Thomas Tooke (1774-1858), que criticava a teoria quantitativa da moeda e defendia a posição inversa: que a quantidade de dinheiro em circulação era endógena e determinada pelos preços, em vez de os preços serem determinados pela quantidade de dinheiro em circulação. A Teoria Monetária Moderna atualiza essas visões. Discutirei essa teoria no capítulo VI, quando analiso a reação da economia à austeridade.

A macroeconomia convencional e sua teoria monetarista da inflação enfrentam uma crise por causa de sua associação com a ortodoxia liberal e seus maus resultados. Essa crise já era evidente na periferia do capitalismo no início dos anos 1980, quando um grupo de economistas brasileiros desenvolveu a teoria da inflação inercial em que a oferta monetária era endógena e apenas validava a inflação em curso.[16] No início dos anos 2000, não foi a crise no Norte Global, mas a quase estagnação na América Latina que abriu espaço para o Novo Desenvolvimentismo como tributário da Teoria Econômica Pós-Keynesiana e do Desenvolvimentismo Estruturalista Clássico.

---

[14] Hoje, entre os principais economistas pós-keynesianos, temos Philip Arestis, Jan Kregel, James Galbraith, Victoria Chick, Malcolm Sawyer, Eckhard Hein, Engelbert Stockhammer, Marc Lavoie e Robert Blecker.

[15] Entre seus principais representantes, Jan Kregel, que trabalhou por vários anos na UNCTAD, é uma exceção.

[16] Ver BRESSER-PEREIRA, Luiz Carlos. "The exchange rate at the centre of development economics". *Estudos Avançados*, vol. 26, n° 75, 2012, pp. 7-28.

CAPÍTULO II

AS ESCOLAS DESENVOLVIMENTISTAS E O ANTI-IMPERIALISMO

Existem duas escolas desenvolvimentistas: o Desenvolvimentismo Estruturalista Clássico e o Novo Desenvolvimentismo. A ND também pode ser chamada de Teoria do Novo Desenvolvimento para deixar claro seu caráter teórico. O que eles têm em comum é o método histórico, uma postura crítica em relação à economia convencional, a defesa de uma intervenção moderada do Estado na economia e uma perspectiva nacional que não exclui a cooperação internacional. Sua economia está associada a Keynes e à Teoria Econômica Pós-Keynesiana, e sua economia política está associada a Marx.

Neste capítulo, discutirei o Desenvolvimentismo Estruturalista Clássico e o Novo Desenvolvimentismo – as duas principais escolas que se concentram nos países em desenvolvimento.[17] Compararei

---

[17] Sei que o termo "em desenvolvimento" que costumo usar é um eufemismo, mas palavras alternativas também têm problemas. O termo pressupõe que os países em desenvolvimento estão se desenvolvendo e alcançando os países

essas duas escolas com a Teoria Econômica Pós-Keynesiana – a mais completa escola heterodoxa de pensamento – e referir-me-ei à Escola Francesa de Regulação, à Teoria Monetária Moderna (MMT, na sigla em inglês), bem como a algumas importantes contribuições sociológicas para a teoria do desenvolvimento econômico.

2.1 Desenvolvimentismo Estruturalista Clássico

Na década de 1940, quando alguns economistas começaram a estudar países subdesenvolvidos, nasceu uma nova escola chamada Economia do Desenvolvimento. Mas esta é uma expressão excessivamente geral. Chamo-lhe Desenvolvimentismo Estruturalista Clássico. Baseia-se em uma economia política que discute a revolução capitalista, o Estado desenvolvimentista, as coalizões de classe, e se baseia em uma economia na qual encontramos o "modelo *big push*": a identificação do desenvolvimento econômico com a industrialização ou mudança estrutural; a transferência de mão de obra para a manufatura como forma de aumentar a produtividade; a crítica à Teoria Econômica Neoclássica baseada na tendência de deterioração dos termos de troca; o argumento da restrição ao balanço de pagamentos (que só pode ser superada com a industrialização) e o aumento dos rendimentos existentes na manufatura.

O desenvolvimentismo estruturalista clássico está associado à revolução capitalista, ao desenvolvimento econômico e à ascensão dos impérios modernos com a redução das populações da Ásia e da África a uma condição colonial e subdesenvolvida. O desenvolvimentismo estruturalista clássico definiu o desenvolvimento econômico como o processo histórico de acumulação de capital

---

centrais, o que não é verdade. Todos os países que tiveram contato com o Ocidente industrial aprenderam a usar algumas de suas instituições e tecnologias e experimentaram algum crescimento, mas apenas alguns cresceram rápido o suficiente para realizar o *catching up*, melhorar e se aproximar do padrão de vida dos países ricos.

CAPÍTULO II – AS ESCOLAS DESENVOLVIMENTISTAS E O...

com a incorporação do progresso técnico e a elevação do padrão de vida da população. É um processo relativamente autossustentável, pois os investimentos em maquinário e tecnologia – modernização das empresas que competem no mercado – tornam-se uma característica essencial de toda economia nacional.

O desenvolvimentismo estruturalista clássico originalmente via o mundo dividido em países industrializados e países subdesenvolvidos. Logo, no entanto, o termo "países subdesenvolvidos" foi substituído por "países em desenvolvimento", provavelmente porque as agências internacionais que lidam com o problema do desenvolvimento estavam desconfortáveis com o termo subdesenvolvido – seria pessimista demais. Então, desenvolver se tornou a expressão dominante, e eu a uso há muito tempo, mas com o passar do tempo ficou claro que subdesenvolvido era um termo mais realista. Todos os países que tiveram contato com o Norte Global experimentaram algum crescimento, mas apenas alguns cresceram rápido o suficiente para alcançar e melhorar o padrão de vida de sua população.

O modelo de Rosenstein-Rodan (1902-1985) de 1943 foi o principal fundador da nova escola. Mostrou que os países em desenvolvimento não contavam com as externalidades positivas que baixavam os custos de produção nos países ricos. O modelo de 1949 da tendência à deterioração dos termos de troca foi proposto por Raúl Prebisch (1901-1986). O modelo rejeitou a suposição convencional de que o aumento da produtividade nos países ricos reduziria os preços. Em vez disso, fez com que os salários aumentassem nesses países, e os benefícios da produtividade não fossem transferidos para o mundo inteiro, como sustentava a economia convencional. Prebisch também formulou o modelo original de restrição do balanço de pagamentos, que mostrou que, enquanto a elasticidade-renda do consumo de bens primários no Norte Global era menor que 1, a elasticidade-renda do consumo de bens manufaturados nos países em desenvolvimento era maior que 1. Em 1968, Nicholas Kaldor (1908-1986), seguindo uma longa tradição que remonta ao livro de Antonio Serra de 1613, argumentou que a manufatura envolvia retornos crescentes, e não retornos decrescentes, como supunha a ortodoxia neoliberal.[18] Esses quatro modelos justificavam a intervenção estatal nas economias em desenvolvimento.

O desenvolvimentismo estruturalista clássico pressupunha que uma coalizão de classes desenvolvimentista, associando a burguesia nacional, os trabalhadores e a burocracia pública, controlaria a industrialização. Podemos ver essa visão sociopolítica nos estudos da Comissão Econômica para a América Latina e o Caribe (CEPAL) e, especialmente, na contribuição de intelectuais nacionalistas brasileiros no Instituto Superior de Estudos Brasileiros (ISEB), particularmente Hélio Jaguaribe (1923-2018)[19] e na tese de doutorado de Peter Evans sobre a "tríplice aliança".[20]

A contribuição essencial do Desenvolvimentismo Estruturalista Clássico foi a afirmação de que desenvolvimento econômico é industrialização ou "mudança estrutural". Sua política era o nacional-desenvolvimentismo: para se industrializar, os países tinham que planejar suas economias e adotar o modelo de industrialização por substituição de importações. Os desenvolvimentistas não foram longe com o planejamento. Nas economias capitalistas, o planejamento só é possível para a infraestrutura e os insumos primários da indústria. Mas sua estratégia de substituição de importações

---

[18] KALDOR, Nicholas. "Productivity and growth in manufacturing industry: a reply". *Economica*, New Series, vol. 35, nº 140, 1968. A ortodoxia neoliberal é uma mistura de reformas orientadas para o mercado e austeridade fiscal, que usa a Teoria Econômica Neoclássica como sua justificativa "científica".

[19] Grupo de intelectuais nacionalistas que formou o ISEB (Instituto Superior de Estudos Brasileiros) em 1955. Esse grupo estudou a industrialização do Brasil e a coalizão de classe desenvolvimentista que o apoiou sob a liderança do presidente Getúlio Vargas. Hélio Jaguaribe foi seu principal cientista político, Alberto Guerreiro Ramos seu principal sociólogo e Ignacio Rangel seu economista mais importante.

[20] EVANS, Peter B. *Dependent Development*: The Alliance of Multinational, Local and State Capital in Brazil. Princeton: Princeton University Press, 1979.

CAPÍTULO II – AS ESCOLAS DESENVOLVIMENTISTAS E O...

funcionou. As tarifas de importação de produtos manufaturados foram a política industrial básica que adotaram. Países maiores, como Brasil e México, foram os mais bem-sucedidos porque as economias de escala foram menos restritivas. Os governos estabeleceram tarifas para as diferentes indústrias, começando pelos bens de consumo, expandindo-se gradualmente para as indústrias de insumos primários e bens de capital.

Ao usar tarifas de importação, eles não estavam inventando uma estratégia. Todos os países industrializados, como os Estados Unidos e a Alemanha, mas também o Reino Unido, protegiam sua indústria com impostos de importação. Alexander Hamilton (1757-1804), secretário do Tesouro de George Washington, originalmente desenvolveu o argumento da indústria infantil que legitimou essa política. Enquanto morava nos Estados Unidos, o economista alemão Friedrich List (1789-1846) escreveu o livro *The National System of Political Economy* (1841), no qual elaborou vigorosamente esse argumento. List criticou a lei da vantagem comparativa, que levou economistas liberais a defini-lo depreciativamente como "o teórico do protecionismo". Mas as tarifas de importação só se tornam "protecionistas" quando são mantidas depois que a respectiva indústria não é mais razoavelmente definida como uma indústria nascente.

O modelo de industrialização de substituição de importações tem sido bem-sucedido na América Latina e extraordinariamente bem-sucedido no Brasil. No entanto, em 1963, a destacada economista desenvolvimentista, Maria Conceição Tavares, ao considerar o caráter intrínseco provisório do modelo de industrialização por substituição de importações, revelou em influente artigo sua preocupação com seu declínio futuro.[21] Esta foi uma crítica interna ao

---

21 TAVARES, Maria da Conceição. "The growth and decline of import substitution in Latin America". *In*: BIELSCHOWSKY, Ricardo (Coord). *ECLAC's Thinking – Selected Texts 1948-1998*. Santiago de Chile: ECLAC, 2016 [1963], pp. 129-143.

Desenvolvimentismo Estruturalista Clássico que ela mais tarde revisou. Quando, na década de 1980, a América Latina entrou em uma tremenda crise econômica, os economistas liberais imediatamente atribuíram a estagnação econômica, que definiria esta década, ao modelo de substituição de importações. A crítica não fazia sentido. A verdadeira causa da crise foi a grande crise da dívida externa dos anos 1980, resultante da política de crescimento com dívida externa adotada nos anos 1970 pelos países da América Latina e da África. Na década de 1930, eles tiveram que abandonar essa política porque seu crédito internacional foi suspenso com o *crash* de 1929 e as moratórias seguintes. Na década de 1970, o crédito foi restaurado, e os países imediatamente retomaram a política equivocada de crescimento com poupança externa.

2.2 Desenvolvimentista de segunda geração

Na década de 1980, todos os países da América Latina, e muitos da África e da Ásia, enfrentaram uma grande crise econômica: a crise da dívida externa dos anos 1980. Naquela época, as nações ricas, lideradas pelos Estados Unidos, fizeram a Virada Neoliberal, passando da Era de Ouro de um capitalismo desenvolvimentista e progressista para os Anos Neoliberais. Nos anos do pós-guerra, o Norte Global via a estratégia de substituição de importações com certo desconforto, mas aceitava suas ideias e políticas desenvolvimentistas. Isso mudou em 1980. Os neoliberais atribuíram imediatamente a crise da dívida externa à estratégia industrializante de substituição de importações e ao "protecionismo" envolvido. As tarifas de importação nessa estratégia eram altas, mas não apenas protecionistas. Eram também um meio de neutralizar pragmaticamente a doença holandesa. As causas da estagnação que os países em desenvolvimento altamente endividados enfrentaram nesta década decorreram mais do endividamento dos países em desenvolvimento em moeda forte para "crescer com poupança externa" e do aumento brutal das taxas de juros dos EUA do que de ineficiências internas.

CAPÍTULO II – AS ESCOLAS DESENVOLVIMENTISTAS E O...

No contexto da grande crise da dívida externa dos anos 1980, o Desenvolvimentismo Estruturalista Clássico enfrentou sua própria crise, que Albert Hirschman (1915-2012), um dos pioneiros dessa escola, imediatamente reconheceu.[22] Mas essa crise já havia começado no final dos anos 1960 com o surgimento da "dependência associada" – a versão dominante da teoria da dependência que, paradoxalmente, rejeitava a substituição de importações e defendia a associação dos países latino-americanos com o Norte Global. Todas as versões da teoria da dependência rejeitavam a existência de um burguês nacional e criticavam a coalizão de classe nacionalista ou desenvolvimentista envolvendo a classe trabalhadora, a burocracia pública e a própria burguesia nacional. Mas enquanto a versão marxista original proposta pelo fundador da teoria, André Gunder Frank, também era crítica do imperialismo, a versão dependente associada pregava a "associação" à "associação" com o império. Este argumento será aprofundado no final deste capítulo.

Enquanto a América Latina literalmente parou na década de 1980 e está quase estagnada desde a década de 1990, os países do Leste Asiático continuaram a adotar uma abordagem desenvolvimentista para o crescimento e agora se tornaram países ricos. Há três livros principais que originalmente olharam para esse crescimento extraordinário: o livro de Chalmers Johnson de 1982 sobre o Japão, o livro de Alice Amsden de 1989 sobre a Coreia do Sul e o livro de Robert Wade de 1990 sobre Taiwan. Eles falam sobre a importância do investimento em educação e infraestrutura e discutem a política macroeconômica, mas enfatizam a política industrial. Erik Reinert e Ha-Joon Chang seguiram o exemplo. Na virada do século, eles estudaram a história do desenvolvimento econômico nos países centrais e demonstraram que as mesmas políticas e instituições que o consenso neoliberal procurou proibir que os países em desenvolvimento

---

22 HIRSCHMAN, Albert O. "The rise and decline of development economics". *In*: _____. *Essays in Trespassing*. Nova York: Cambridge University Press: 1981, pp. 1-24.

adotassem eram as mesmas políticas e instituições que eles mesmos haviam usado quando estavam no mesmo estágio de desenvolvimento econômico. Essa inconsistência institucional histórica atormentou o Consenso de Washington. Em 2013, Mariana Mazzucato publicou seu livro O *Estado Empreendedor* com uma pesquisa definitiva sobre o papel fundamental do Estado no crescimento econômico não em países óbvios como Coreia do Sul ou China, mas nos EUA. Usando uma riqueza de dados, ela mostrou como os países ricos, apesar de sua retórica neoliberal, continuaram a intervir em suas economias. O Estado americano era empreendedor, ou seja, inovador, "assumidor" de riscos e diretamente envolvido no desenvolvimento tecnológico. Só podemos explicar o enorme desenvolvimento da Internet e a ascensão de corporações como Google e Apple se considerarmos o papel que o Estado desempenhou no desenvolvimento das tecnologias básicas por trás de seu crescimento. No entanto, se compararmos essa época com a Era de Ouro, veremos que o neoliberalismo inibiu a criatividade econômica do Estado nos anos neoliberais. Essa foi uma das causas do fraco desempenho econômico dos países ricos após a virada neoliberal de 1980.

2.3 Novo Desenvolvimentismo

Na década de 1980, os governos desenvolvimentistas da América Latina não conseguiram superar a crise da dívida externa, seu desenvolvimentismo enfraqueceu e, nos anos 1990, mergulharam na *nova verdade* vinda do Norte Global. Engajou-se não apenas com as inevitáveis políticas de ajuste estrutural lideradas pelo FMI – inevitáveis devido aos calotes –, mas também com as reformas neoliberais, agora coordenadas pelo Banco Mundial, que haviam feito uma guinada neoliberal à custa de uma crise de identidade.[23] Não surpreendentemente, a liberalização comercial e financeira não

---

[23] BRESSER-PEREIRA, Luiz Carlos. "Development economics and World Bank's identity crisis". *Review of International Political Economy*, vol. 2, nº 2, 1995, pp. 211-247.

conseguiu fazer com que esses países retomassem o crescimento. Em vez disso, vimos o aumento da instabilidade financeira, baixas taxas de crescimento e aprofundamento da desigualdade.

Nos anos 2000, alguns governos desenvolvimentistas voltaram ao poder na América Latina, mas os resultados econômicos não foram melhores, essencialmente porque não restabeleceram as tarifas de importação que neutralizaram a doença holandesa e tentaram crescer com a dívida externa. O populismo fiscal também aconteceu, mas não foi a principal causa do fracasso dos países em superar a quase estagnação que caracterizou os anos neoliberais nessa região. O Desenvolvimentismo Estruturalista Clássico e a Teoria Econômica Pós-Keynesiana não identificaram esses dois problemas, nem tiveram políticas para superá-los. ND foi a resposta.

A ND é um referencial teórico que explica por que os países latino-americanos estão quase estagnados desde a década de 1980, enquanto os países do Leste Asiático continuam a crescer rapidamente. Em vez de criticar genericamente as reformas neoliberais, como costuma fazer o desenvolvimentismo estruturalista clássico, a ND mostrou que essas reformas foram fundamentais para causar a quase estagnação. Ao abrir suas economias sem considerar que as tarifas de importação de produtos manufaturados eram uma forma de neutralizar a doença holandesa, os países latino-americanos caíram em uma armadilha: não a "armadilha da renda média", mas a "armadilha da liberalização".[24] Discutiremos isso no capítulo XIII.

Nesse contexto, um grupo crescente de economistas começou a construir uma macroeconomia do desenvolvimento e uma economia política, que passou a ser chamada de Novo Desenvolvimentismo. As primeiras contribuições foram feitas em 2002,

---

[24] Esse argumento e a justificativa empírica estão em BRESSER-PEREIRA, Luiz Carlos; ARAÚJO, Eliane Cristina; PERES, Samuel Costa. "An alternative to the middle-income trap". *Structural Change and Economic Dynamics*, vol. 52, mar. 2020, pp. 294-312.

mas o primeiro trabalho que chamou a atenção foi uma comparação entre a DE, a ortodoxia neoliberal e as formas populistas de desenvolvimentismo.[25] Neste e nos três anos seguintes, com a publicação do artigo de 2008 sobre a doença holandesa e de dois livros,[26] podemos dizer que a nova economia foi definida. Em meu livro de 2007, *Macroeconomia da Estagnação: Uma Crítica da Ortodoxia Convencional no Brasil*, estudei a quase estagnação da economia brasileira enquanto construía os modelos básicos para a ND. *Globalização e Concorrência* foi o primeiro livro a apresentar `a economia da ND e a nova economia política.[27]

No artigo de 2008 sobre a doença holandesa, temos duas taxas de câmbio de equilíbrio: o equilíbrio corrente, que equilibra intertemporalmente a conta corrente do país, e o equilíbrio industrial, que torna competitiva a produção de bens e serviços não comercializáveis por empresas que utilizam a melhor tecnologia disponível no mundo. Assim, a ND utiliza o conceito de equilíbrio, mas não no sentido neoclássico, como o preço livremente estabelecido pelo mercado, mas os preços condizentes com o bom funcionamento da economia. Um preço está em equilíbrio quando, por exemplo, equilibra uma coisa, ou torna aquela competitiva outra, ou é compatível com a estabilidade de preços etc.

---

[25] BRESSER-PEREIRA, Luiz Carlos. "New developmentalism and conventional orthodoxy". *Economie Appliquée*, vol. 59, nº 3, 2006, pp. 61-94.

[26] BRESSER-PEREIRA, Luiz Carlos. "The Dutch Disease and its neutralization: a Ricardian approach". *Brazilian Journal of Political Economy*, vol. 28, nº 1, 2008, pp. 47-71; BRESSER-PEREIRA, Luiz Carlos. *Globalization and Competition*. Nova York: Cambridge University Press, 2010; BRESSER-PEREIRA, Luiz Carlos; OREIRO, José Luis; MARCONI, Nelson. *Macroeconomia Desenvolvimentista* [*Developmental Macroeconomics*]. Rio de Janeiro: Campus/Elsevier, 2016.

[27] A primeira sistematização foi em BRESSER-PEREIRA, Luiz Carlos. *Macroeconomia da Estagnação*. São Paulo: Editora 34, 2007. No entanto, alguns problemas fundamentais, como a teoria que explica por que a taxa de câmbio é uma variável determinante do crescimento econômico, só seriam desenvolvidos nos próximos três ou quatro anos.

No início da década de 1980, vinte anos antes da ND ser desenvolvida, Yoshiaki Nakano e eu desenvolvemos a *teoria da inflação inercial*, que acredito que deva ser considerada parte da ND. Essa teoria distingue os fatores de aceleração, manutenção e sanção da inflação. Afirma que o excesso de demanda ou choques de oferta é o fator acelerador da inflação, a indexação formal ou informal da economia é o fator de sustentação ou inercial da inflação, e a quantidade de moeda é o fator sancionador da inflação. Como a moeda é endógena, quando a inflação inercial é alta, a oferta monetária aumenta para manter estável a liquidez real da economia, permitindo seu funcionamento normal.[28]

Em 2010, um grupo de 81 acadêmicos discutiu e assinou as "Dez Teses sobre o Novo Desenvolvimentismo".[29] Em 2014, José Luis Oreiro, Nelson Marconi e eu publicamos o livro *Macroeconomia do Desenvolvimento*, que foi a primeira sistematização da macroeconomia do DF e a discussão da quase estagnação do Brasil.[30] Em 2020, publiquei um artigo no *Cambridge Journal of Economics* resumindo toda a teoria.[31] O presente livro é a formulação mais completa da economia e da economia política do ND.

A economia política da ND origina-se da economia política de Marx, enquanto sua economia e recomendações políticas se originam

---

[28] BRESSER-PEREIRA, Luiz Carlos; NAKANO, Yoshiaki. "Accelerating, maintaining, and sanctioning factors of inflation". *Brazilian Journal of Political Economy*, vol. 3, 1984, pp. 146-177. Para uma história da teoria, ver BRESSER-PEREIRA, Luiz Carlos. "The theory of inertial inflation: a brief history". *Brazilian Journal of Political Economy*, vol. 43, nº 2, abr. 2023, pp. 299-303.

[29] "Ten Theses on the New Developmentalism".

[30] Dois anos depois, publicamos a versão em português deste livro, que é substancialmente superior à edição original em inglês.

[31] BRESSER-PEREIRA, Luiz Carlos. "New Developmentalism: development macroeconomics for middle-income countries". *Cambridge Journal of Economics*, vol. 44, 2020. Disponível em: https://doi.org/10.1093/cje/bez063. Acessado em: 11.03.2024.

da Teoria Econômica Pós-Keynesiana e do Desenvolvimentismo Estruturalista Clássico. Considera o desenvolvimento econômico como um objetivo prioritário para os países – uma meta que está em sintonia, mas não em conflito com os outros objetivos políticos das sociedades modernas: autonomia nacional; segurança; liberdade individual; justiça social e proteção do meio ambiente. Argumenta que duas instituições complementares coordenam a economia: o Estado e o mercado. Afirma que o desenvolvimentismo e o liberalismo econômico são as duas formas de coordenação econômica do capitalismo. Enquanto o mercado coordena o setor competitivo da economia a partir de cima, o Estado coordena o setor não competitivo (infraestrutura e insumos básicos), além de coordenar algumas indústrias estratégicas, como a aeronáutica, o complexo industrial da saúde e as indústrias inovadoras, nas quais a socialização dos riscos para a inovação radical requer a participação direta do Estado.

Como economia política, a ND afirma que, para se desenvolver, cada estado-nação deve contar com uma coalizão de classes desenvolvimentista, o Estado desenvolvimentista e o nacionalismo econômico. Em sua microeconomia, a ND sustenta que os fatores de oferta são cruciais para o desenvolvimento, embora só possam promover o crescimento se forem combinados com políticas macroeconômicas que garantam que o nível das taxas de juros seja baixo e a taxa de câmbio competitiva. Em macroeconomia, ND assume que os mercados são incapazes de assegurar os preços macroeconômicos "certos" ou "corretos" (taxa de juros, taxa de câmbio, taxa de salário, taxa de inflação e taxa de lucro). O "correto ou certo" aqui não tem relação com o termo neoclássico "preços certos". Não é o preço pelo mercado, mas os preços que garantem a estabilização financeira e de preços, incentivam o investimento, distribuem renda de forma igualitária etc.[32]

---

[32] Enquanto, para a Teoria Econômica Neoclássica, os "preços certos" são os preços estabelecidos em um mercado competitivo, para a ND, os "preços certos" macroeconômicos são os preços compatíveis com o crescimento econômico.

CAPÍTULO II – AS ESCOLAS DESENVOLVIMENTISTAS E O...

Em sua macroeconomia desenvolvimentista, o ND defende déficits fiscais quando eles são anticíclicos e rejeita déficits em conta corrente. Em contraste, a ortodoxia neoliberal rejeita os déficits fiscais e é complacente com os déficits em conta corrente. ND atribui grande importância à conta corrente, que deve ser equilibrada, rejeitando assim o crescimento com dívida externa. A exceção são os raros momentos em que a economia cresce muito rápido a ponto de fazer com que a propensão marginal ao consumo caia e a taxa de substituição da poupança interna pela externa também caia. ND vê a taxa de câmbio como um preço macroeconômico estratégico e argumenta que há uma tendência de sobrevalorização cíclica da taxa de câmbio nos países em desenvolvimento, causada pelo crescimento com a política de dívida externa – uma política equivocada geralmente adotada pelos países em desenvolvimento que não leva a um aumento da taxa de investimento, mas a um aumento do consumo. Quando um país tem doença holandesa, temos uma segunda causa para a sobrevalorização a longo prazo da taxa de câmbio – não a taxa de câmbio geral, mas o câmbio relevante para a competitividade da indústria transformadora.

A ND vê as mudanças climáticas como uma ameaça significativa para a humanidade e entende que o crescimento econômico é uma ferramenta, não um fardo, que permite aos países financiarem os investimentos substanciais necessários para substituir os emissores de dióxido de carbono por fontes de energia renováveis. O Estado deve controlar esse esforço taxando os emissores de carbono e, ao mesmo tempo, incentivando tecnologias verdes e livres de carbono.

2.4 Comparando com o Desenvolvimentismo Estruturalista Clássico

Novo Desenvolvimentismo, Estruturalista Clássico e Teoria Econômica Pós-Keynesiana estão associados – especialmente os dois primeiros. Poderíamos ver a ND não como uma nova escola, mas como parte do Desenvolvimentismo Estruturalista Clássico. Prefiro, no entanto, pensar em termos de uma nova escola porque a ND faz algumas críticas à escola de onde se originou e acrescenta novas ideias.

O ND e o Desenvolvimentismo Estruturalista Clássico *concordam* que:

- Desenvolvimento é industrialização ou mudança estrutural ou mesmo sofisticação produtiva (sinônimos).

- O Estado deve intervir moderadamente na economia para alcançar o desenvolvimento.

- A restrição externa decorre de duas elasticidades-renda perversas: enquanto, nos países ricos, a elasticidade-renda das importações de bens primários é menor que uma, nos países em desenvolvimento, a elasticidade-renda das importações de bens manufaturados é maior que um.

- O imperialismo ou o Norte Global procura impedir que os países em desenvolvimento se industrializem; prefere manter o sistema cambial desigual, exportando bens com alto valor agregado *per capita* e importando do Sul Global *commodities* com baixo valor agregado *per capita*.

ND faz *críticas* ao Desenvolvimentismo Estruturalista Clássico:

- Enquanto o Desenvolvimentismo Estruturalista Clássico é uma microeconomia do desenvolvimento focada nos fatores de oferta que determinam o investimento e o crescimento, a Teoria Econômica Pós-Keynesiana presta maior atenção à demanda de curto prazo. O ND pensa desde o início a macroeconomia como uma macroeconomia do desenvolvimento, e seu principal instrumento para isso, além de estimular o investimento, é a gestão, ainda que relativa, dos cinco preços macroeconômicos.

- Os principais objetos de estudo do Desenvolvimentismo Estruturalista Clássico são os países pré-industriais que começam a se industrializar, enquanto o ND se concentra nos países de renda média que já realizaram sua própria revolução capitalista.

- O desenvolvimentismo estruturalista clássico era pessimista em relação à exportação de manufaturados, adotando o modelo de industrialização por substituição de importações e legitimando as tarifas de importação correspondentes com o argumento da indústria nascente. ND é mais otimista, defende uma estratégia liderada pelas exportações e legitima tarifas de importação com o argumento da neutralização da doença holandesa.

- A ND conta com um modelo original de doença holandesa que tem grande relevância para o crescimento dos países exportadores de *commodities*, o desenvolvimentismo estruturalista clássico não.[33]

- Enquanto o Desenvolvimentismo Estruturalista Clássico ignora a doença holandesa, a ND atribui grande relevância a ela na determinação da industrialização ou não dos países exportadores de *commodities*.

- Para neutralizar a doença holandesa e poder se industrializar, o ND defende duas políticas que podem ser combinadas: um imposto de exportação variável sobre as *commodities* que lhe dão origem, ou uma reforma tarifária que diferencie as conhecidas tarifas de importação de uma tarifa única de importação de produtos manufaturados para todos os produtos manufaturados. Em um caso, o imposto, no outro, a tarifa, vai variar de acordo com o preço das mercadorias que o país exporta. No caso das

---

[33] Em 1958, em um relatório sobre a Venezuela, Furtado estava perto de desenvolver um modelo de doença holandesa, mas o relatório permaneceu por 50 anos nos arquivos da Cepal, e ele não usou esse modelo em seus trabalhos posteriores.

tarifas, elas só neutralizam a doença holandesa internamente. Para que a indústria também seja competitiva no exterior, é preciso acrescentar um subsídio variável.

- O desenvolvimentismo estruturalista clássico defende o crescimento com política de endividamento externo ou com poupança externa, enquanto o ND rejeita essa política para países de renda média sob o argumento de que ela supervaloriza a moeda nacional no longo prazo. O ND recomenda equilibrar a conta corrente ou, quando o país enfrenta a doença holandesa, alcançar um *superávit*, não ignorando que tal política depende da existência de países com déficits em conta corrente.[34]

2.5 Comparando com a Teoria Econômica Pós-Keynesiana

ND basicamente adota a Teoria Econômica Pós-Keynesiana, mas faz alguns *acréscimos* e *mudança de foco*.

- A ND é, desde o início, uma macroeconomia estruturalista aberta e dinâmica do desenvolvimento – uma macroeconomia do desenvolvimento –, enquanto a Teoria Econômica Pós-Keynesiana é originalmente fechada e de curto prazo.

- Concentra-se na análise dos cinco preços macroeconômicos, que não são explicitamente considerados na Teoria Econômica Pós-Keynesiana.

- Ele se concentra na política de taxa de câmbio e conta corrente que muitos países em desenvolvimento e ricos

---

[34] Por exemplo, os superávits sistemáticos em conta corrente da China desde a abertura de sua economia só foram possíveis porque os EUA têm grandes déficits em conta corrente desde a década de 1960.

adotam, enquanto a Teoria Econômica Pós-Keynesiana presta pouca atenção à taxa de câmbio e ignora as políticas de conta corrente.

- Possui uma teoria de determinação da taxa de câmbio que depende de duas variáveis presentes em todas as teorias (taxa de juros diferencial e índices cambiais), acrescenta a política de déficit ou superávit em conta corrente e substitui a PPP pelo valor da moeda estrangeira relacionado ao índice comparativo de custo unitário do trabalho.

- Critica a política de crescimento com endividamento externo, que, em vez de aumentar a taxa de investimento, provoca a valorização da taxa de câmbio no longo prazo que desestimula o investimento, ao mesmo tempo que provoca um aumento artificial (insustentável) dos salários e rendimentos dos capitalistas rentistas, estimulando o consumo.

- Afirma que, nos países em desenvolvimento há uma tendência a uma sobrevalorização cíclica e crônica da taxa de câmbio, atribuindo-a à incapacidade dos governos de neutralizar a doença holandesa, ao crescimento usual com a política da dívida externa, que é transformada em real pelas altas taxas de juros de longo prazo destinadas a atrair capital estrangeiro para financiar o déficit.

2.6 Anti-imperialismo

Entre as ideologias, uma das menos estudadas é o nacionalismo. Durante muito tempo, um dos poucos ensaios sobre o tema foi o famoso ensaio de Ernest Renan, de 1882, *O que é uma nação?* Ele diz que uma nação é uma história de esforços, sacrifícios e compromissos, cuja existência é assegurada por um plebiscito diário. Nos últimos 50 anos, uma literatura acadêmica sobre o assunto surgiu, e Ernest Gellner fez uma contribuição clássica para ela em 1983.[35] Ele argumentou que o nacionalismo é a luta pela congruência entre a nação e o estado-nação. É por isso que digo que o nacionalismo é a ideologia da construção do estado-nação. Significativamente, no entanto, nenhum dos autores dessa literatura – todos oriundos de países ricos – fala de países em desenvolvimento e do anti-imperialismo.

Nacionalismo econômico e desenvolvimentismo estão associados. Para crescer, uma nação deve ser capaz de afirmar e defender seus próprios interesses. Deve usar o Estado, que já regula a economia, como instrumento de desenvolvimento econômico. O nacionalismo econômico moderno foi a reação dos países em desenvolvimento ao imperialismo. O desenvolvimentismo estruturalista clássico e a ND são economicamente nacionalistas.

O Norte Global critica o imperialismo e o nacionalismo econômico, "esquecendo" que eles próprios eram, e continuam sendo, países nacionalistas, pois defendem os interesses do capital nacional e do trabalho nacional. Os países industrializados eram nacionalistas e desenvolvimentistas quando formaram seu estado-nação e se industrializaram. Permanecem nacionalistas hoje quando defendem os interesses de suas empresas que competem globalmente e se opõem à industrialização da periferia do capitalismo. Eles se opõem porque querem manter os países em desenvolvimento exportando *commodities* enquanto continuam exportando produtos manufaturados. É verdade que as suas empresas multinacionais investem na indústria transformadora dos países em desenvolvimento, mas esta é uma política das empresas, não dos países ricos e dos seus governos.

---

[35] Eric Hobsbawm, Ernest Gellner, Miroslav Hroch, Benedict Anderson, Anthony D. Smith e Michael Mann. Textos selecionados destes e de alguns outros autores estão no excelente livro BALAKRISHNAN, Gopal (Coord.). *Mapping the Nation*. Londres: Verso, 1996.

CAPÍTULO II – AS ESCOLAS DESENVOLVIMENTISTAS E O...

Embora nacionalistas, os governos dos países centrais e seus economistas tornaram a palavra "nacionalismo" pejorativa, associando-a ao fascismo e ao populismo. É por isso que sempre falo em nacionalismo econômico. O nacionalismo étnico rapidamente se transforma em xenofobia e é a fonte de guerras, fascismo e genocídio.[36]

As elites econômicas dos países ricos já haviam abandonado o nacionalismo na medida em que adotaram o liberalismo econômico. A globalização enfraqueceu ainda mais o nacionalismo porque essas elites – uma coalizão de classe rentista-financista – agora poderiam ganhar dividendos, juros e aluguéis imobiliários que são realizados em muitos países. Perderam a ideia de nação e seu compromisso com o crescimento. No entanto, a classe trabalhadora desses países, assim como os empresários industriais, continua nacionalista, e seus políticos defendem os interesses nacionais para que possam ser reeleitos.

As duas escolas desenvolvimentistas, o Desenvolvimentismo Estruturalista Clássico e o ND, são anti-imperialistas. Eles veem o Norte Global em oposição à industrialização na periferia do capitalismo, daí o desenvolvimento do Sul Global. Os principais representantes do desenvolvimentismo estruturalista clássico não falavam de imperialismo, mas de "centro-periferia". Raúl Prebisch, fundador do Desenvolvimentismo Estruturalista Clássico, fez isso na CEPAL e criticou o "intercâmbio desigual" – os países desenvolvidos trocavam bens sofisticados com alto valor agregado *per capita* por bens primários em que o valor agregado *per capita* era pequeno e os salários eram baixos. Conhecia o imperialismo, mas o centro-periferia era suficiente para elaborar seu principal argumento. Como observou Joseph Love, Prebisch "conquistou para si

---

[36] Otto Bauer (1881-1838) foi uma exceção.

um lugar de destaque na história da teoria do imperialismo, mesmo que o 'imperialismo' não faça parte do vocabulário da CEPAL".[37]

Em seu livro *Desenvolvimento e subdesenvolvimento*, de 1961, Celso Furtado (1920-2004), que trabalhou com Prebisch, argumentou que o subdesenvolvimento não era uma fase que antecedia a industrialização e o desenvolvimento econômico, mas sim o resultado das estratégias que o centro adotava para crescer. Assim como Prebisch, Furtado não atribuía o subdesenvolvimento ao imperialismo – palavra que não cabia nas Nações Unidas – nem explicava a riqueza dos países ricos em função da exploração dos países em desenvolvimento, mas criticava a relação centro-periferia na medida em que impedia o crescimento dos países em desenvolvimento. Ele sabia que o liberalismo econômico era o *soft power* que o imperialismo usava para conter a industrialização dos países em desenvolvimento e os convenceu a adotar políticas econômicas liberais.

ND defende que os países da periferia do capitalismo devem ser nacionalistas para crescer, porque é praticamente impossível que eles se desenvolvam se não tiverem independência econômica. Somente sendo autônomos poderão rejeitar as políticas liberais que o Norte Global os pressiona a adotar usando o peso de sua hegemonia ideológica.

2.7 Duas correntes da teoria da dependência

A dependência é uma expressão e uma teoria que surgiu na década de 1960, na América Latina. Em vez de falar sobre imperialismo e focar nos interesses imperiais dos países ricos, os economistas marxistas se concentraram nas elites alienadas e dependentes existentes na periferia do capitalismo. A característica definidora da

---

[37] LOVE, Joseph L. "Raúl Prebisch and the origins of the doctrine of the unequal exchange". *Latin America Research Review*, vol. 15, nº 3, 1980, p. 65.

CAPÍTULO II – AS ESCOLAS DESENVOLVIMENTISTAS E O...

teoria da dependência, independentemente de sua versão, é a rejeição radical da existência de uma burguesia nacional nos países em desenvolvimento. É uma visão equivocada. Os industriais latino-americanos são nacionalistas em certos momentos e dependentes em outros, especialmente quando se sentem ameaçados pela esquerda. São contraditórias e ambíguas; são dependentes no nível nacional.

Existem duas correntes principais dentro da teoria da dependência: a corrente original e radical de André Gunder Frank (1929-2005) e Ruy Mauro Marini (1932-1997), e a teoria da dependência associada de Fernando Henrique Cardoso e Enzo Faletto (1935-2003). Frank fundou a teoria com o artigo "The Development of Underdevelopment".[38] Esteve no Brasil logo após o golpe militar de 1964, viu que o golpe tinha o apoio de empresários industriais e depois escreveu seu ensaio. Naquela época, no contexto da Guerra Fria, golpes de Estado semelhantes ocorreram na Argentina (1967) e no Uruguai (1978). A maioria dos intelectuais latino-americanos aceitou a visão da dependência associada e interpretou esses golpes como a confirmação da tese da teoria da dependência da "impossibilidade" de uma burguesia nacional se constituir em países em desenvolvimento.

A versão radical da teoria da dependência, que se mantinha marxista, afirmava a dependência, mas era anti-imperialista; a dependência associada, fundada pelo livro *Dependência e Desenvolvimento na América Latina* (1969), de Cardoso e Faletto, deixou de ser marxista e defendeu a associação dos países latino-americanos com os Estados Unidos. Essa versão logo se tornou dominante na região, inclusive na esquerda, porque criticava regimes autoritários e a crescente desigualdade que os regimes militares estavam aprofundando. A interpretação dessa dependência via os

---

[38] FRANK, Andre Gunder. "The development of underdevelopment". *Monthly Review*, vol. 18, nº 4, 1966. Disponível em: doi.org/10.14452/MR-018-04-1966-08_3. Acessado em: 16.02.2024. Esse influente artigo circulou na América Latina em 1965.

investimentos na indústria manufatureira das corporações multinacionais que investiam na indústria dos países latino-americanos como "provas" de que a oposição centro-periferia era falsa. Naturalmente, os governos dos países desenvolvidos e os acadêmicos norte-americanos acolheram a teoria da dependência associada, como reconheceu Cardoso.[39]

Aceita pelos intelectuais e apoiada pelos Estados Unidos, a versão associada da teoria da dependência minou a longo prazo o nacionalismo econômico dos países latino-americanos. No final dos anos 1980, após dez anos da crise da dívida externa, foi uma das causas da rejeição das políticas nacionalistas desenvolvimentistas que estiveram por trás do crescimento econômico da região desde a Segunda Guerra Mundial até a década de 1980. Desde então, esses países abraçaram as reformas neoliberais – liberalizando o comércio e as finanças – que têm sido uma das causas da quase estagnação da região. Ao abrir o comércio e reduzir radicalmente as tarifas de importação de produtos manufaturados, eles não conseguiram neutralizar a doença holandesa, e a indústria da região enfrentou uma desvantagem competitiva significativa em comparação com os concorrentes no exterior. A resposta da ND na década de 2010 foi definir o desenvolvimentismo como uma *teoria* anti-imperialista, foi rejeitar que os países em desenvolvimento tivessem caído na armadilha da renda média e afirmar que haviam caído na "armadilha da liberalização".[40]

---

[39] CARDOSO, Fernando Henrique. "The consumption of the dependency theory in the United States". *Latin America Research Review*, vol. 12, n° 3, 1977. Com certa ironia, Cardoso intitulou esse pequeno ensaio como tal.

[40] BRESSER-PEREIRA, Luiz Carlos; ARAÚJO, Eliane Cristina; PERES, Samuel Costa. "An alternative to the middle-income trap". *Structural Change and Economic Dynamics*, vol. 52, mar. 2020, pp. 294-312.

2.8 Escola de Regulação e Teoria Monetária Moderna

Entre as escolas heterodoxas de pensamento que surgiram nos últimos 50 anos, uma das mais relevantes para a ND é a Escola Francesa de Regulação. Essa escola originou-se no marxismo e ofereceu grandes contribuições tanto para a análise da coalizão de classes fordista do pós-guerra da Era de Ouro do Capitalismo quanto para a compreensão das finanças. Seus representantes mais importantes são Michel Aglietta e Robert Boyer.

Outra escola importante e mais recente é a Escola da Teoria Monetária Moderna (MMT), derivada da teoria endógena da moeda defendida pela Teoria Econômica Pós-Keynesiana. Ela retomou as ideias do economista alemão George Friedrich Knapp (1842-1826), que, em seu livro de 1905, *The State Theory of Money*, criou o *Chartalism*. Para ele, o dinheiro teria natureza política e que sua criação e uso se dariam a partir de um ato de poder do Estado quando escolhe a unidade de conta e o meio de pagamento. O dinheiro, portanto, não é uma mercadoria, mas um meio de troca criado pela economia e garantido pelo Estado, que o aceita para pagar impostos. Na década de 1940, Abba Lerner, com seu funcionalismo macroeconômico, deu uma interpretação keynesiana da teoria. Outra contribuição, agora pós-keynesiana, foi a teoria da moeda endógena, que discutirei nos capítulos VII e VIII. A MMT está por trás de outros economistas ilustres, como Hyman Minsky (1919-1996) e Wynne Godley (1926-2010), desenvolvedores da "macroeconomia dos balanços setoriais" que se tornou influente nos últimos anos. Os principais economistas da MMT são Warren Mosler, L. Randall Wray, Stephanie Kelton e Richard Koo.

A MMT recebeu muita atenção após a crise financeira global de 2008, quando os bancos centrais dos principais países centrais se engajaram na chamada "flexibilização quantitativa". Isso envolveu uma enorme injeção de dinheiro em suas economias para aumentar a liquidez, reduzir a taxa de juros ainda mais do que o mercado havia reduzido e estimular economias que estavam quase estagnadas. Essa política foi possível porque as economias centrais caíram na armadilha keynesiana da liquidez e a política monetária tradicional foi ineficaz. A flexibilização quantitativa tem sido relativamente bem-sucedida na revigoração das economias e não tem causado inflação. Essa atenção foi redobrada quando, diante da pandemia de Covid-19, os mesmos países financiaram grande parte das despesas envolvidas com a compra de novos títulos públicos. Assim, o objetivo dos bancos centrais com flexibilização quantitativa não era apenas aumentar a liquidez monetária comprando títulos do tesouro antigos e títulos privados, mas financiar os gastos estatais envolvidos, ou reduzir em termos práticos (não em termos contábeis) a dívida pública comprando novos títulos do tesouro. A flexibilização quantitativa representou mais uma refutação da teoria monetarista da inflação (que discutirei no capítulo X).

2.9 Sociologia do desenvolvimento

Concluo esta análise das escolas desenvolvimentistas mencionando as contribuições para a teoria do desenvolvimento econômico de alguns cientistas sociais que utilizaram o método histórico. Estou pensando no sociólogo progressista C. Wright Mills (1916-1962) e no historiador econômico conservador Walter Whitman Rostow (1916-2003) no pós-guerra. Em 1982, o cientista político Chalmers Johnson (1931-2010), discutindo o Japão, definiu o conceito de Estado desenvolvimentista e, desde a década de 1980, o sociólogo Peter Evans, que faz parte do grupo *bring the State back*, vem trabalhando o tema desenvolvimentismo, enfatizando como a alta burocracia nos países em desenvolvimento em rápido crescimento se incorporou aos empresários em projetos de desenvolvimento mútuo. Em 1985, quando publicaram o livro *Bringing the State Back In*,[41] estavam reagindo à Escola da

---

[41] EVANS, Peter B.; RUESCHEMEYER, Dietrich; SKOCPCOL, Theda (Coord.). *Bringing the State back in*. Cambridge: Cambridge University Press, 1985.

Escolha Racional, que, em associação com a Teoria Neoclássica, havia se tornado na época hegemônica na ciência política e buscava se apropriar da sociologia.[42] Os anos neoliberais do capitalismo foram os anos dessas escolas de pensamento. Hoje, após a crise financeira global de 2008 e a pandemia de Covid-19 de 2020, eles foram profundamente abalados.

---

[42] No livro *Bringing the State back in*, de 1985, estavam Peter Evans, Dietrich Rueschemeyer, Theda Skocpcol e Fred Block.

CAPÍTULO III
REVOLUÇÃO CAPITALISTA E ESTADO DESENVOLVIMENTISTA

Para entender o mundo em que vivemos, é preciso saber como a Revolução Capitalista transformou radicalmente a vida econômica, social e política. Começou na época do mercantilismo (que Marx chamou de acumulação primitiva de capital no fascinante capítulo XXIV de *O Capital*). Desde então, a principal pergunta que os economistas têm se feito é: o que torna as nações prósperas? A resposta sintética que ofereço é a Revolução Capitalista – a transição que cada povo deve fazer para se tornar uma nação, formar um estado-nação e realizar sua revolução industrial, experimentando assim o desenvolvimento econômico. Os principais países europeus superaram as grandes civilizações da Ásia quando realizaram conjuntamente sua revolução capitalista.

Essa revolução pode ser considerada realizada em nível mundial a partir do século XVIII até meados do século XIX, quando os países que originalmente se desenvolveram formaram seus estados-nação e se industrializaram.[43] Essa transformação radical ocorreu com base no desenvolvimento da tecnologia e no surgimento de uma burguesia nacional. Marca o início do processo histórico de desenvolvimento econômico. Cada estado-nação deve realizar sua própria revolução industrial e capitalista para se desenvolver. Nas palavras de Walt Whitman Rostow, esse é o momento em que as economias nacionais *decolam*.[44] Cada decolagem dura cerca de 50 anos e é o período mais visível e estratégico da transição para o capitalismo. Quando essa transformação é consumada, podemos convencionalmente entender que a formação do estado-nação e a revolução industrial acabaram, e a própria revolução capitalista pode ser considerada "completa".

No século XIX, a burguesia dos países que primeiro "completaram" suas respectivas revoluções capitalistas tornou-se liberal, mas permaneceu autoritária. Se todos os cidadãos tivessem direito ao voto, os ricos temiam que a classe trabalhadora os expropriasse e, por isso, se opunham ao sufrágio universal. Somente no final do século XIX, perceberam que os partidos políticos social-democratas que poderiam ganhar eleições não tinham essa intenção ou esse poder. Assim, aceitaram a democracia, minimamente definida como a garantia do Estado de Direito e de eleições livres.

Marx ensinava que, no capitalismo, o capital gera lucros que se materializam a partir da troca da força de trabalho por salários, mas havia uma condição: os capitalistas já deveriam possuir o capital. É por isso que a existência de uma acumulação primitiva de capital era logicamente necessária. Envolveu várias formas de violência, além da formação de monopólios e cartéis: o fechamento de áreas comunais, o confisco de terras da Igreja Católica, guerras e pirataria promovida pelo Estado. Só depois disso, a nova classe dominante – a

---

[43] Essa revolução, quando mundial, escrevo-a com maiúscula; as revoluções individuais, com letras minúsculas.

[44] ROSTOW, Walt W. *The Stages of Economic Growth*. Cambridge: Cambridge University Press, 1960.

CAPÍTULO III – REVOLUÇÃO CAPITALISTA E ESTADO...

burguesia – seria capaz de obter lucros no mercado pagando salários à força de trabalho reduzida a uma mera mercadoria.

3.1 O desenvolvimentista e a forma liberal

Celso Furtado explicou a mudança estrutural que levou ao capitalismo e ao desenvolvimento econômico com o conceito de *superávit econômico*.[45] Ele observou que a acumulação de capital, fonte do aumento da produtividade do trabalho, tornou-se sistemática e necessária apenas sob o capitalismo. Nos regimes pré-capitalistas, os impérios gastavam o excedente econômico na construção de templos e no financiamento de guerras. Nas sociedades mercantilistas, houve um avanço porque os capitalistas comerciais investiram em ações, mulas e navios para transportar mercadorias de luxo no comércio de longa distância. O investimento em máquinas para aumentar a produtividade só se tornou sistemático sob o capitalismo.

John K. Galbraith (1967) argumentou que o capitalismo envolvia o deslocamento do fator estratégico de produção da terra para o capital. Com a revolução industrial, o reinvestimento dos lucros deixou de ser uma alternativa e passou a ser uma necessidade. Essa revolução estava associada ao progresso tecnológico e à formação de mercados nacionais, de modo que os capitalistas tiveram que reinvestir seus lucros e modernizar sua fábrica para sobreviver em um contexto competitivo. O desenvolvimento econômico tornou-se relativamente autossustentável.

A revolução capitalista está associada a três transformações históricas: em primeiro lugar, temos o declínio do patrimonialismo, quando o povo deixou de identificar o Estado com o poder e o patrimônio do rei. Em segundo lugar, o Estado deixou de ser

---

[45] FURTADO, Celso. *Development and underdevelopment*. Berkeley: University of California Press, 1967 [1961], capítulo III.

absoluto, o poder do monarca deixou de ser arbitrário e passou a ser constitucional, e o Estado assegurou o Estado de Direito. Em terceiro lugar, o Estado gradualmente deixou de ser mercantilista e tornou-se liberal e nacionalista – uma contradição que estava no centro da formação dos estados-nação.

Para a economia política da ND, o desenvolvimentismo é a *forma padrão* de coordenação econômica das economias modernas. A alternativa é o liberalismo econômico. É a forma padrão porque o capitalismo nasceu no âmbito do mercantilismo, que foi o primeiro desenvolvimentismo, na medida em que as primeiras revoluções industriais e capitalistas ocorreram sob o mercantilismo. Foi somente a partir de então que começou a ocorrer o desenvolvimento econômico – o processo histórico de acumulação de capital com a incorporação do progresso técnico que leva ao aumento da produtividade e à melhoria do padrão de vida da população.

Percebi, há algum tempo, que precisava de uma palavra para designar a alternativa ao liberalismo econômico e aquela palavra que ainda não existia. Havia a alternativa socialista, mas o socialismo não é uma alternativa ao liberalismo econômico, é uma alternativa ao capitalismo. Então, decidi usar a palavra "desenvolvimentismo". Por conseguinte, fiz um *alargamento semântico deliberado*. Agora, além do liberalismo econômico ou da forma liberal de coordenação econômica, que busca reduzir ao mínimo a intervenção estatal na economia, temos o desenvolvimentismo ou forma desenvolvimentista de coordenação econômica, em que o Estado intervém moderadamente na economia e adota uma perspectiva nacional de defesa do trabalho e do capital nacionais. Na América Latina, os economistas já usavam essa palavra na década de 1960, mas ela não tinha circulação internacional.[46] Chalmers

---

[46] Fonseca pesquisou a literatura econômica brasileira sobre desenvolvimentismo e constatou que os dois primeiros autores a usar essa palavra foram Hélio Jaguaribe (1962) e Bresser-Pereira (1963). Cf. FONSECA, Pedro Cezar Dutra. "Desenvolvimentismo: a construção do conceito"

CAPÍTULO III – REVOLUÇÃO CAPITALISTA E ESTADO...

Johnson tornou a palavra conhecida em 1982, quando chamou o Estado japonês de "Estado desenvolvimentista".

Uma sociedade nacional e seu respectivo estado-nação são, portanto, primariamente desenvolvimentistas ou liberais. Será desenvolvimentista se o Estado intervir moderadamente na economia e adotar uma perspectiva nacional, e será liberal se o Estado apenas garantir direitos de propriedade, contratos e manter o orçamento fiscal equilibrado. Todos os países capitalistas experimentaram uma revolução capitalista que invariavelmente ocorreu no quadro de um Estado desenvolvimentista. Há boas razões para isso. Para transformar uma economia agrária em industrial, o Estado tem sempre a primeira palavra. Deve construir uma coalizão de classe desenvolvimentista e formular e implementar um projeto de desenvolvimento nacional – algo que não podemos esperar do mercado. Isso era necessário para os países centrais e se mostrava ainda mais necessário para os países periféricos, que tinham que superar os obstáculos impostos pelo imperialismo. Não só o imperialismo formal, colonialista, mas também o imperialismo informal, exercido através das pressões e hegemonia ideológica dos países centrais que impõem o uso da lei das vantagens comparativas do comércio internacional para impedi-los de se industrializarem.

Uma questão importante é se as elites agrárias participam de coalizões de classes desenvolvimentistas e estão envolvidas na revolução capitalista de seus países. Na Coreia do Sul e em Taiwan, juntaram-se a empresários industriais no processo de industrialização. O mesmo pode ser dito das elites agrárias alemãs que Bismarck trouxe com sucesso para sua coalizão de classes. Em vez disso, no Brasil, costuma-se argumentar que as elites agrárias se opunham à industrialização e ao Estado desenvolvimentista, tanto

---

["Developmentalism: the construction of the concept"]. *In*: CALIXTRE, André Bojikian; BIANCARELLI, André Martins; CINTRA, Marcos Antonio Macedo (Coord.). *Presente e futuro do desenvolvimento brasileiro*. Rio de Janeiro: IPEA, 2014.

no período pré-industrial quanto hoje. Uma possível explicação para essa diferença é se o país é principalmente um exportador de *commodities*. Se assim for, este país enfrentará a doença holandesa, cuja neutralização envolve a adoção de impostos de exportação sobre essas *commodities* ou tarifas de importação e subsídios à exportação de produtos manufaturados – duas políticas que essas elites acreditam que serão prejudiciais a elas.[47]

Ao entender o desenvolvimentismo como uma forma de coordenação econômica do capitalismo, podemos distinguir as fases do desenvolvimento capitalista como desenvolvimentistas ou liberais; podemos identificar cada governo como desenvolvimentista ou liberal; e podemos comparar as fases gerais do desenvolvimento capitalista com os períodos de desenvolvimento de cada país. Antes, porém, gostaria de examinar brevemente as diversas formas históricas de organização social, as respectivas unidades político-territoriais e as instituições coordenadoras dessas formas de sociedade que precederam o capitalismo e no próprio capitalismo.

3.2 Formas de organização social

A história pode ser vista como uma sequência histórica de formas de organização social ou sociedade. Adotando os modos de produção de Marx e Engels com o acréscimo de sociedades aristocráticas, distingo cinco formas históricas de sociedade: primitiva, escravista, feudal, aristocrática e capitalista. Cada forma de sociedade é definida por sua tecnologia e pela forma dominante de propriedade. Além disso, cada forma tem sua respectiva unidade político-territorial: nas sociedades primitivas essa unidade eram as tribos; nas civilizações antigas, os impérios; no feudalismo, o feudo; nas sociedades aristocráticas, as monarquias absolutas; e, no capitalismo, o estado-nação. Digo "unidade" político-territorial

---

[47] Discutirei a doença holandesa no capítulo XIV.

CAPÍTULO III – REVOLUÇÃO CAPITALISTA E ESTADO...

porque os impérios clássicos eram muito heterogêneos para serem chamados de sociedades e os feudos eram pequenos demais para constituir individualmente um sistema político.

Como podemos ver no Quadro 3.1 – construído tendo em mente as sociedades europeias –, para cada forma de sociedade, existe uma unidade político-territorial principal e duas instituições coordenadoras. A religião é ou foi uma instituição poderosa presente em três das quatro formas históricas da sociedade. As religiões eram politeístas nas sociedades primitivas e escravagistas, enquanto tendiam a ser monoteístas nas sociedades mais desenvolvidas. Nas sociedades capitalistas, a instituição religiosa não está entre as duas instituições coordenadoras mais relevantes porque a religião perdeu muito de sua influência política e tornou-se uma questão de fé pessoal. Na China, a religião sempre desempenhou um papel secundário, tendo sido substituída pelo confucionismo – uma filosofia moral burocrática. O Estado estaria presente em três formas de organização social se não distinguirmos o Estado antigo e muito pequeno, liderado por uma oligarquia arbitrária, do Estado moderno, no qual uma burocracia pública e um sistema de leis formais são suas características básicas. O mercado só aparece como instituição relevante no capitalismo.

Quadro 3.1 – Formas históricas das sociedades e instituições coordenadoras

Formas de organização social	Sociedades políticas territoriais	Instituições coordenadoras	
Sociedades primitivas	Tribos	Tradição	Religião
Sociedades escravistas	Impérios Clássicos	Religião	Estado antigo
Sociedades aristocráticas	Monarquias absolutas	Estado Moderno	Religião
Sociedades capitalistas	Estados-nação	Estado Moderno	Mercado

As instituições regulam e coordenam as sociedades. O Estado é a principal instituição nas sociedades capitalistas, seguido em importância pelo mercado. O Estado é uma instituição normativa, é o sistema de leis e uma instituição organizacional que faz cumprir a lei: a Administração Pública. Todas as instituições têm algum poder para tornar suas normas obrigatórias, mas apenas o Estado tem o poder da vida e da morte. Por isso, Max Weber definiu o Estado como a instituição que detém "o monopólio da violência legítima".[48] As instituições são centrais para as quatro formas de sociedade. O mercado é a instituição que coordena apenas as sociedades capitalistas por meio da competição entre agentes econômicos, sejam empresas ou indivíduos. Antes do capitalismo, havia mercados, mas eram sobretudo feiras locais, não mercados nacionais que fixavam preços nacionalmente e, depois, mundialmente, como é o caso hoje.

3.3 A formação dos estados-nação

Ernest Gellner observou que um elemento essencial distingue os estados-nação dos antigos impérios. Nos impérios clássicos, a oligarquia de soldados e padres possuía uma "cultura superior", mas não estava interessada em transferi-la para os povos que haviam reduzido à condição de colônias. Mantinham uma força militar no território, associavam-se a parte das elites locais e cobravam impostos, não interferindo na religião ou em outras instituições dos povos dominados. Em vez disso, os estados-nação são, ou procuram ser, sociedades integradas. Seu objetivo é o desenvolvimento econômico, e seus governos criaram os sistemas públicos de educação necessários para aumentar a produtividade.[49]

---

[48] O Estado é uma instituição. O estado-nação é uma forma de sociedade com uma população, um estado e um território.

[49] GELLNER, Ernest. *Nations and nationalism*. Ithaca: Cornell University Press, 1983.

CAPÍTULO III – REVOLUÇÃO CAPITALISTA E ESTADO...

A Grã-Bretanha foi o primeiro país a formar seu estado-nação e realizar a revolução industrial e capitalista. A construção do estado-nação britânico começou em 1534, quando o rei Henrique VIII criou a Igreja da Inglaterra. No século XVII, duas revoluções refletiram a ascensão da burguesia, a nova classe social que lideraria a revolução capitalista: a revolução burguesa e puritana de Oliver Cromwell (1643-1651) e a aristocrática Revolução Gloriosa (1688-89), que fez da Inglaterra o primeiro estado-nação a garantir o Estado de Direito e as liberdades civis.[50]

Os estados-nação tornam-se mais robustos e independentes à medida que crescem. A formação do estado-nação era uma pré-condição para a revolução industrial em cada país. Os novos estados-nação que surgiram inicialmente na Europa eram grandes e tinham mercados internos relativamente seguros, nos quais os novos industriais podiam vender maciçamente seus produtos manufaturados relativamente baratos e obter lucros. Uma vez realizada a revolução industrial, podemos considerar que o país completou sua revolução capitalista.

3.4 Grande divergência, Estado e imperialismo

Enquanto as tribos e os antigos impérios cobriam a terra, não havia aumento de produtividade e o povo era pobre, exceto por uma pequena elite militar e religiosa. A produtividade, no entanto, começou a aumentar na Europa no século XVIII e o desenvolvimento econômico tornou-se uma realidade histórica. A razão básica foi que essa região vivenciou a Revolução Capitalista – um processo histórico que começou no século XIV nas cidades comerciais do norte da Itália, ganhou uma dimensão global com as grandes navegações e o mercantilismo e se materializou com a formação dos primeiros estados-nação e suas respectivas revoluções industriais.

---

[50] ARRIGHI, Giovanni. *The long Twentieth Century*: money, power, and the origins of our times. Londres: Verso Books, 1994, p. 13.

Essa transformação foi acompanhada pelo surgimento de duas classes sociais: a burguesia, que só se tornaria a classe dominante no século XIX, e a classe operária. Do enorme desenvolvimento que ocorreu no Ocidente durante a Revolução Capitalista, enquanto o resto do mundo permaneceu estagnado, se não decadente, veio a Grande Divergência, que podemos ver no Gráfico 3.1.

Gráfico 3.1 – Países ricos, China e Índia.
Crescimento da renda per capita 1500-1950

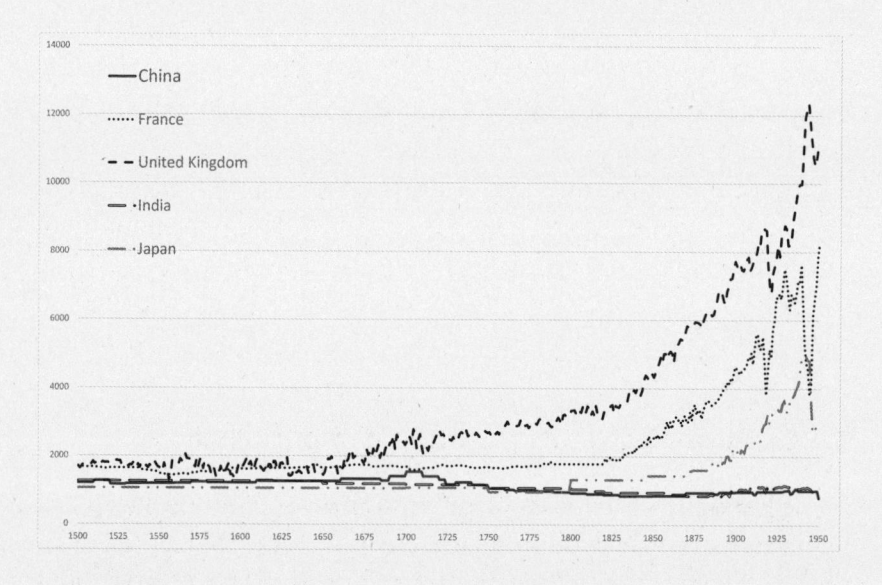

Fonte: Elaboração do autor com base no Maddison Project Database (MPD) 2020, PIB real per capita em 2011$, ilustração baseada em MADDISON, Angus. *Contours of the World Economu, I-230 AD.* Oxford: Oxford University Press, 2007, p. 382.

Por que a Revolução Capitalista ocorreu originalmente na Europa? Várias escolas de pensamento oferecem respostas. O novo institucionalismo argumentava que a Europa protegia direitos de propriedade e contratos, enquanto a China e a Índia não. Mas essa é uma explicação equivocada, porque as instituições são endógenas, e há uma alta correlação entre o nível de desenvolvimento econômico

CAPÍTULO III – REVOLUÇÃO CAPITALISTA E ESTADO...

e a qualidade das instituições. Faz mais sentido dizer que a Revolução Capitalista, que estabeleceu a divergência histórica entre a Europa Ocidental e o resto do mundo, resultou de um conjunto de eventos propícios que se somaram na Europa desde o século XI até a revolução nacional e industrial nos países originais, Grã-Bretanha, França e Bélgica, e a ascensão do imperialismo moderno.

Dentre esses fatores, a formação de estados-nação que integraram grandes territórios e permitiram a construção de grandes mercados internos foi, no entanto, o mais fundamental. Recentemente, lendo Giovanni Arrighi, essa visão foi confirmada e enriquecida. Ele argumenta que "a competição interestatal foi um componente crucial" da expansão capitalista e que "as maiores expansões materiais só ocorreram quando um novo bloco dominante acumulou poder mundial suficiente para permanecer em uma posição não apenas de contornar a competição interestadual".[51] Arrighi credita a Fernand Braudel a correta compreensão da relação entre capitalismo e poder estatal. Para o grande historiador, o surgimento do capitalismo foi absolutamente a expansão do poder estatal.[52] Nas palavras de Braudel, "o capitalismo só triunfa quando se identifica com o Estado, quando é o Estado".[53]

O imperialismo completou o cenário da Grande Divergência. Os primeiros países europeus a realizar a revolução capitalista tornaram-se ricos e militarmente poderosos e submeteram o resto do mundo à sua dominação, construindo assim impérios coloniais. As grandes civilizações asiáticas enfrentaram o colapso. A China,

---

[51] ARRIGHI, Giovanni. *The long Twentieth Century*: money, power, and the origins of our times. Londres: Verso Books, 1994, p. 10; ver também: WALLERSTEIN, Immanuel. *Geopolitics and geoculture*: the capitalist world economy. Cambridge: Cambridge University Press; Paris: Maison des Sciences de l'Homme, 1991, capítulos XIV-XV.

[52] Braudel citado por Arrighi (1979a: 229-230).

[53] JOHNSON, Chalmers. *MITI and the Japanese Miracle*. Stanford: Stanford University Press, 1982.

que só no século XVIII cedeu à Inglaterra o *status* de país mais rico do mundo, enfrentou a decadência e a pobreza generalizada. Os chineses chamam o período 1850-1949 de Século da Humilhação.

Após a Segunda Guerra Mundial, quando a redução dos povos ao status colonial se tornou politicamente inviável, o centro – ou Norte Global – recorreu ao liberalismo econômico. Os países centrais não adotaram esse caminho quando estavam realizando suas próprias revoluções industriais e capitalistas, mas não hesitaram em exigir que os países periféricos realizassem as reformas neoliberais. Dessa forma, a desindustrialização prematura tornou-se a norma nos países periféricos que se submeteram ao Norte Global.

3.5 O Estado desenvolvimentista

Na coordenação das economias capitalistas, o Estado moderno assume duas formas primárias: a forma desenvolvimentista e a forma liberal. Um Estado que lidera a formação de uma coalizão de classes desenvolvimentista e promove a industrialização é um Estado desenvolvimentista. Em geral, tornou-se desenvolvimentista após as principais transições históricas. Por exemplo, usando os EUA como referência para essas transições, após a Grande Depressão dos anos 1930 e a Segunda Guerra Mundial, houve a transição de volta ao capitalismo desenvolvimentista, que chamo de "segundo desenvolvimentismo"; por volta de 1980, houve a virada neoliberal e a transição do desenvolvimentismo social-democrata para o capitalismo rentista-financeiro neoliberal, mas em 2021 – depois de 2008 e após a pandemia de Covid-19 de 2020 – o neoliberalismo entrou em colapso e houve o segundo retorno histórico a um regime desenvolvimentista. Este é o terceiro desenvolvimentismo que hoje começa a ser dominante.

Chalmers Johnson ofereceu uma definição detalhada do estado desenvolvimentista. É o Estado que tem como objetivo primordial o desenvolvimento econômico; intervém na economia não só através da regulação, mas também diretamente; possui uma pequena e altamente qualificada burocracia pública à qual são atribuídos poderes reais, deixando o Legislativo e o Judiciário em segundo plano; controla as suas contas comerciais e financeiras no estrangeiro e, por conseguinte, controla as suas contas comerciais e financeiras no estrangeiro e, por conseguinte, controla a taxa de câmbio; protege a indústria nacional de produtos estrangeiros; facilita a importação de máquinas; separa a tecnologia estrangeira, na qual a burguesia tem forte interesse, do capital estrangeiro, em que o interesse é limitado; cria instituições financeiras estatais; adota incentivos creditícios e fiscais, mas sempre em caráter temporário, sujeito a avaliação constante; adota um orçamento de investimento público consolidado; oferece forte apoio governamental à ciência e tecnologia e evita leis detalhadas, deixando espaço para que as empresas tomem a iniciativa, com orientação discricionária da burocracia pública.[54]

Peter Evans chamou a atenção para duas características do Estado desenvolvimentista do século XX: sua capacidade burocrática, a capacidade de implementar leis e políticas públicas, e sua imersão, a maneira como a burocracia pública está enredada na sociedade e no empresariado.[55] Johnson e Evans atribuem à burocracia pública um papel estratégico no Estado desenvolvimentista, o que é razoável, embora os empresários industriais também tenham um papel decisivo a desempenhar nele.[56]

---

[54] JOHNSON, Chalmers. *MITI and the Japanese Miracle*. Stanford: Stanford University Press, 1982.

[55] EVANS, Peter B. "The state as problem and solution: predation, embedded autonomy, and structural change". *In*: HAGGARD, Stephan; KAUFMAN, Robert (Coord.). *The politics of economic adjustment*. Princeton: Princeton University Press, 1992, p. 12.

[56] EVANS, Peter B. "The state as problem and solution: predation, embedded autonomy, and structural change". *In*: HAGGARD, Stephan; KAUFMAN, Robert (Coord.). *The politics of economic adjustment*. Princeton: Princeton University Press, 1992.

Essas são excelentes definições do estado desenvolvimentista, mas podemos e devemos defini-lo de forma mais ampla. O Estado será desenvolvimentista se: (a) considera o desenvolvimento econômico como seu objetivo primordial; b) intervém moderadamente no mercado, planeando o setor não concorrencial da economia e adoptando políticas industriais estratégicas; (c) conduz uma política macroeconômica ativa que busca manter os cinco preços macroeconômicos, especialmente a taxa de câmbio, corretos (compatíveis com o crescimento e a estabilidade); (d) defende déficits públicos anticíclicos e rejeita qualquer déficit em conta corrente; e (e) é apoiado politicamente por uma coalizão desenvolvimentista formada por empresários, trabalhadores, burocratas públicos e setores da antiga classe dominante – uma coalizão que adota uma estratégia nacional desenvolvimentista, em oposição a uma coalizão conservadora ou neoliberal composta por setores da classe dominante pré-industrial, capitalistas rentistas e financistas. Nos países em desenvolvimento, no âmbito do capitalismo rentista, os conservadores também estiveram em coalizões neoliberais que se associaram às elites liberais internacionais e, portanto, foram praticantes do liberalismo econômico.

De acordo com Evans, o Estado moderno pode ser "predatório" quando

> não tem a capacidade de impedir que os incumbentes individuais persigam seus próprios objetivos. Os laços pessoais são a única fonte de coesão e a maximização individual tem precedência sobre a busca de objetivos coletivos.[57]

Estados predatórios são comuns em países pré-industriais que ainda não tiveram sua revolução industrial e capitalista. Seus governantes se dizem liberais, mas são apenas oportunistas. Em países de

---

[57] GERSCHENKRON, Alexander. *Economic backwardness in historical perspective*: a book of essays. Nova York: Praeger, 1962.

renda média, ainda há políticos e funcionários públicos dedicados ao *rent-seeking*, mas apenas excepcionalmente esses países podem ser chamados de Estados predatórios. Não podemos ver como predatórios os estados-nação ricos e de renda média que estiveram recentemente sob governos populistas de direita – como o governo de Donald Trump nos EUA e Jair Bolsonaro no Brasil –, mesmo que esses governos tenham sido governos predatórios.

3.6 Quatro tipos de revolução capitalista

Considerando a posição do país – no centro ou na periferia do capitalismo –, bem como o momento da revolução, é possível distinguir quatro tipos de revolução capitalista que levam a quatro modelos de Estado desenvolvimentista: (a) as revoluções capitalistas originais que levaram aos primeiros países centrais desenvolvimentistas que se industrializaram no século XVIII e início do XIX, como Inglaterra e França; (b) as revoluções capitalistas tardias nos países centrais retardatários originais que não eram colônias, mas realizaram sua revolução industrial mais tarde, como a Alemanha e os Estados Unidos; (c) as revoluções capitalistas periféricas independentes que foram colônias ou quase-colônias de países desenvolvidos, mas que alcançaram um alto nível de autonomia nacional, industrializaram-se, alcançaram e enriqueceram, como Japão, Taiwan e Coreia do Sul, ou se tornaram países de renda média, como China, Índia, Malásia e Tailândia; e (d) os países periféricos nacional-dependentes que fizeram uma revolução capitalista, mas, após a grande crise da dívida externa dos anos 1980, perderam parte de sua autonomia nacional e começaram a crescer em ritmo muito lento, como Brasil e México.

Países centrais de desenvolvimento original. Já discutimos o modelo do Estado desenvolvimentista dos países centrais originais – o primeiro modelo. Eles não eram chamados de Estados desenvolvimentistas naquela época porque esse termo não existia. Suas revoluções industriais começaram na fase mercantilista, na qual havia uma coalizão desenvolvimentista de classes com a participação do monarca absoluto e da grande burguesia. Enquanto o monarca e sua corte de aristocratas e burocratas patrimoniais viviam do tesouro do Estado, a burguesia comercial e financeira emergente pagava impostos em troca dos monopólios que o monarca lhes concedia. Com esse dinheiro, o monarca travou guerras que expandiram as fronteiras do estado-nação e criaram o mercado interno para sua industrialização.

Países centrais de atraso. Na década de 1960, o historiador econômico Alexander Gerschenkron analisou os países europeus que se desenvolveram na segunda metade do século XIX e encontrou neles um alto grau de intervenção estatal.[58] Esses países capitalistas tardios do segundo modelo tiveram que lidar com o imperialismo industrial da Inglaterra e da França, que, como escreveu Friedrich List em 1846, tentou "chutar a escada" da Alemanha.[59] Naquele país, o Estado desenvolvimentista era chamado de *Bismarckian*. A revolução industrial alemã, liderada por Otto von Bismarck (1815-1898), combinou a intervenção estatal e os bancos de investimento que serviram de exemplo para outros países centrais retardatários. Em 1962, Hélio Jaguaribe, escrevendo sobre a estratégia bismarckiana de desenvolvimento, observou que, nela, o mercado interno era reservado à indústria nacional e que o Estado desempenhava o papel de árbitro entre as forças conflitantes.[60]

---

[58] A expressão "chutar a escada" foi originalmente empregada por Friedrich List em 1846 para descrever o comportamento da Inglaterra, que buscava, usando os argumentos do liberalismo econômico clássico, convencer os alemães a não se industrializarem. O argumento descreve o comportamento atual dos países ricos em relação aos países em desenvolvimento. Ha-Joon Chang pegou a expressão e aplicou-a de forma muito apropriada (CHANG, Ha-Joon. *Kicking away the ladder*. Londres: Anthem Press, 2002).

[59] JAGUARIBE, Hélio. *Economic and political development*. Cambridge: Harvard University Press, 1968 [1962].

[60] Os EUA fizeram 621 concessões em um acordo de 1938 com o Reino Unido que totalizaram 457,8 milhões de dólares americanos e representaram 37% das importações de bens duráveis (LOVETT, William A.; ECKES JR., Alfred

Embora o mercado interno dos Estados Unidos também fosse reservado aos fabricantes nacionais, o papel decisivo do Estado não é tão claro, porque a ideologia liberal era tão predominante lá que o papel do Estado na industrialização do país era sistematicamente obscurecido. Seu primeiro secretário do Tesouro, Alexander Hamilton, não foi apenas um dos três grandes filósofos federalistas, mas também um economista desenvolvimentista e, de fato, o decano dos economistas desenvolvimentistas. Em seu clássico "Report on Manufactures" (1792), Hamilton, então secretário do Tesouro de George Washington, defendeu o uso de tarifas de importação sobre produtos manufaturados com base na indústria nascente. Dessa forma, ele lançou uma política duradoura e consistente de promoção industrial que só terminou em 1939, quando os Estados Unidos finalmente baixaram suas tarifas alfandegárias, muito altas até então.[61] Segundo Paul Bairoch, as tarifas de importação nos EUA do século XIX até a década de 1930 variaram de 35% a 48%, tornando o país, nas palavras de Bairoch, "um bastião do protecionismo".[62]

Países periféricos independentes. O terceiro modelo do Estado desenvolvimentista é o modelo periférico independente. A Restauração Meiji de 1868 (a revolução nacionalista japonesa que libertou o país da tutela ocidental) levou o Japão à estratégia de copiar a tecnologia e as instituições ocidentais. A rápida industrialização ocorreu nos 40 anos seguintes, sob o controle direto do Estado japonês.[63] A cópia da tecnologia e das instituições ocorreu de 1868

E.; BRINKMAN. Richard L. *US trade policy*: history, theory, and the WTO. Nova York: M. E. Sharpe, 1999).

[61] BAIROCH, Paul. *Economics & World History*. Chicago: Chicago University Press, 1993, pp. 40 e 51.

[62] Por "Ocidente", quero dizer o grupo de países ricos ao redor do Atlântico Norte, mais Austrália e Nova Zelândia, que hoje são mais bem chamados de Norte Global.

[63] Os dados de Angus Maddison sugerem que a revolução industrial japonesa aconteceu na época da Segunda Guerra Mundial, mas a capacidade desses dados de detectar revoluções industriais é limitada. O Japão só foi capaz de

a 1910. Entre 1908 e 1910, a administração japonesa decidiu privatizar empresas do setor competitivo, que na época eram dirigidas por samurais transformados em burocratas.[64] A privatização não tinha raízes ideológicas: os japoneses simplesmente copiaram o modelo institucional ocidental, que, no caso das empresas competitivas, atribuía ao mercado o papel de coordenação econômica. Permaneceram, no entanto, em desenvolvimento.

Obras clássicas sobre desenvolvimento periférico independente incluem as de Chalmers Johnson no Japão, Alice Amsden na Coreia do Sul e Robert Wade em Taiwan. Esses livros mostram claramente a importância da intervenção estatal para o desenvolvimento desses países. O que lhes falta, com a exceção parcial do livro de Robert Wade, é uma análise mais profunda da política macroeconômica ativa que adotaram.

Em cada um desses países, o Estado garantiu as condições gerais de acumulação de capital, condições microeconômicas, como educação, investimento em infraestrutura, boas instituições e sistema financeiro nacional, e macroeconômicas, como demanda sustentada e acesso à demanda por meio de uma taxa de câmbio competitiva. Evitaram déficits em conta corrente e limitaram o endividamento externo para manter a taxa de câmbio competitiva; limitaram a entrada de empresas multinacionais em setores estratégicos; adotaram políticas industriais; adotaram uma política macroeconômica que visa manter uma taxa de lucro satisfatória, levando as empresas a investirem; e mantiveram a taxa de inflação razoavelmente equilibrada. Nesse esforço para realizar a conquista, os formuladores de políticas asiáticas tinham uma grande vantagem sobre seus homólogos

---

atacar a Rússia em 1905, a China em 1936 e os Estados Unidos em 1942 porque já havia desenvolvido um poderoso setor industrial.

64 Na Restauração Meiji, Samurai participou de uma capacidade militar. Os samurais tornaram-se então uma classe média de burocratas que dirigiam as empresas manufatureiras que o Estado havia criado. Finalmente, entre 1808 e 1810, tornaram-se empresários privados das empresas privatizadas.

latino-americanos: não exportavam *commodities* e, portanto, não precisavam neutralizar a doença holandesa. Os países asiáticos se comportavam de acordo com a metáfora dos gansos voadores, originalmente proposta por Kaname Akamatsu.[65] Eles se desenvolveram em bandos a partir do modelo japonês. O primeiro voo envolveu Coreia do Sul, Taiwan e Cingapura; o segundo, Malásia e Indonésia; o terceiro, a China; e o quarto, o Vietnã.

A China, tendo caído sob o imperialismo ocidental desde meados do século XIX, teve sua revolução nacional, e supostamente socialista, em 1949. A revolução nacional foi completada pela revolução industrial, dividida em duas partes: a primeira de 1949 a 1978, sob a liderança de Mao Tsé-Tung (1893-1976), e a segunda de 1989 a 2010, sob a liderança de Deng Xiaoping (1904-1997). Mao pensava que estava realizando a primeira fase da revolução socialista chinesa, quando, na verdade, ele estava realizando a primeira fase de uma revolução capitalista e gerencial. Com Mao no comando, a China afirmou-se como um estado-nação genuinamente independente, educou sua população e desenvolveu infraestrutura básica – atividades que o Estado normalmente conduz de forma eficaz e com eficiência razoável. A reforma capitalista ocorreu na década de 1990. A segunda fase da revolução industrial chinesa envolveu a privatização e a diversificação da produção. A primeira fase foi estatista, a segunda, desenvolvimentista. Nessa fase, como havia acontecido com o Japão, o setor competitivo da economia foi privatizado e deixado principalmente ao mercado, enquanto o Estado manteve o controle político, adotou políticas industriais para o setor competitivo, planejou os investimentos do setor não competitivo e executou uma política macroeconômica ativa para garantir o equilíbrio dos cinco preços, principalmente a taxa de câmbio. Nessa segunda fase de seu desenvolvimento, a China experimentou o desenvolvimento econômico mais extraordinário de todos os tempos, superando até

---

[65] AKAMATSU, Kaname. "A historical pattern of economic growth in developing countries". *Journal of Developing Economies*, vol. 1, nº 1, 1962.

mesmo o exemplo anterior do Japão, e alcançando uma taxa média de crescimento anual de 10% por 30 anos.

Países periféricos nacional-dependentes. O quarto modelo de Estado desenvolvimentista – o modelo periférico nacional-dependente – não foi tão bem-sucedido quanto os outros três. Os países desse grupo se desenvolveram o suficiente para realizar suas revoluções industriais, mas foram incapazes de manter taxas de crescimento rápidas a partir de 1980. No Brasil, o crescimento da renda *per capita* caiu de quase 4% ao ano durante a revolução industrial (1930-1980) para 0,8% ao ano de 1981 a 2020. Isso é contra 1,5% e 3,0% ao ano para os países centrais e todos os países em desenvolvimento, respectivamente. O mesmo aconteceu no México. Ao analisar o desenvolvimentismo dos dois países nesse período, Ben Ross Schneider constatou que seu desenvolvimentismo tinha quatro características básicas: lucros e investimentos dependentes do Estado; um discurso desenvolvimentista dominado pela necessidade de industrialização e pelo papel do Estado na promoção da industrialização; a exclusão da maioria da população e uma burocracia altamente institucionalizada do setor público.[66] Essas são características típicas de uma estratégia desenvolvimentista, à qual acrescento duas políticas positivas – uma abordagem nacionalista e o uso de tarifas de importação sobre produtos manufaturados importados – e uma política negativa – a tentativa autodestrutiva de fazer a economia crescer com empréstimos externos, o que acabou financiando muito mais o consumo do que o investimento e que foi a causa central da crise e do desaparecimento dos estados-nação

---

[66] SCHNEIDER, Ben Ross. "Big business and politics of economic reform: confidence and concertation in Brazil and Mexico". *In*: MAXFIELD, Sylvia; SCHNEIDER, Ben Ross (Coord.). *Business and the State in developing countries*. Ithaca: Cornell University Press, 1997. No que diz respeito à burocracia pública, essa visão se aplica mais ao México do que ao Brasil. Em livro clássico sobre a burocracia pública brasileira, Schneider mostrou que essa burocracia era relativamente informal, mas firmemente profissional (SCHNEIDER, Ben Ross. *Bureaucracy and Industrial Policy in Brazil*. Pittsburgh: Pittsburgh University Press, 1991).

desenvolvimentistas no final da década de 1980. Em contrapartida, os países do Leste Asiático evitaram déficits em conta corrente e endividamento externo excessivo. No início de 2020, após mais de 30 anos de alto crescimento, a China era um país credor.

Além dos quatro tipos de revolução capitalista discutidos na seção anterior e dos respectivos modelos de Estado desenvolvimentista, após a Segunda Guerra Mundial, no Salário de Ouro, tivemos um quinto modelo de Estado desenvolvimentista. Nesses anos, os países mais desenvolvidos experimentaram um *segundo* desenvolvimentismo – o Estado social-democrata desenvolvimentista. Os retardatários países centrais e periféricos que adotaram políticas ativas de industrialização também foram desenvolvimentistas. O *primeiro* desenvolvimentismo ocorreu com o mercantilismo e o *terceiro* está ocorrendo agora com o colapso do neoliberalismo.

CAPÍTULO IV
FORMAS E FASES DO DESENVOLVIMENTO CAPITALISTA

Os estados-nação têm sido desenvolvimentistas desde que se constituíram como tal no quadro do mercantilismo e da industrialização. Voltaram a ser desenvolvimentistas nos anos social-democratas do pós-guerra. Agora, depois do recente colapso do neoliberalismo, o Estado está de volta, intervém na economia através da política industrial e da política macroeconómica, volta a ser desenvolvimentista. Essas são as três fases e formas do capitalismo que discutirei neste capítulo.

A economia é a ciência dos mercados, mas eles só se tornam relevantes quando são nacionais, não meras feiras, quando coordenam as economias nacionais e depois a economia internacional. No entanto, isso só acontece no âmbito do estado-nação, quando o Estado regula e intervém na economia, ou seja, quando o mercado é sustentado pelo Estado. Assim, é mais correto, portanto, dizer que a Economia é a ciência de como os mercados e o Estado coordenam a economia.

As teorias econômicas estão associadas às fases do desenvolvimento capitalista. A Teoria Neoclássica nasceu para justificar o liberalismo econômico. Com o colapso de sua forma radical, o neoliberalismo e a ortodoxia neoliberal entraram em crise, mas de forma diferente da crise que enfrentaram na década de 1930. Nessa época, surgiu a Economia Keynesiana; na década de 2020, não vemos uma nova economia surgindo. A ND é uma teoria nova, mas se concentra em países de renda média. Não tem a amplitude da revolução keynesiana.

4.1 Duas instituições, o Estado e o mercado

O Estado coordena toda a sociedade, o mercado coordena apenas o sistema econômico. Considerando essas duas instituições, já vimos que existem duas formas de coordenação econômica do capitalismo, a forma desenvolvimentista e a forma liberal. Para o liberalismo econômico, o mercado coordena plenamente a economia, enquanto o Estado apenas assegura o bom funcionamento do mercado. Para o desenvolvimentismo, ambas as instituições são relevantes para a coordenação do capitalismo. O mercado coordena os setores competitivos da economia, o Estado coordena os setores não competitivos e, de forma mais ampla, coordena toda a sociedade. A condição neoliberal nunca é alcançada, mas os governos liberais muitas vezes adotam políticas equivocadas para alcançá-la, como a austeridade. Quando a intervenção estatal é moderada e o país tem uma perspectiva nacional, ela será desenvolvimentista, mas, para ser bem-sucedida, terá que contar com um bom governo ou administração. Quando a intervenção é máxima, não temos mais capitalismo; temos o estatismo.

Com o fracasso do estatismo na União Soviética e na China, a maioria das pessoas tomou o estatismo pelo socialismo e deixou de vê-lo como uma alternativa ao capitalismo. Agora estaríamos condenados ao capitalismo e ao liberalismo. Foi uma conclusão precipitada. O estatismo era o socialismo realmente existente, e a esperança de que os países conseguissem no curto prazo não é realista. Podem escolher o liberalismo econômico ou o desenvolvimentismo, e um desenvolvimentismo progressista ou conservador. Do meu ponto de vista, um desenvolvimentismo social-democrata, republicano e verde é um regime econômico e político mais justo e coerente para a sobrevivência da humanidade do que o liberalismo econômico e a democracia liberal.

Usando a palavra desenvolvimentismo nesse sentido mais amplo – como forma de coordenação econômica do capitalismo –, podemos dizer, por exemplo, que antes da virada neoliberal dos anos 1980, nos anos do pós-guerra, as sociedades capitalistas avançadas não eram economias liberais, mas economias social-democratas e desenvolvimentistas. A forma padrão do capitalismo é desenvolvimentista porque as revoluções industriais na Grã-Bretanha, França e Bélgica ocorreram no contexto do mercantilismo – a primeira forma histórica de desenvolvimentismo.

Nos EUA, ao contrário da Europa, não há partidos políticos social-democratas, e o país é menos progressista e menos verde do que os países avançados da Europa. Nos EUA, o Partido Democrata é mais progressista que o Partido Republicano, mas não pode ser considerado social-democrata. Provavelmente por isso, os progressistas do país são chamados de "liberais". Neste livro, uso a palavra liberal com seu significado clássico. Os liberais só foram progressistas na Europa do final do século XVIII até meados do século XIX. Os neoliberais são os liberais radicais que surgiram após a Segunda Guerra Mundial, tornando-se dominantes na década de 1980. Recentemente, o neoliberalismo entrou em colapso e o mundo rico está em transição para um terceiro desenvolvimentismo.

O caso dos EUA é interessante e talvez surpreendente para muitos. Apesar do grande papel que os empresários desempenharam em seu desenvolvimento e da importância do mercado interno americano, a economia dos EUA foi desenvolvimentista até 1980. Foi somente em 1939 que os EUA abriram sua economia, reduzindo as tarifas alfandegárias de importação sobre produtos manufaturados, que eram altas. Os historiadores econômicos americanos não têm uma explicação para essas tarifas alfandegárias; eles as rotulam de "protecionistas". Nos primeiros 40 anos do século XX, o argumento da indústria nascente, que legitimava as tarifas de importação sobre produtos manufaturados, não era mais aplicável, mas os formuladores de políticas americanas rejeitaram o receituário liberal porque acreditavam, com razão, primeiro, que o crescimento econômico de seu país exigia que ele se industrializasse e, segundo, que a industrialização dependia de tarifas alfandegárias. Assim, adotaram tarifas de importação pragmaticamente. Eles estavam certos porque os EUA tinham a doença holandesa – falha de mercado em países exportadores de *commodities* – que as tarifas neutralizaram.

Um país enfrenta os holandeses quando pode exportar *commodities* de forma lucrativa a uma taxa de câmbio substancialmente mais apreciada do que a taxa de câmbio que as empresas manufatureiras que usam a melhor tecnologia disponível no mundo exigem para serem competitivas. A forma mais simples e tradicional de neutralizar ou contrariar esta falha de mercado é impor *tarifas aduaneiras* aos produtos manufaturados. Isso foi feito nos EUA até 1939, apesar do fato de que as tarifas de importação são a política industrial que os economistas liberais rejeitam com mais veemência. Ao adotar tarifas de importação, o capitalismo americano foi desenvolvimentista, não liberal. Enquanto abriam sua economia com tarifas de importação reduzidas, os EUA permaneceram desenvolvimentistas no *New Deal*, como os países social-democratas europeus na Era de Ouro do Capitalismo. As pessoas acreditam que a política econômica dos EUA sempre foi liberal, mas foi desenvolvimentista até 1980. Com a Virada Neoliberal, os Estados Unidos abraçaram o liberalismo econômico com resultados ruins.

O mercado é uma instituição *eficiente* que coordena satisfatoriamente os setores competitivos da economia, enquanto nos setores monopolistas, nos quais não há concorrência real, o Estado deve ser a instituição coordenadora. A intervenção moderada do

Estado na economia significa que um país respeita o princípio da subsidiariedade: o órgão maior e de nível superior, o Estado, não deve desempenhar funções que possam ser desempenhadas de forma mais eficiente por um órgão menor e de menor hierarquia: o mercado.

4.2 Políticas definem o Estado desenvolvimentista

Em termos econômicos, cada fase do desenvolvimento capitalista será desenvolvimentista ou liberal, dependendo do grau de intervenção estatal que o país adotar. O capitalismo nasceu em cada estado-nação durante uma fase desenvolvimentista – a fase mercantilista – em países como a Grã-Bretanha e a França, que foram os primeiros a construir mercados nacionais e que passaram por todas as fases do desenvolvimento capitalista. O capitalismo também foi desenvolvimentista em países atrasados, como Alemanha e Estados Unidos, que fizeram suas revoluções industriais na segunda metade do século XIX.

Uma intervenção moderada do Estado na economia é o caráter definidor da forma desenvolvimentista do capitalismo. O Estado intervém moderadamente quando:

- adopta políticas industriais em indústrias competitivas;
- regula indústrias não competitivas ou naturalmente monopolistas;
- gere as duas contas macroeconômicas: a conta orçamental e a conta corrente;
- mantém os cinco preços macroeconômicos corretos: taxa de juros, taxa de câmbio, taxa de salário, taxa de inflação e taxa de lucro.

Hoje, devemos acrescentar que é o Estado desenvolvimentista que combate a pobreza, busca reduzir a desigualdade econômica e protege o meio ambiente. No quadro da democracia – que se tornou o regime político próprio das sociedades capitalistas avançadas – é impossível assegurar o crescimento a longo prazo sem ouvir as exigências do povo. E o combate às mudanças climáticas é condição para a sobrevivência da humanidade.

O segundo elemento que define um regime de política desenvolvimentista é uma perspectiva nacional. Os países periféricos precisam, em primeiro lugar, reconhecer que não são apenas as empresas, mas também os estados-nação que competem em nível global; em segundo lugar, devem entender que os grandes estados-nação são nações imperialistas que pressionam os países em desenvolvimento a adotar políticas liberais destinadas a bloquear sua industrialização. Assim, devem ser economicamente nacionalistas e anti-imperialistas.

4.3 Fases do desenvolvimento capitalista

Ao discutir a história do desenvolvimento capitalista, podemos distinguir quatro fases: duas predominantemente desenvolvimentistas e as outras duas liberais. Desde 2008, o neoliberalismo enfrenta uma grande crise e, no início de 2020, após a pandemia de Covid-19, o neoliberalismo entrou em colapso; as economias capitalistas desenvolvidas estão em transição para uma nova fase – uma fase gerencial e desenvolvimentista.

Com a revolução capitalista, a história mundial deixou de ser a narrativa do esplendor e da decadência de antigos impérios e civilizações para se tornar uma *construção social* – um projeto social voltado para o desenvolvimento econômico e humano, a ser realizado no contexto dos estados-nação. Auguste Conte, assim como Marx e Engels, compreendeu bem isso e propôs fases do desenvolvimento capitalista. Hoje, o capitalismo já tem uma longa história, que podemos entender melhor se o dividirmos em fases que variam de acordo com os critérios que adotamos. Essas fases não devem ser confundidas nem com as conhecidas "ondas longas" de Kondratieff que Schumpeter subscreveu, nem com as "estruturas sociais de acumulação" de David Gordon – longo período de expansão econômica relativamente rápida seguido de decadência e período de estagnação e instabilidade antes do início de um novo ciclo.[67] Tanto as ondas longas quanto as estruturas sociais de acumulação são fenômenos cíclicos que terminam com uma crise econômica, enquanto as fases podem ser mais longas e não necessariamente terminam em crise. Tenho consciência de que reduzir a história a fases sofre de uma generalização excessiva e de uma certa arbitrariedade a que os historiadores resistem, mas prefiro arriscar, esperando que a nossa compreensão do desenvolvimento capitalista possa ser melhorada por essa simplificação.

Fernand Braudel[68] não teve medo das periodizações e dividiu a história do capitalismo na Europa (com seus respectivos pontos centrais entre parênteses) em quatro tendências ou ciclos seculares: o *ciclo do norte da Itália 1250 (1350)*; *o ciclo holandês 1510 (1650)*; *o ciclo britânico 1733-43 (1817)*; e, com Arrighi, *o ciclo americano*, que começou em *1896*. No índice do livro de Braudel, o primeiro e o segundo ciclos têm cidades em seu núcleo – Veneza e Gênova no primeiro ciclo, Amsterdã no segundo –, enquanto o terceiro e o quarto ciclos seculares, que são especificamente capitalistas, têm dois estados-nação em seu núcleo, o Reino Unido e os Estados Unidos.

Seguindo uma perspectiva semelhante, Giovanni Arrighi, em *O Longo Século XX*, usou o país hegemônico como critério e viu quatro *ciclos sistêmicos de acumulação de capital*:

- O ciclo genovês, do século XV ao início do século XVI.
- O ciclo holandês, do final do século XVI até meados do século XVIII.

---

[67] GORDON, David. "Up and down the long roller coaster". *In*: STEINBERG, Bruce *et al. U.S. Capitalism in Crisis*. Nova York: The Union for Radical Political Economics, 1978.

[68] BRAUDEL, Fernand. *A Dinâmica do Capitalismo*. Rio de Janeiro: Rocco, 1987, p. 62.

- O ciclo inglês, da última metade do século XVIII ao início do século XX.
- O ciclo americano, durante o século XX.[69]

Ele chamou o primeiro ciclo genovês porque, no século XVI, os genoveses estavam financiando a Espanha, o país dominante na época. Ele fala de ciclos *sistêmicos* porque eles sempre terminam com um período em que as finanças são dominantes. Seguindo Marx e Braudel, Arrighi observa que períodos de expansão material são seguidos por períodos de expansão financeira. Não me sinto confortável em dividir a história em ciclos, porque a história não se repete e tenho dificuldade em entender a ideia de um eterno retorno. Prefiro pensar em termos de etapas ou fases do que em termos de ciclos. É verdade que os ciclos de Arrighi não implicam repetição. Cada um, à sua maneira, recupera e ressignifica elementos de ciclos anteriores e depois os combina com novos elementos. Nesse sentido, os ciclos são progressivos.[70] Arrighi, seguindo Braudel, identifica como regularidade cíclica a tendência à financeirização ao final de cada ciclo. Essa é uma observação interessante, pois vimos essa regularidade se repetir no final da última fase – a fase neoliberal.

A periodização envolve a adoção de um critério de classificação. Em outro momento, estudei as fases do capitalismo de acordo com os tipos de progresso técnico (capital-custo, neutro e capital-poupança) e seus efeitos sobre a distribuição de salários e lucros.[71] Neste livro, trabalharei com quatro fases, baseadas na

---

[69] ARRIGHI, Giovanni. *The long Twentieth Century*: money, power, and the origins of our times. Londres: Verso Books, 1994, p. 6.

[70] Devo essa observação a Alexandre Abdal.

[71] BRESSER-PEREIRA, Luiz Carlos. *Lucro, acumulação e crise* [*Profit, accumulation and crisis*]. São Paulo: Brasiliense, 1986. Nesse livro, mostro os tipos de progresso técnico: quando ele usa o capital, a produtividade do capital ou a relação produto-capital cai; quando poupa capital, a produtividade do capital aumenta; quando é neutra, as causas que fazem a produtividade do capital aumentar ou diminuir compensam-se mutuamente, e a relação

CAPÍTULO IV – FORMAS E FASES DO DESENVOLVIMENTO...

forma de coordenação da economia, e da classe dominante, que comanda o processo de acumulação e inovação do capital. Isso é apresentado no Quadro 4.1, no qual, além do nome da facção dominante (comerciantes, empresários, gerentes e rentistas-financeiros), temos para cada fase seu caráter desenvolvimentista ou liberal e o crescimento médio da renda *per capita*.

Quadro 4.1 – Fases e formas de desenvolvimento capitalista e taxas de crescimento

Datas	Fases	Forma de coordenação	Taxa de crescimento anual (%)
1600 – 1839	Mercantilista	Desenvolvimento	0,21%
1840 – 1929	Industrial (empresários)	Liberal	1,32%
1930 – 1939	(Crise)	–	0,63%
1940 – 1970	Desenvolvimentismo gerencial	Desenvolvimento	2,68%
1971 – 1979	(Crise)	–	2,00%
1980 – 2020	Neoliberais (anuentes-financistas)	Liberal	1,80%

Fonte: Proposta das minhas fases. Estatísticas Históricas de Maddison.

Eu poderia ter incluído uma fase anterior ao mercantilismo – a época das cidades-estado burguesas do norte da Itália: Veneza, Florença e Gênova –, mas, naquela época, não tínhamos o capitalismo em sentido estrito: propriedade privada dos meios de produção, trabalho assalariado e acumulação de capital. No entanto, em termos braudelianos, era um lugar para a realização de lucros extraordinários

---

capital-produto é constante. A maioria dos modelos de desenvolvimento econômico pressupõe progresso técnico neutro.

baseados na apropriação do poder econômico e político. Ainda não havia trabalho assalariado, nem aumento sistemático da produtividade, nem estados-nação com grandes mercados internos, nem industrialização: as características definidoras do capitalismo. Essas cidades-estado estavam envolvidas no comércio de longa distância e por algum tempo foram fortes o suficiente para se defender dos senhores feudais, bem como do Papa. Esse tempo foi precursor de uma fase, e não de uma fase, do desenvolvimento capitalista. Como observou Maurice Dobb, não devemos chamá-lo de "nascimento do capitalismo" porque o capitalismo exige a subordinação direta do trabalhador ao capitalista para o processo de produção. Exige a instituição do trabalho assalariado.[72]

Ao discutir historicamente o capitalismo, uso como referência a Grã-Bretanha, a França e a Bélgica, que passaram por todas as fases do desenvolvimento capitalista e tiveram uma influência significativa no resto do mundo. A partir da terceira fase, acrescentei os EUA, que, após a Primeira Guerra Mundial, tornaram-se hegemônicos, substituindo a Grã-Bretanha nesse papel.

4.4 A fase mercantilista

A fase mercantilista, do início do século XVII até o final do século XIX, não foi o fracasso retratado pelos economistas liberais desde Adam Smith. Pelo contrário, foi uma fase de desenvolvimento em que nossos três países originais – Grã-Bretanha, França e Bélgica – realizaram suas revoluções capitalistas e se tornaram ricos, poderosos e capazes de construir impérios coloniais. Os mercantilistas fundaram a Economia, e havia entre eles alguns economistas proeminentes. Considero Alexander Hamilton um patrono do desenvolvimentismo, pois, em 1792, como Secretário do Tesouro de George Washington, desenvolveu o conceito de

---

[72] DOBB, Maurice. *Studies in the development of capitalism*. Londres: Routledge & Kegan, 1963.

CAPÍTULO IV – FORMAS E FASES DO DESENVOLVIMENTO...

indústria nascente, legitimando assim as tarifas de importação. Na Alemanha tardia, que também fez sua revolução industrial no âmbito do desenvolvimentismo, esse desenvolvimentismo não era mercantilista, mas bismarckiano, em homenagem ao estadista que uniu a Alemanha e promoveu sua industrialização. Na Alemanha, Friedrich List, que aprendeu com Hamilton, é um segundo patrono do clássico e do novo-desenvolvimentismo.

O capitalismo nasceu desenvolvimentista na fase mercantilista. As revoluções industriais nos primeiros países a se industrializarem ocorreram no âmbito do mercantilismo. Os economistas liberais, sob a influência de Adam Smith, criticaram o mercantilismo. Os economistas mercantilistas foram os fundadores da Economia e da Economia Política e sua teoria merecia críticas, mas as políticas que patrocinaram foram um arranjo econômico próspero que levou os primeiros países a iniciarem suas revoluções industriais. O mercantilismo foi a primeira forma histórica de desenvolvimentismo – um sistema econômico no qual o Estado agia sob o critério da subsidiariedade para intervir quando os mercados não conseguiam fazer seu trabalho. Quanto ao regime político, este era o tempo do Estado absoluto. O capitalismo só se tornou liberal após a década de 1840, quando o Reino Unido finalmente abriu sua economia. O Estado nunca foi totalmente liberal, porque muitas vezes foi chamado a intervir internamente e desempenhou um papel central na criação violenta de impérios. O Estado pretendia reservar esses mercados para seu capital, sofisticados bens manufaturados, bem como para o fornecimento de petróleo e matérias-primas.

Os séculos XVII e XVIII foram a era do Estado absoluto, da acumulação primitiva de capital, da formação dos primeiros estados-nação e, finalmente, do momento da Revolução Industrial na Inglaterra – a revolução econômica que deu origem definitivamente ao capitalismo e à modernidade. Era o momento da configuração do que Immanuel Wallerstein (1980) chamou de "sistema mundial". O mercantilismo foi a época do *primeiro* capitalismo desenvolvimentista, na medida em que se baseava em uma coalizão desenvolvimentista formada pelo monarca, os aristocratas ao seu redor e a emergente grande burguesia comercial. Para Amiya Kumar Bagchi,

> o primeiro Estado desenvolvimentista em nosso sentido a emergir desde o século XVI foi o da parte norte dos Países Baixos espanhóis que, após a reconquista da parte sul pela Espanha, evoluiu para a Holanda de hoje.[73]

A burguesia mercantil originalmente derivava sua riqueza do comércio de bens de luxo a longa distância, mas com a ascensão da manufatura, logo se interessou pela formação de um mercado interno seguro e amplo, que possibilitaria a produção em massa dos bens industriais baratos que definiram a Revolução Industrial. Com esse objetivo de médio prazo em mente, colhendo ganhos de curto prazo dos monopólios mercantilistas concedidos pelo monarca, eles financiaram as guerras iniciadas pelo monarca – guerras que definiram o espaço territorial dos primeiros estados-nação e abriram caminho para as revoluções industriais em cada país.

No mercantilismo, a coalizão de classe dominante associava a grande burguesia ao monarca e sua corte patrimonial. Quanto aos critérios econômicos, o mercantilismo foi o *primeiro* desenvolvimentismo, pois o Estado intervinha ativamente na economia. O mercantilismo e o Estado absoluto foram instituições-chave na transição do feudalismo para o capitalismo. Os monarcas absolutos, os comerciantes e os grandes financistas fundaram o capitalismo; economistas mercantilistas fundaram a Economia e a Economia Política. Este foi um período de intervenção ativa do Estado e a formação dos primeiros estados-nação, aquelas sociedades territoriais soberanas que definiriam o capitalismo. O comércio de longa distância permaneceu o sistema econômico central, mas agora, com o progresso tecnológico da navegação iniciado pelos portugueses,

---

[73] BAGCHI, Amiya Kumar. "The past and the future of the developmental state". *Journal of World-Systems Research*, vol. 6, nº 2, 2000, p. 399.

as colônias nas Américas e os centros comerciais coloniais na Ásia e na África, o comércio de longa distância se transformou em uma "economia mundial", nas palavras de Fernand Braudel, ou um "sistema mundial", nas palavras de Immanuel Wallerstein.[74]

Como disse Braudel, "o mercantilismo é um impulso insistente, egoísta e, portanto, veemente do Estado moderno", e continua, citando agora Daniel Villey, "foram os mercantilistas que inventaram o estado-nação".[75] De fato, o sistema mercantilista envolvia (a) uma espécie de projeto de desenvolvimento nacional liderado pelos monarcas absolutos, responsáveis pelas guerras destinadas a expandir as fronteiras do Estado; (b) uma coalizão de classes associando o monarca e sua corte aos grandes comerciantes; e (c) a intervenção estatal na economia. Essas três características fizeram do mercantilismo o primeiro desenvolvimentismo. Em 1776, Adam Smith publicou sua *Riqueza das Nações*, criticando o sistema mercantilista que estava em seu auge na época. Seu livro foi uma revolução na Economia, mas foi somente em 1846 que a Inglaterra transformou sua teoria em prática, uma política liberal, com as teorias complementares de David Ricardo.

4.5 A fase industrial (empreendedora)

A fase liberal dos empresários industriais durou desde as revoluções industriais dos países centrais até a liberalização comercial da Grã-Bretanha, em 1846. Esse era o capitalismo que Marx conhecera e analisara. Era uma época de modestas taxas de crescimento *per capita*, alta instabilidade e grande desigualdade. O

---

[74] WALLERSTEIN, Immanuel. *The Modern World-System II*: Mercantilism and the Consolidation of the European World-Economy, 1600-1750. Londres: Academic Press, 1980.

[75] BRAUDEL, Fernand. *Civilisation matérielle, économie et capitalisme XVe-XVIIIe siècle*: Les Jeux de l'Exchange. vol. 2. Paris: Armand Colin, 1979, p. 484.

crescimento foi, no entanto, suficiente para permitir que os primeiros países industrializados adquirissem poder militar e construíssem impérios coloniais. O regime político garantiu o Estado de Direito, mas não o sufrágio universal, e assim permaneceu autoritário.

Empreendedores schumpeterianos que souberam inovar e investir lideraram essa fase industrial. Foi uma fase liberal tanto em termos econômicos, porque o Estado não tinha papel direto na produção, quanto em termos políticos, porque a nova classe dominante garantia as liberdades civis e o Estado de Direito, não o sufrágio universal, permanecendo autoritária.

Mas o Estado não se tornou totalmente liberal, porque continuou a intervir na economia de várias maneiras. Como observou Pierre Rosanvallon,[76] no final do século XIX, a fragilidade do Estado liberal provocou um renascimento de ideias que favoreciam uma maior intervenção estatal na economia. Quando, por exemplo, aconteceu a grande crise financeira de 1893 nos Estados Unidos, o Estado foi chamado para ajudar. Mas a intervenção estatal foi suficientemente limitada nos países originais para que seja razoável dizer que o liberalismo econômico foi dominante. O capitalismo liberal dos empresários caracterizou-se por uma enorme pobreza urbana e deslocamento, o que levou os trabalhadores e as classes populares a organizar sindicatos e a fundar partidos políticos socialistas exigindo o sufrágio universal e o socialismo. Não alcançaram o socialismo, mas venceram a batalha pela democracia na virada do século XX, quando os países avançados, nos quais as liberdades civis já estavam garantidas, adotaram o sufrágio universal.

No quadro do liberalismo, os países industriais originais experimentaram taxas de crescimento modestas (entre 1% e 1,5% *per capita* ao ano), as quais, no entanto, foram suficientes para torná-los mais poderosos, o que, por sua vez, lhes permitiu construir importantes impérios coloniais na Ásia e na África. Era

---

[76] ROSANVALLON, Pierre. *La Société des Égaux*. Paris: Seuil, 2011.

CAPÍTULO IV – FORMAS E FASES DO DESENVOLVIMENTO...

o tempo do padrão-ouro, das classes populares se transformando em proletárias, péssimas condições de trabalho, falta de segurança no emprego e aumento da desigualdade. Marx havia dito que a primeira crise do capitalismo, *stricto sensu*, aconteceu em 1825. Várias crises se seguiram: em 1873, o capitalismo liberal enfrentou uma grande crise financeira que Carlos Marichal chama de "a primeira crise financeira mundial" e, apenas 20 anos depois, o capitalismo entrou em uma nova crise, centrada nos EUA.[77]

Em todas as crises, as taxas de lucro caíam, as corporações pediam proteção estatal, o Estado intervinha e os liberais acusavam os formuladores de políticas de "neomercantilismo". Enquanto isso, os países atrasados avançados, como Estados Unidos, Alemanha e Itália, faziam suas revoluções industriais, adotando uma estratégia desenvolvimentista definida – no caso da Alemanha, o Estado bismarckiano.

O capitalismo dos empresários industriais foi a época do colonialismo, ou imperialismo moderno. O imperialismo moderno surgiu durante a era do capitalismo liberal – um imperialismo de países capitalistas industriais liderados pelo Reino Unido e pela França no século XIX.[78] As revoluções industriais tornaram esses dois países poderosos o suficiente em termos econômicos e militares para reduzir a população da Ásia e da África ao *status* colonial – algo que não poderia ter sido feito no período mercantilista, quando os impérios locais eram fortes o suficiente para resistir à colonização.

---

[77] MARICHAL, Carlos. *Nueva história de las grandes crisis financieras*: una perspectiva global, 1873-2008. México: Editorial Debate, 2010, capítulo I.

[78] Esse longo período (1830-1929) pode ser dividido em dois (antes e depois da década de 1870), pois foi por volta dessa década que os salários na Inglaterra e na França deixaram de estar no nível de subsistência e passaram a aumentar com a produtividade. Foi também depois da década de 1870 que os países europeus e os EUA se tornaram fortes o suficiente para impor seu domínio colonial. Não enfatizo a distinção entre os dois períodos aqui, pois ela não é necessária para o argumento que estou desenvolvendo.

Quanto aos países latino-americanos, no início do século XIX, haviam conquistado a independência da Espanha e de Portugal, e o imperialismo assumiu a forma de hegemonia ideológica ou *soft-power*, primeiro, sob a liderança da Grã-Bretanha e, após a Segunda Guerra Mundial, sob a liderança dos EUA. O imperialismo moderno caracteriza-se essencialmente pelos países ricos "ocupando" os mercados periféricos com seus capitais e pelo comércio desigual, contando com a dependência cultural e política das elites locais.[79] Na Ásia, no século XIX, essa ocupação se deu por meio da guerra. No século XX, o Norte Global submeteu ideologicamente as elites políticas e econômicas do terceiro mundo à "verdade" neoliberal, ainda que o Norte Global não tivesse adotado as políticas recomendadas quando elas próprias haviam experimentado a fase correspondente de desenvolvimento. Em 1902, John Hobson fez uma análise e crítica do imperialismo argumentando que a expansão imperial foi impulsionada pelo fim das oportunidades de investimento na Europa e pela busca de novos mercados e oportunidades de investimento no exterior.[80]

Na virada do século, a Segunda Revolução Industrial e o que chamo de Revolução Organizacional originaram as grandes corporações e a classe gerencial privada.[81] De 1930 a 1945, o capitalismo enfrentou a Grande Depressão seguida pela Segunda Guerra Mundial. Em 1933, Franklin Delano Roosevelt lançou o *New Deal* e, em 1936, Keynes publicou *The General Theory*. O mundo rico deixou para trás o liberalismo econômico e virou desenvolvimentista e social-democrata.

---

[79] Note-se que essa dependência cultural provou ser muito mais forte na América Latina do que na Ásia.
[80] HOBSON, John A. *Imperialism*: a study. Nova York: James Pott & Co., 1902.
[81] Revolução Organizacional porque, naquela época, a unidade básica de produção deixou de ser as empresas familiares e passou a ser as grandes organizações privadas.

4.6 Fase capitalista-gerencial

O *Crash* de Wall Street de 1929 e a Grande Depressão seguinte abriram caminho para a fase capitalista-gerencial. Foi uma fase em que os tecnoburocratas se associavam aos capitalistas empresariais dominantes. Após a guerra, tornou-se também uma fase social-democrata, definida pela coalização de classes entre a nova classe dominante e a classe trabalhadora. Seu caráter gerencial derivou da Revolução Organizacional, na virada do século XX, e seu caráter social-democrático derivou da Revolução Democrática e das demandas das classes populares, também na virada do século XX.

A Revolução Organizacional caracterizou-se pelo surgimento das corporações privadas, pela crescente separação entre controle e propriedade, pela substituição dos empresários por gerentes em sua gestão e pela substituição do conhecimento pelo capital como fator estratégico de produção. Tudo isso eram fatos históricos novos. Além disso, levou a nova classe média de gestores públicos e privados a associar-se à classe capitalista.

A fase gerencial foi desenvolvimentista porque o liberalismo econômico fracassou, porque a classe gerencial tende a ser desenvolvimentista na medida em que prioriza o planejamento econômico, porque o Estado é continuamente chamado a intervir na economia e porque o crescimento é rápido e a instabilidade financeira cai sempre que políticos e economistas desenvolvimentistas são gestores e formuladores de políticas competentes.

Este foi também um grande momento para a social-democracia, foi a Era de Ouro do Capitalismo. Nessa fase, pessoas de espírito republicano conquistaram liberdades civis na fase liberal e direitos políticos e, na virada do século XX, ao lado do sufrágio universal, conquistaram direitos sociais: educação pública universal, saúde universal, seguridade social básica e programas de assistência social. Era uma época de redução da desigualdade, porque a tributação se tornou altamente progressiva e o Estado de Bem-Estar Social se tornou uma realidade.

O mercantilismo foi o primeiro desenvolvimentismo, a Era de Ouro do capitalismo foi o segundo. Formou-se, então, uma ampla coalizão de classes desenvolvimentistas, composta por empresários, a nova classe gerencial e a classe trabalhadora.

Era o tempo de um pacto político-social cujo primeiro livro relevante foi de Andrew Shonfield.[82]

Foi uma fase que a Escola Francesa de Regulação chamou de "fordismo".

Era o tempo do planejamento indicativo na França, da ascensão das empresas estatais, das altas taxas de crescimento, da estabilidade financeira, do aumento da carga tributária, da adoção de uma tributação progressiva e de alguma redução da desigualdade.

Esses anos foram os anos do capitalismo corporativista, cuja análise clássica foi feita por Philippe Schmitter em 1974, com referência aos países do norte da Europa.[83]

Esse foi o momento em que o centro político se moveu para a esquerda, e o objetivo político comum era criar um capitalismo social ou progressista, independentemente do partido político no poder. Na Alemanha, por exemplo, o conservador Partido Democrata Cristão propôs uma Economia Social de Mercado essencialmente desenvolvimentista, corporativista e democrática.

Com a revolução estudantil de 1968, a Era de Ouro enfrentou uma crise política. Essa revolução pretendia ser o início,

---

[82] SHONFIELD, Andrew. *Modern capitalism*. Oxford: Oxford University Press, 1969.
[83] SCHMITTER, Philippe C. "Still a century of corporatism?" *Review of Politics*, vol. 36, nº 1, 1974, pp. 85-131. Disponível em: https://doi.org/10.1017/S0034670500022178. Acessado em: 01.03.2024.

CAPÍTULO IV – FORMAS E FASES DO DESENVOLVIMENTO...

mas marcou o *fim* de uma era. Na década de 1970, houve uma sucessão de eventos críticos: a derrota dos Estados Unidos na Guerra do Vietnã; o abandono dos Acordos de Bretton Woods; o fim dos últimos vestígios do padrão-ouro; o choque petrolífero da OPEP de 1973; queda das taxas de lucro; estagflação nos EUA e crescente concorrência dos países em desenvolvimento. Juntos, esses problemas definiram a crise dos anos 1970 do capitalismo gerencial, social-democrata e desenvolvimentista.

Enquanto os capitalistas rentistas substituíram os empresários pela propriedade corporativa, os intelectuais neoclássicos e neoliberais, insatisfeitos com a condição dominante da Economia keynesiana, aproveitaram a oportunidade oferecida pelas crises dos anos 1970 para construir uma nova narrativa: a ideologia neoliberal. Essa nova ideologia foi persuasiva no desmantelamento da coalizão de classes fordista e na realização da Virada Neoliberal, enquanto a Teoria Econômica Neoclássica retornou ao *mainstream*.

4.7 Fase neoliberal financeiro-rentista

Iniciou-se a fase econômico-financeira neoliberal do capitalismo, legitimada pelas escolas de pensamento neoclássica e austríaca e pela ideologia neoliberal. Neste livro, presto especial atenção a essa fase regressiva e sua estreita coalizão de classe de capitalistas rentistas e financistas. Do lado interno, o projeto dos países capitalistas avançados era agora reduzir os salários reais diretamente, alterando os contratos de trabalho, e reduzi-los indiretamente, desmantelando o Estado de Bem-Estar Social. Do lado internacional, o projeto era transformar a globalização em um projeto imperial dos Estados Unidos, era persuadir ou pressionar todos os países a adotarem reformas neoliberais. No curto prazo, após o colapso do comunismo, os EUA conseguiram reimpor sua hegemonia única, mas durou pouco.

Sob a coalizão da classe rentista-financeira, os gestores permaneceram parte da coalizão da classe dominante, mas isso tornou a coalizão internamente conflituosa porque, afinal, os acionistas estavam desafiando o poder e a autonomia dos altos executivos.

O capitalismo financeiro-rentista neoliberal representou um grande retrocesso tanto econômica quanto politicamente. Começou a terminar com a crise financeira global de 2008, seguida da crise política de 2016, quando o populismo de extrema-direita se materializou na eleição de Donald Trump e no Brexit. Esse populismo não refletia uma crise da democracia – que estava viva e forte diante da investida populista –, mas era uma reação contra o individualismo radical e a competição de todos contra tudo o que caracterizava o neoliberalismo. Não refletiu o fracasso da democracia, como muitos temiam, mas refletiu o fracasso do capitalismo neoliberal em assegurar os interesses da classe média baixa branca, espremida entre a prosperidade dos ricos e a ascensão relativa das classes médias hispânica e negra, no caso dos EUA, e na Europa, dos imigrantes. Houve algum crescimento nos países avançados, especialmente nos Estados Unidos, mas foi modesto e instável. Os salários das classes mais baixas estagnaram e a desigualdade aumentou drasticamente. Os números mundiais mostraram uma redução significativa da pobreza, mas isso se deveu ao crescimento dos países asiáticos, especialmente da China.

Os Anos Neoliberais do Capitalismo foram a época em que o capitalismo se globalizou e se tornou financeirizado. Foi também o momento em que os países do Leste Asiático abriram suas economias sem prejudicar sua indústria manufatureira, pois, ao contrário do que acontece e está acontecendo na América Latina, eles não têm o problema da doença holandesa, nem se submeteram ao projeto neoliberal do Norte Global e continuaram a se desenvolver.

4.8 O papel crescente do mercado

Uma vez que um país completa sua revolução capitalista, o mercado assume um papel maior de coordenação, mas o Estado continua a intervir moderadamente na economia desenvolvimentista.

CAPÍTULO IV – FORMAS E FASES DO DESENVOLVIMENTO...

A intervenção do Estado na economia só se tornou mais moderada porque os mercados se tornaram mais desenvolvidos, e o Estado (a lei e a organização que a garante) tornou-se mais forte e mais legítimo. Por outro lado, o aumento contínuo da complexidade econômica tem um efeito paradoxal: por um lado, confirma que o mercado deve coordenar os setores competitivos da economia, mas, por outro, exige que o Estado continue a intervir na economia porque o mercado não pode lidar com tanta diversidade e complexidade. O mercado é uma instituição mais adequada quando se trata de coordenar atividades competitivas diversificadas que envolvem criatividade e inovação, mas a criatividade e a inovação sempre dependem do apoio do Estado para serem bem-sucedidas.[84]

Portanto, pode-se prever que, uma vez concluída a revolução industrial de um país, a coordenação baseada no mercado ganhará terreno sobre a coordenação baseada no Estado, enquanto o papel econômico do Estado mudará. Fica ainda mais claro que o papel econômico do Estado é muito grande, sem prejuízo do papel do Estado. O papel do Estado é: (a) manter os cinco preços macroeconômicos corretos; (b) planejar e investir em infraestrutura, indústrias de insumos básicos, área social e mudanças climáticas; (c) regular rigorosamente os grandes bancos que são "grandes demais para falir" e contam com a participação dos bancos públicos; d) promover a política industrial estratégica; e) promover o desenvolvimento científico e tecnológico; (f) intervir fortemente nos serviços do Estado de Bem-Estar Social (educação, saúde, previdência social e assistência social); e (g) combater as mudanças climáticas. São papéis do Estado para os quais o setor privado pode contribuir.

---

[84] Nesse aspecto, a industrialização do Japão no final do século XIX é um caso interessante. Foi realizado quase inteiramente pelo Estado. Por volta de 1910, no entanto, ocorreu um rápido e radical processo de privatização. Os japoneses não almejavam o neoliberalismo, apenas abraçavam a coordenação de mercado para indústrias competitivas.

Um problema básico enfrentado tanto pelos governos desenvolvimentistas quanto pelos liberais é a competência política e econômica de seus líderes. Estados desenvolvimentistas bem-sucedidos sempre contaram com políticos nacionalistas de mentalidade republicana e economistas pragmáticos que sabem que sua principal função é garantir a estabilidade econômica e desenvolver políticas que contribuam para a industrialização ou sofisticação produtiva de seu país.

4.9 Resumindo

O desenvolvimento econômico dos países em desenvolvimento é um processo histórico de aumento da produtividade e dos salários que resulta, principalmente, da transferência de trabalhadores para atividades que geram maior valor agregado *per capita*. O desenvolvimento econômico é resultado de uma coalizão de classes que reúne políticos e burocratas públicos com empresários e trabalhadores. Nesse contexto, o Estado desenvolvimentista tem sido historicamente e deve continuar sendo a instituição central voltada para o desenvolvimento, pois é o Estado que garante e regula a outra instituição igualmente fundamental: o mercado. A abrangência do Estado é muito maior do que a do mercado. O Estado é o instrumento por excelência para que a nação atinja os cinco grandes objetivos políticos das sociedades modernas: segurança, liberdade, bem-estar econômico, justiça social e proteção do meio ambiente – objetivos que devem ser constantemente objeto de compromissos ou do princípio da razoabilidade à luz de conflitos percebidos ou reais de curto prazo entre si.

O desenvolvimento econômico é necessariamente o resultado de uma estratégia nacional de desenvolvimento que surge quando uma nação forte mostra a capacidade de construir um Estado desenvolvimentista igualmente forte ou capaz. As nações são formadas e permanecem vivas e fortes somente quando são produto de um acordo nacional constantemente renovado. Se esse contrato social que as une não for suficientemente sólido, e se as classes sociais que o constituem não mantiverem laços básicos de solidariedade quando competirem internacionalmente, essas nações não serão verdadeiras nações. O país ficará muito mais vulnerável à hegemonia ocidental, e o nacionalismo econômico perderá força, como aconteceu nos países latino-americanos após a grande crise dos anos 1980.

O Estado desenvolvimentista, que se situa entre o Estado liberal e o estatismo, é uma forma superior de organização econômica e política capitalista. No âmbito dos regimes desenvolvimentistas, a coordenação do Estado e do mercado pode ser combinada de forma sensata e pragmática nas economias capitalistas. Toda revolução industrial ocorreu no âmbito dos estados-nação desenvolvimentistas depois que um grupo de políticos nacionalistas formou com sucesso um estado-nação e o industrializou. Essa fase é sempre dominada pelo Estado. O Estado é capaz de criar ou regular os mercados mais eficientes para coordenar as atividades do setor competitivo da economia, agora mais diversificado, e que envolve mais criatividade e inovação. Mas o Estado precisa permanecer desenvolvimentista – e geralmente o faz – porque é responsável por coordenar o setor não competitivo de infraestrutura e indústria de base; implementar uma política macroeconômica ativa (incluindo uma política cambial); reduzir a desigualdade econômica e proteger o meio ambiente. Esse é um conjunto de papéis que o mercado não consegue cumprir.

CAPÍTULO V
A MICROECONOMIA DO NOVO DESENVOLVIMENTISMO

No último capítulo, terminei de apresentar os principais pontos do que chamo de economia política da ND; deste capítulo até o final do livro, discutirei sua economia. A teoria econômica é a ciência que discute como o Estado e os mercados coordenam os sistemas econômicos, garantem a estabilidade e o crescimento e reduzem a desigualdade. Inclui *a microeconomia*, na qual os agentes econômicos (produtores e consumidores) competem no mercado que coordena as ações e alcança certo equilíbrio, trata do comportamento dos agentes, da alocação dos fatores de produção e, mais amplamente, da coordenação eficiente dos sistemas econômicos. E inclui a *macroeconomia*, em que as unidades de análise são a renda nacional, a produção e o consumo, e uma macroeconomia desenvolvimentista, em que não é o curto, mas o médio e longo prazo que são relevantes.

Em síntese, a economia política define os papéis do Estado e do mercado, a microeconomia, a coordenação do sistema econômico pelo mercado, enquanto a macroeconomia analisa os agregados econômicos, o consumo, o investimento e a renda, e a macroeconomia do desenvolvimento estuda a economia no médio e no curto prazo.

Durante muito tempo, o que hoje chamamos de microeconomia foi tudo de economia. Os economistas políticos clássicos, os neoclássicos e os marxistas não tinham o que hoje chamamos de macroeconomia. No coração da economia estava a teoria do valor e dos preços – os preços, porque asseguram a coordenação da economia, e o valor, porque o valor de cada bem ou serviço, mais a sua procura e oferta, explicam os preços. Desde que Alfred Marshall publicou seus *Princípios de Economia* em 1890, a microeconomia tornou-se "marshalliana", enquanto a Teoria Neoclássica substituiu a Economia Política Clássica. Os economistas políticos clássicos e os economistas neoclássicos partem do comportamento dos agentes econômicos, mas, para os primeiros, isso foi apenas um ponto de partida, para os segundos, tornou-se o princípio fundamental. A teoria deixou de combinar o histórico com o método hipotético-dedutivo e tornou-se um modelo matemático abstrato descolado da realidade.[85]

A microeconomia não precisa ser um sistema de modelos que expliquem o mercado apenas dedutivamente. ND vê a microeconomia como o estudo do sistema econômico baseado no comportamento dos indivíduos, mas procura entender como os agentes econômicos realmente se comportam no mercado, como eles nem sempre são racionais, até que ponto o mercado é capaz de coordenar eficientemente a ação econômica e em que circunstâncias ele deve recorrer à coordenação complementar à do mercado. Nesse sentido, a microeconomia da ND combina modelos históricos e silogismos econômicos. E seu grau de generalidade ou abstração é naturalmente inferior ao da Teoria Microeconômica Neoclássica. O debate entre desenvolvimentismo e liberalismo econômico faz parte da microeconomia. Embora o liberalismo econômico reconheça a existência de falhas de mercado, ele afirma que as falhas do Estado são piores e não tem nada a oferecer na formulação de políticas,

---

[85] No entanto, é justo dizer que a microeconomia original de Marshall era muito mais empírica e menos formalizada do que a microeconomia atual.

CAPÍTULO V – A MICROECONOMIA DO NOVO DESENVOLVIMENTISMO

exceto recomendar ações antitruste, privatizações generalizadas e liberalização do mercado. ND acredita que o mercado é uma excelente instituição, mas não concorda que basta o Estado reduzir as falhas de mercado, e tudo se resolve. O mercado tem mais do que falhas, tem limites. Há muitas coisas, além de monopólios e externalidades negativas, que não é capaz de manter coordenadas de forma eficiente. Além disso, é falsa a afirmação de que, quando o Estado intervém para resolver um problema, acaba criando mais problemas. Quando a intervenção estatal na economia é prudente e capaz, os resultados são superiores, muitas vezes muito superiores aos resultados obtidos pelo "livre mercado", como a experiência de vários países em muitas circunstâncias tem mostrado. A economia foi criada não apenas para entendermos como as economias funcionam, mas para orientar as políticas e torná-las melhores.

Na ND, a macroeconomia é substancialmente mais desenvolvida do que a microeconomia. ND adota a microeconomia da Economia Política Clássica que está centrada na relação entre valor e preços e na tendência à equalização das taxas de lucro – um modelo simples que pressupõe a competição e a tendência ao equilíbrio dos preços relativos que, é claro, nunca é alcançada porque a economia e seus processos de monopolização estão sempre em movimento. O ND adota a Teoria Econômica Pós-Keynesiana à qual faz alguns acréscimos. Quanto à teoria do crescimento, utiliza Marx, a Teoria Econômica Pós-Keynesiana e o Desenvolvimentismo Estruturalista Clássico. Neste capítulo, vou resumir a microeconomia e começar a introduzir a macroeconomia da ND.

5.1 Microeconomia clássica e neoclássica

Os economistas políticos clássicos, de Smith a Marx, estavam interessados no aumento da produtividade ou na alocação ótima dos fatores de produção. Partiram do pressuposto de que os mercados nacionais são instituições competitivas e, portanto, eficientes. Nesse quadro, os preços asseguram a alocação ótima dos fatores de produção. O raciocínio deles era simples. As empresas são orientadas para o lucro e trabalham em mercados competitivos. Nesse cenário, para sobreviver e crescer, as empresas devem investir em máquinas e técnicas mais eficientes e, supondo que os concorrentes façam o mesmo, isso manterá sua participação no lucro total da economia. O princípio fundamental é o da tendência para a equalização das taxas de lucro ou dos preços relativos de equilíbrio.

A discussão de valor e preço completou essa teoria de coordenação econômica via preços competitivos. Todos os bens e serviços têm um valor e um preço. O valor cobre o custo de produção mais uma taxa razoável de lucro – a taxa de lucro equalizada satisfatória definida que o mercado estabelece. O preço gira em torno do valor de acordo com a demanda e oferta do bem ou serviço. Há, no entanto, um problema: os custos envolvem preços e, portanto, medimos os preços com os preços. Para lidar com isso, os economistas políticos clássicos desenvolveram o conceito de valor e assumiram que apenas o trabalho criava valor. Argumentavam que o valor corresponde ao trabalho socialmente requerido consubstanciado no bem ou serviço. Já o capital era entendido como trabalho acumulado, que é transferido para o valor do bem ou serviço.

ND subscreve a microeconomia da Economia Política Clássica de Smith, Ricardo e Marx. Marx usou a teoria do valor, que ele havia modificado ligeiramente, para formular o conceito de "mais-valia". A mais-valia ou lucro é o resultado de uma troca de valores equivalentes no mercado.[86] Os trabalhadores vendem sua força de trabalho para as empresas por seu valor (o valor necessário para garantir a subsistência e a reprodução social da força de trabalho) e recebem salários em troca. O valor do trabalho e dos salários

---

[86] Lembro que taxa de lucro e mais-valia são expressões sinônimas, mas enquanto a taxa de lucro é igual ao retorno sobre o capital, R/K, a taxa de mais-valia corresponde à distribuição funcional da renda entre os totais de lucros e salários, R/W.

CAPÍTULO V – A MICROECONOMIA DO NOVO DESENVOLVIMENTISMO

são equivalentes porque os salários correspondem aos seus valores no mercado, mas como as empresas só contratam trabalho se os salários forem menores do que as receitas adicionais, os resultados do lucro, Marx entendeu a mais-valia como trabalho não pago ou exploração. O modelo de mais-valia de Marx é formalmente correto, mas no capitalismo o lucro é uma condição de sua própria existência. De acordo com *a taxa satisfatória de restrição de* lucro, que é central para a ND, as empresas só investem e produzem se a taxa de lucro esperada for satisfatória, se as motivar a investir e produzir. Portanto, a condenação dos lucros só faz sentido se houver uma alternativa ao capitalismo no curto prazo.

Os economistas associados ao capitalismo estavam descontentes com a tese da exploração que Marx havia deduzido da teoria do valor-trabalho. Propuseram então uma nova teoria, uma teoria subjetiva do valor, na qual os preços dependem exclusivamente do mercado – da demanda e da oferta – e não de uma variável "externa", como o trabalho. Propuseram então, na segunda metade do século XIX, o conceito de utilidade marginal e a teoria marginalista do valor, dando origem à Escola Neoclássica. Utilidade marginal é a satisfação adicional do consumidor com uma unidade adicional de um bem ou serviço. Os bens mais úteis, como o ar e a água potável, são muito úteis, mas relativamente baratos. Sua utilidade cai à medida que o consumidor começa a ter muitos deles. A utilidade de um bem, ou a satisfação que ele gera, é proporcional ao número de itens que o agente econômico possui. Assim, enquanto a utilidade não pode explicar o valor de um bem ou serviço, a utilidade marginal pode. A proposta neoclássica parte de um pressuposto psicológico: a utilidade de um dado bem é constante, enquanto sua utilidade *marginal* cai à medida que o consumidor consome o bem ou serviço, ou, nos termos mais concretos de Marshall e usando sua metáfora da tesoura, a demanda é determinada pela utilidade e a oferta é determinada pelos custos de produção. Como os retornos de escala são constantes no longo prazo, o custo marginal é constante e as curvas de oferta são horizontais: elas definem o preço.

A Teoria Neoclássica construiu um belo modelo microeconômico de como os mercados funcionam, deduziu as curvas de demanda e oferta, as curvas médias e as curvas de custo marginal etc., gráfica e matematicamente. Assim, ele construiu uma teoria radicalmente dedutiva, e a economia tornou-se pura racionalidade baseada em uma curiosa inconsistência – uma teoria em que, afinal, os preços explicam os preços. No entanto, essa teoria é um silogismo – um belo e complexo silogismo – em que as conclusões já estão presentes nas premissas.

Em vez de se ater às abstrações neoclássicas, o Desenvolvimentismo Estruturalista Clássico e o ND partem de uma estrutura de mercado relativamente competitiva na qual os países ricos pressionam pelo liberalismo econômico, de um Estado que intervém na economia respondendo aos objetivos consensuais de crescimento, estabilidade de preços e estabilidade financeira, aos interesses da coalizão de classes no poder, às demandas do povo, e aos interesses do Norte Global. A partir dessa abordagem mais realista, na qual a história faz parte do jogo, os economistas podem entender melhor o sistema econômico que estão estudando e podem propor políticas mais sensatas.

5.2 Microeconomia estruturalista clássica

Os desenvolvimentistas estruturalistas clássicos do pós-guerra estudaram o desenvolvimento econômico a partir de uma perspectiva microeconômica, não macroeconômica. Suas unidades de análise eram os agentes individuais – as empresas, o empresário capitalista, a classe média gerencial e os trabalhadores. Quando argumentavam que o desenvolvimento econômico é mudança estrutural ou industrialização, e envolve fundamentalmente educação e progresso técnico, estavam se referindo à composição da produção entre setor primário, indústria e serviços, bem como aos métodos de produção adotados: dois problemas microeconômicos. Quando propuseram *o modelo big push*, no

CAPÍTULO V – A MICROECONOMIA DO NOVO DESENVOLVIMENTISMO

qual uma grande soma de investimentos planejados criaria externalidades cruzadas positivas que transformariam empresas não lucrativas em lucrativas, o conceito de externalidades é micro, não macroeconômico. Quando eles favoreceram o deslocamento da força de trabalho de atividades de baixa renda por pessoa para atividades de alta renda por pessoa, da produção de bens menos sofisticados para a produção de bens mais sofisticados, eles estavam adotando uma abordagem microeconômica para o desenvolvimento econômico. Quando discutiram o papel das instituições no crescimento econômico, estavam adotando outro conceito microeconômico. Quando defendiam o planejamento econômico ou o investimento, eram microeconomistas. Quando criticaram a lei da vantagem comparativa, poderíamos dizer que estavam lidando com a teoria do comércio internacional, embora essa teoria também utilize principalmente conceitos microeconômicos, não macroeconômicos. Em todos esses casos, eram economistas desenvolvimentistas porque acreditavam que os mercados não asseguravam o desenvolvimento econômico, porque defendiam uma intervenção estatal moderada e porque reconheciam a frequente falta de coerência entre os interesses nacionais e os interesses do Norte Global, que sempre foram apresentados como consistentes com os interesses de todos.

Os desenvolvimentistas estruturalistas clássicos entendiam que o Estado deveria planejar a economia. Eles basearam seu pensamento nas experiências inicialmente bem-sucedidas da União Soviética e no "planejamento indicativo" da França. No entanto, com o passar do tempo, eles perceberam que o planejamento em uma economia de mercado só é impossível em um ambiente não competitivo, onde não há mercado. Por essa razão, a microeconomia da ND distingue entre os setores competitivos e não competitivos da economia de uma nação. O Estado deve planejar investimentos no setor não competitivo, enquanto, para o setor competitivo, deve promover a política industrial e assegurar as condições gerais de acumulação, microeconômicas e macroeconômicas.

5.3 Microeconomia da ND

A microeconomia da ND pouco acrescenta à microeconomia da Economia Política Clássica e do Desenvolvimentismo Estruturalista Clássico. Como este último, defende a intervenção moderada do Estado na economia e o nacionalismo econômico e vê a política industrial como usual e necessária para todos os países que se desenvolvem com sucesso. Sobre isso, veja-se, por exemplo, a contribuição de Mariana Mazzucato sobre os Estados Unidos e Yuen-Yuen Ang sobre a China.[87]

A contribuição do DE refere-se à divisão de uma economia em um setor competitivo e um setor não competitivo, que adotam ou deveriam adotar políticas quase opostas em relação ao papel do Estado e do mercado. Tomei conhecimento dessa separação em 2011, quando visitava a China. Os chineses dividiram sua economia nesses dois setores. Não o fizeram formal e explicitamente, mas pragmaticamente: o setor não concorrencial, o lado monopolista, é dominante; o resto da economia é razoavelmente competitivo. Para o setor competitivo, o princípio organizador é simples: cabe ao mercado coordená-lo, cabendo ao Estado assegurar as condições gerais de acumulação. Para os bens comercializáveis internacionalmente, a concorrência significa não apenas a concorrência interna, mas também a capacidade de exportar. Para o setor não competitivo, o princípio organizador é o inverso: o Estado deve coordenar o setor, preferencialmente mantendo as respectivas empresas sob o controle do Estado. As principais indústrias desse setor são a de infraestrutura e a indústria de insumos básicos, além dos grandes bancos comerciais que são "grandes demais para falir".

Um setor é competitivo quando é composto por várias empresas, sem grandes barreiras de entrada para proteger as empresas da

---

[87] MAZZUCATO, Mariana. *The Entrepreneurial State*: debunking public vs. private sector myths. Londres: Anthem Press, 2013; ANG, Yuen-Yuen. *How China escaped the poverty trap*. Ithaca: Cornell University Press, 2016.

CAPÍTULO V – A MICROECONOMIA DO NOVO DESENVOLVIMENTISMO

concorrência dentro do país ou internacionalmente (supondo que a economia do país esteja aberta). O setor não é competitivo quando os setores industriais que o compõem são compostos por uma única ou poucas empresas e as barreiras à entrada são muito altas.

Assim, a esse respeito, parte-se do pressuposto de que o Estado segue o princípio da subsidiariedade. O Estado não deve coordenar tudo o que um mercado competitivo pode coordenar. A esquerda critica esse princípio, central na Economia Social de Mercado, a escola alemã de economia política moderadamente conservadora que influenciou a construção do Estado de Bem-Estar Social na Europa do pós-guerra.[88] Uma visão social-democrata próxima do ordoliberalismo, definitivamente conservadora e mais desenvolvida teoricamente. O ordoliberalismo distingue-se do liberalismo econômico na medida em que defende pragmaticamente a intervenção estatal; no entanto, muitas vezes é confundido com neoliberalismo porque se baseia nas escolas neoclássica e austríaca.

Nos anos neoliberais, os governos neoliberais privatizaram empresas estatais monopolistas ou quase monopolistas localizadas em infraestrutura e as "tornaram competitivas". Para isso, dividiram-nas, quando isso era possível, ou então criaram agências reguladoras cujo papel principal é fixar preços como se o mercado existisse. Dessa forma, "inventaram" mercados que estavam longe de ser mercados ou competitivos, garantindo alguma concorrência entre empresas oligopolistas. Por exemplo, veja-se o caso da telefonia fixa. Quando, em 1995, o governo brasileiro decidiu ter empresas privadas operadoras, dividiu a concessão dos serviços em três regiões, cada uma a ser atendida por algumas empresas incumbentes. O governo

---

[88] O principal autor da Economia Social de Mercado foi Alfred Müller-Armack (1901-1976), cujas visões eram associadas, mas mais progressistas do que as do Ordoliberalismo de Walter Eucken (1891-1950). Ludwig Erhard (1897-1977), que governava a Alemanha nessa época, foi um construtor ativo do Estado de Bem-Estar Social europeu e seguiu principalmente os princípios da economia social de mercado.

assumiu que isso era suficiente para transformar a indústria em um mercado competitivo. Outro exemplo é a distribuição de energia, que é monopolista, mas os governos criaram uma espécie de mercado de energia que lhes permitiu chamar o setor de competitivo. A ND critica radicalmente essas privatizações através das quais o setor privado ganha muito porque paga barato e depois aumenta os preços ou reduz a qualidade dos serviços. Financistas, advogados e outros consultores que cobram caro por seus serviços profissionais também ganham. Os neoliberais afirmam que as empresas privadas são mais eficientes do que as públicas, mas isso não é verdade quando não há concorrência. Eles também argumentam que o Estado não tem recursos para fazer investimentos privados, mas muitas dessas empresas são lucrativas e autofinanciadas.

5.4 Os cinco preços macroeconômicos

A macroeconomia lida com agregados econômicos – renda ou produção, consumo, investimento, poupança, exportações, importações, saldo fiscal e saldos de conta corrente ou externa –, enquanto a microeconomia lida com agentes econômicos individuais e sua racionalidade razoável. Essa é uma diferença bem conhecida, mas há outra diferença que o ND destaca: enquanto a microeconomia lida com uma miríade de preços individuais de cada bem ou serviço, a macroeconomia trabalha com apenas cinco preços macroeconômicos: a taxa de lucro, a taxa de juros, a taxa de salário, a taxa de inflação e a taxa de câmbio.

Esses preços devem estar "certos" ou corretos, mas isso não significa que sejam preços definidos pelo mercado ou de equilíbrio de mercado. Em vez disso, preços corretos são os preços consistentes com o bom funcionamento da economia, com uma economia em crescimento e estável que incentive a acumulação de capital, o crescimento e a redução da desigualdade.

Em vez disso, quais são os preços que vemos nos países em desenvolvimento?

CAPÍTULO V – A MICROECONOMIA DO NOVO DESENVOLVIMENTISMO

A *taxa de lucro da* indústria de transformação geralmente é insatisfatória, não satisfaz a condição satisfatória da taxa de lucro, não motiva as empresas a investirem, porque a taxa de câmbio muitas vezes é supervalorizada e as torna pouco competitivas.

A *taxa de juros* costuma ser maior do que a taxa de juros internacional mais o risco do país, porque os juros são destinados a atrair capitais estrangeiros e atender aos interesses de rentistas e financistas.

A *taxa salarial* tende a aumentar menos do que a taxa de aumento da produtividade do trabalho durante o tempo em que a oferta ilimitada de trabalho de Arthur Lewis é mantida. Depois disso, deve crescer com produtividade e ser consistente com uma taxa satisfatória de lucro.

A *taxa de inflação* costuma ser alta, não tanto por indisciplina fiscal, mas como consequência de crises financeiras cíclicas seguidas de depreciação cambial. Quanto aos episódios de inflação alta combinados com recessão, o Novo Desenvolvimentismo traz de volta a teoria da inflação inercial ou indexada.

A *taxa de câmbio* é frequentemente sobrevalorizada devido a déficits crônicos em conta corrente e a uma doença holandesa não neutralizada e, portanto, não competitiva, especialmente para a indústria de transformação, mesmo que utilize tecnologia de classe mundial. A taxa de câmbio correta é a taxa que torna competitivas as empresas com capacidade administrativa e tecnológica.

Para manter a taxa de câmbio competitiva e a conta externa equilibrada, o Novo Desenvolvimentismo propõe que os países em desenvolvimento não tenham déficits fiscais irresponsáveis, rejeitem o uso da taxa de câmbio como âncora contra a inflação e rejeitem a política de crescimento com dívida externa. Além disso, o governo pode ter que adotar controles de capital. Em princípio, se o país tem uma conta corrente zerada ou superavitária, não precisará de controles de capital, mas os mercados financeiros são altamente instáveis e especulativos, e a possibilidade de controlar entradas e saídas de capital deve estar sempre aberta. Em 2016, por exemplo, apesar de suas enormes reservas e persistentes superávits em conta corrente, a China enfrentou uma saída considerável de capital e adotou controles de capital.

O mais estratégico de todos os preços macroeconômicos é a taxa de câmbio. A economia convencional assume que as economias que usam a melhor tecnologia são necessariamente competitivas, mas essa afirmação assume que a taxa de câmbio, embora volátil, flutua em torno do equilíbrio. Em vez disso, ND argumenta que a taxa de câmbio pode estar sobrevalorizada ou subvalorizada por longos períodos. Quando está supervalorizado, a taxa de lucro não será satisfatória, e as empresas não investirão.

CAPÍTULO VI
MACROECONOMIA E AUSTERIDADE

A ND adota basicamente a Teoria Econômica Pós-Keynesiana. Isso significa que adota uma economia que (1) rejeita a lei de Say de que a oferta cria sua própria demanda e afirma o papel crucial da demanda efetiva na determinação do pleno emprego e do crescimento; (2) afirma que o capitalismo não é apenas uma economia de troca mediada pelo dinheiro, mas um sistema econômico monetário no qual o dinheiro não é apenas um meio de troca, é uma reserva de valor e, portanto, pode ser adquirido; nos momentos em que as famílias gastam menos do que habitualmente gastam e as empresas não investem as poupanças adicionais assim disponíveis, o circuito produção-rendimento-despesa é quebrado e a economia enfrenta uma procura insuficiente; (3) rejeita que uma demanda sustentável possa ser alcançada e mantida sem que o Estado esteja permanentemente engajado na política fiscal e monetária para gerenciar a demanda; (4) rejeita a ideia de que a poupança precede o investimento e inverte a relação causal no pressuposto de que as empresas tomam empréstimos para investir; e, finalmente, (5) rejeita que o aumento da oferta monetária seja a causa da aceleração da inflação e a explica com o excesso de demanda.

O principal objetivo da macroeconomia é manter a economia em torno do pleno emprego. A preocupação não é com o crescimento da capacidade instalada, mas com o nível de capacidade produtiva. A macroeconomia do desenvolvimento preocupa-se com o aumento da capacidade instalada e, portanto, com o desenvolvimento econômico.

A incerteza é um conceito central na Economia Keynesiana. Há uma incerteza sobre o futuro. Uma incerteza que não pode ser reduzida a probabilidades. É por isso que a economia é sempre precária e deve ser modesta.

Outro conceito essencial é a preferência pela liquidez. Agentes econômicos para manter alta liquidez às custas de investimentos, a fim de aproveitar oportunidades econômicas especiais que possam ocorrer, ou para enfrentar crises inesperadas e profundas.

Nos parágrafos anteriores, resumi radicalmente o que quero dizer com Teoria Econômica Pós-Keynesiana. Fiz isso porque este não é um livro sobre macroeconomia, mas um livro sobre ND – sobre as eventuais contribuições da ND para a economia e economia política.

Quais são as diferenças entre a macroeconomia keynesiana e a macroeconomia novo desenvolvimentista?

1. A macroeconomia está *aberta desde o início*. Não se constrói primeiro uma economia fechada e depois a abre gradualmente para entender as importações e exportações, a taxa de câmbio e os fluxos de capital.

2. É também, desde o início, uma *macroeconomia do desenvolvimento*. Os livros didáticos de macroeconomia seguem a tradição de começar com hipóteses simplificadoras (economia fechada e sem crescimento) e depois descartar as hipóteses simplificadoras uma a uma. Não estou dizendo que esse método está errado. Keynes só conseguiu fazer uma revolução completa na economia porque agiu dessa forma. Seria impossível lidar com

CAPÍTULO VI – MACROECONOMIA E AUSTERIDADE

tantas variáveis econômicas complexas e construir um modelo consistente se ele o tornasse aberto e dinâmico. Hoje, no entanto, a partir do extenso arcabouço teórico já desenvolvido, podemos construir uma macroeconomia dinâmica e aberta, e um modelo econômico operacional a partir do qual é possível derivar políticas macroeconômicas. Há, é claro, problemas de curto prazo, como o problema de uma recessão súbita ou o crescimento da inflação que a Teoria Econômica Pós-Keynesiana já aborda satisfatoriamente, tornando as contribuições do ND marginais.

3. ND combina sistematicamente macro e microeconomia através do uso dos *cinco preços macroeconômicos*, discutidos no último capítulo.

4. ND afirma a taxa satisfatória de restrição de lucro: as taxas de lucro devem ser mantidas dentro de uma faixa que as empresas vejam como satisfatória e motivadora.

5. ND acrescenta uma sexta *condição geral de acumulação de capital*. Vamos dar uma breve olhada nessas condições que motivam as empresas a investir. Em primeiro lugar, as condições microeconômicas: educação, saúde, instituições que garantam o bom funcionamento do mercado, investimentos em infraestrutura e um sistema financeiro interno para financiar investimentos. Em segundo lugar, as condições macroeconômicas: a existência da demanda, à qual ND acrescenta uma sexta condição geral de acumulação de capital: *o acesso à demanda*, que só uma taxa de câmbio competitiva pode assegurar. Enquanto a condição keynesiana foi imposta pela tendência histórica à insuficiência da demanda, a nova condição desenvolvimentista deriva de outra tendência histórica: o fato de que a taxa de câmbio nos países em desenvolvimento não é apenas volátil, mas se comporta de acordo com um ciclo cambial: permanece sobrevalorizada por vários anos entre crises financeiras.

6. O ND entende que um país é desenvolvimentista se reconhece e administra duas restrições macroeconômicas básicas – a restrição fiscal e a restrição de conta corrente.

7. O ND rejeita o argumento da ortodoxia liberal contra os défices orçamentais e as respectivas finanças que *afastam o* investimento privado e provocam a inflação. Não há aglomeração ou inflação enquanto houver desemprego. No entanto, antes de um país atingir o pleno emprego, os déficits fiscais tendem a causar um aumento na demanda por importações, levando a déficits em conta corrente, o que levará a uma apreciação de longo prazo da moeda nacional e dos males decorrentes, além de causar excesso de demanda e inflação. Em outras palavras, a restrição fiscal precisa ser reconhecida porque é uma condição subjacente para a obediência à restrição da conta corrente.

8. A conta corrente deve ser equilibrada, caso não apresente superávit. Discutirei este último ponto no capítulo XII.

9. ND critica a política de crescimento com endividamento externo – incorrer em déficits em conta corrente ("poupança externa") e financiá-los com empréstimos ou investimentos estrangeiros diretos. As autoridades governamentais costumam usar o "argumento da poupança externa" – de que a poupança externa é adicionada à poupança interna – para justificar sua irresponsabilidade cambial, mas o que acontece não é um aumento, mas uma substituição da poupança interna pela poupança externa. Essa crítica é altamente contraintuitiva porque parece "lógico" ou "natural" que países ricos em capital transfiram seu capital para países pobres de capital, mas ND argumenta que essa tese é geralmente falsa. Influxos adicionais de capital mantêm a taxa de câmbio sobrevalorizada no longo prazo, enquanto o déficit em conta corrente permanece. A sobrevalorização resultante da taxa de câmbio, juntamente com uma propensão marginal geralmente elevada para consumir, aumenta o poder de compra dos salários, bem como os rendimentos dos rentistas e aumenta o consumo, ao mesmo tempo que desencoraja o investimento.[89]

---

[89] Ver a pesquisa empírica que confirma essa relação inversa contraintuitiva entre poupança externa e poupança interna e, portanto, entre déficit em conta corrente e crescimento: BRESSER-PEREIRA, Luiz Carlos; NAKANO,

CAPÍTULO VI – MACROECONOMIA E AUSTERIDADE

6.1 Política fiscal

Quando lemos os jornais, temos a impressão de que só uma coisa realmente importa: a política fiscal do governo. E a grande mídia não tem dúvidas: o governo deve ser responsável, deve ser austero, deve manter a conta fiscal equilibrada, deve respeitar a ortodoxia neoliberal. Se o governo discorda e se entrega a déficits fiscais, ou é "populista" e acredita que um déficit público crônico é o melhor remédio para sustentar a demanda efetiva, ou é "desenvolvimentista" e intervém na economia e constrói o "grande Estado". Em ambos os casos, a crise fiscal e a inflação se desenham no horizonte. Não estou exagerando. O que temos é a luta milenar da ordem social contra a desordem, da verdade contra o mal, da direita contra a esquerda, como se pudéssemos reduzir a economia e a formulação de políticas econômicas a essa caricatura. Neste capítulo, discuto a política fiscal, o mito das crises fiscais, a austeridade como síndrome e como prática e, sobretudo, como fundamento da ordem social.

Para os gregos, a economia era a gestão da casa. No século XVII, com a ascensão do capitalismo, tornou-se uma ciência,

---

Yoshiaki. "Economic growth with foreign savings?" *Brazilian Journal of Political Economy*, vol. 23, nº 2, abr. 2003, pp. 3-27. Disponível em: https://centrodeeconomiapolitica.org.br/repojs/index.php/journal/article/view/895. Acessado em: 01.03.2024; BRESSER-PEREIRA, Luiz Carlos; GALA, Paulo "Por que a poupança externa não promove o crescimento?" *Brazilian Journal of Political Economy*, vol. 27, nº 1, jan. 2007; BRESSER-PEREIRA, Luiz Carlos; ARAÚJO, Eliane; GALA, Paulo. "An empirical study of the substitution of foreign for domestic savings in Brazil". *Revista EconomiA*, vol. 15, 2014, pp. 54-67. Ver também FELDSTEIN, Martin; CHARLES, Horioka. "Domestic savings and international capital flows". *Economic Journal*, vol. 90, nº 358, jun. 1980, o que os economistas chamam de "quebra-cabeça", mas é apenas a confirmação empírica da substituição da poupança externa pela poupança interna, como também é o caso dos estudos empíricos sobre "substituição da poupança" (SINN, Stefan. "Saving-investment correlations and capital mobility: on the evidence from annual data". *Economic Journal*, vol. 102, 1992, pp. 1162-1170; COAKLEY, Jerry; KULASI, Farida; SMITH, Ronald. "Current account solvency and the Feldstein-Horioka Puzzle". *Economic Journal*, vol. 106, nº 436, mai. 1996, pp. 620-627).

uma análise sistemática e relativamente complexa das relações de produção e distribuição existentes nas sociedades modernas. Mas essa mudança não foi radical. A economia mantém algumas regras simples que decorrem da gestão dos orçamentos domésticos. É o caso da política fiscal. A regra simples e óbvia é que as contas do Estado – o orçamento público – devem ser equilibradas. Isso não é austeridade, mas bom senso.

O bom senso, no entanto, costuma ser simplista e equivocado. Keynes criou uma revolução na economia quando demonstrou persuasivamente que, quando um país enfrenta uma recessão, a política fiscal correta não é um orçamento equilibrado, mas um déficit. Uma crise econômica é geralmente uma crise de demanda efetiva e envolve uma queda na taxa de lucro esperada e uma queda no investimento. A abordagem para enfrentar a crise não é cortar gastos públicos e esperar que o aumento do desemprego faça com que os salários caiam – para que a taxa de lucro volte a subir e o investimento seja retomado –, é o Estado aumentar o gasto público de forma anticíclica e criar demanda que tire a economia da crise.

Hoje, isso é universalmente conhecido e praticado. Foi o principal instrumento que todos os países usaram para combater a grande crise financeira de 2008. A crise de 2008 teria sido muito mais grave se todos os países não tivessem se envolvido em enormes déficits fiscais para financiar o investimento público e, no caso dos EUA, para financiar aquisições bancárias.[90] Keynes, no entanto, nunca favoreceu déficits públicos crônicos. Ele não divergia de seus colegas economistas, que acreditavam que o orçamento deveria ser equilibrado. Keynes, no entanto, pensou livre e inovadoramente e pôde perceber que, em determinados momentos, a responsabilidade fiscal não é evitar o déficit, mas incorrer nele. Ele não compartilhava do argumento populista de

---

90 O biógrafo de Keynes escreveu um livro comemorativo: SKIDELSKY, Robert. *Keynes*: the return of the master. Londres: Penguin Books, 2009.

CAPÍTULO VI – MACROECONOMIA E AUSTERIDADE

que a demanda insuficiente é uma característica permanente das economias capitalistas e requer déficits crônicos.

O desenvolvimento econômico depende de investimentos, que devem ser privados e públicos. A experiência mostra que, nos países em desenvolvimento, o investimento público deve representar entre 20 e 25 por cento do investimento total. Para financiar os investimentos públicos, o Estado precisa fazer poupança pública. O Estado não pode incorrer num défice crónico que conduza a poupanças públicas negativas. Por outro lado, as expectativas em relação à sustentabilidade fiscal influenciam a percepção do risco da dívida soberana e afetam tanto a taxa de juros quanto a taxa de câmbio. Sei que alguns desses efeitos negativos refletem uma crença profunda e ortodoxa no equilíbrio fiscal, mas não há dúvida de que o desperdício fiscal é uma prática perigosa. Responsabilidade fiscal – que não é sinônimo de austeridade – tem uma lógica econômica ampla. É uma forma de assegurar a ordem econômica e de assegurar algo próximo da ordem social e política.

6.2 Crise fiscal ou crise financeira?

A ortodoxia liberal exige orçamentos equilibrados e está sempre alertando contra "o risco de uma crise fiscal" – alertando que o déficit público é muito alto, ou a dívida pública subiu demais, e o país caminha para uma crise fiscal. É o que eu chamo de "mito da crise fiscal". Não tenho conhecimento de nenhum país, em nenhum momento, que tenha caído em uma crise puramente fiscal. Déficits fiscais excessivos ou dívida pública podem levar a crises financeiras, que são as crises reais. Países ricos caem em crises bancárias em que os bancos não conseguem honrar suas dívidas – o último caso foi nos Estados Unidos, em 2008, com a falência do Lehman Brothers. E muitos países em desenvolvimento caem em crises de balanço de pagamentos – outro nome para crises cambiais. São crises reais porque os países se tornam insolventes e perdem a capacidade de pagar as suas obrigações. O Japão deveria ter uma dívida pública de 260% do PIB, mas nenhum financiador se atreve a especular contra o iene, porque a dívida do Japão é em ienes e o Estado japonês sempre pode pagar suas dívidas.[91]

Uma crise financeira do balanço de pagamentos (crise cambial) nem sempre tem uma causa fiscal. A dívida externa pode não ter origem em déficits fiscais elevados que causam excesso de demanda. Pode ter origem na adoção pelo país de uma política de crescimento com déficits em conta corrente, enquanto o governo mantém a conta fiscal sob controle. Foi o que aconteceu na grande crise do Leste e Sudeste Asiático de 1997, que envolveu Coreia do Sul, Indonésia, Tailândia, Malásia e Filipinas. Esses países estavam adotando políticas fiscais sólidas, mas seu crescimento com déficits em conta corrente estava longe de ser sólido. A crise financeira asiática de 1977 revelou a vulnerabilidade da região aos fluxos de capitais. Bancos e corporações contraíram empréstimos maciços e baratos em dólares americanos, muitas vezes em curto prazo. As enormes entradas de capital aumentaram consideravelmente o valor das moedas nacionais; os déficits em conta corrente e as dívidas externas aumentaram; os credores perderam a confiança e suspenderam a rolagem das dívidas; os agentes econômicos promoveram a saída de capital estrangeiro; e a crise financeira explodiu: as moedas dos países se desvalorizaram acentuadamente e tornaram muitos tomadores de moeda estrangeira insolventes. Os governos gastaram bilhões tentando em vão sustentar suas moedas aumentando as taxas de juros. Indonésia, Coreia do Sul e Tailândia recorreram ao FMI, que forneceu quase US$ 120 bilhões em fundos de resgate.

De acordo com as autoridades financeiras asiáticas, a crise de 1977 deveu-se à sobrevalorização das moedas. Na verdade, os países abriram suas finanças, os bancos centrais pararam de

---

[91] Digo "suposto" porque grande parte dessa dívida existe apenas em termos contábeis, não em termos reais. A flexibilização quantitativa ajudou a anular a maior parte dessa dívida, mas as regras contábeis não permitem que o país deduza de sua dívida fiscal o que é uma dívida com o Banco Central.

CAPÍTULO VI – MACROECONOMIA E AUSTERIDADE

controlar as entradas e as saídas de capital, e os países entraram em um processo frenético de tentar crescer com poupança externa. Sua dívida externa (principalmente privada) disparou, dobrando entre 1993 e 1997. O FMI e o Banco Mundial – que haviam apoiado a liberalização financeira dos países seguindo os princípios neoliberais – reconheceram que as políticas fiscais mantiveram um superávit primário positivo e mantiveram a inflação sob controle, mas não viram problemas com os déficits em conta corrente e, portanto, mantiveram seu apoio. Como Robert Wade e Frank Veneroso observaram em 1998, "o FMI e o Banco Mundial elogiaram os governos da região até 1997, inclusive as autoridades coreanas em setembro de 1997".[92] No final do ano, a crise financeira reivindicou seus direitos.

A verdadeira causa da crise financeira asiática foi a adopção da política de crescimento com défices da balança corrente e o consequente aumento do endividamento externo. Essa foi uma política equivocada por dois motivos: primeiro, porque os déficits em conta corrente necessariamente aumentaram o valor da moeda nacional, fazendo com que os países perdessem competitividade; segundo, porque essa política conduz frequentemente a crises da balança de pagamentos. No caso da crise asiática, o colapso veio tão rápido que evitou os males da perda de competitividade no médio prazo.

Com a crise asiática, a explicação fiscal para as crises financeiras mostrou-se equivocada. Em um ensaio de 1998, Paul Krugman reconheceu que

> ninguém previa nada como a crise atual na Ásia. É verdade que havia alguns céticos asiáticos – incluindo eu – que consideravam as alegações de um milagre econômico asiático

---

[92] WADE, Robert; VENEROSO, Frank. "Asian crisis: the high debt model versus the Wall Street-Treasury-IMF complex". *New Left Review*, vol. 228, mar. 1998, pp. 3-22.

exageradas e argumentavam que a Ásia estava fadada a ter retornos decrescentes eventualmente.[93]

Nos modelos canônicos de crises de balanço de pagamentos, a crise é sempre causada por irresponsabilidade fiscal.

6.3 A síndrome da austeridade, uma condição e não uma política

As crises fiscais em si são raras, ou simplesmente inexistentes, mas a disciplina fiscal ou a responsabilidade fiscal são as virtudes exigidas de formuladores de políticas econômicas capazes. Não deve, no entanto, ser confundida com austeridade ou com a síndrome da austeridade, que caracteriza a ortodoxia neoliberal e esteve por trás da crise financeira global de 2008. Hoje, a austeridade é uma explicação básica para as dificuldades econômicas que a Alemanha enfrenta, como a própria *The Economist* afirmou em 19 de agosto de 2023.[94]

A síndrome da austeridade é a crença de que o capitalismo enfrenta uma crise fiscal – uma crise "terrível", embora nunca definida – e o único remédio para isso é o Estado se abster de gastar. Pratique a austeridade em qualquer circunstância.

Essa é a forma de crise que o capitalismo enfrenta desde os anos 1970 – crise que na época James O'Connor (1930-2017) chamou de "crise fiscal do Estado". Ele via a crise não como o resultado de uma política, mas como uma *condição* do capitalismo contemporâneo. Na década de 1980, escrevi vários artigos e publiquei um livro atribuindo a estagnação econômica das economias

---

[93] KRUGMAN, Paul. "What happened to Asia?" *In*: NEGISHI, Takashi; RAMACHANDRAN, Rama; MINO, Kazuo (Coord.). *Economic theory, dynamics and markets*. [S.l.]: Springer, 2001 [1998].

[94] *The Economist*, 19 ago. 2023.

CAPÍTULO VI – MACROECONOMIA E AUSTERIDADE

latino-americanas naquela década à crise fiscal do Estado.[95] O que eu estava fazendo com o conceito de crise fiscal do Estado era explicar a crise não como excesso de gastos, mas como uma condição do capitalismo que hoje chamo de "síndrome da austeridade". Isso foi (e ainda é) caracterizado por poupança pública negativa, baixo investimento público e baixo crescimento.

Há um pleonasmo na expressão crise fiscal do Estado. Não precisamos da palavra "Estado" – uma crise fiscal é necessariamente uma crise do Estado. Eu estava ciente desse fato, mas usei deliberadamente a frase para relacioná-la com a teoria da crise do capitalismo que está no centro do livro de James O'Connor de 1973, *The Fiscal Crisis of the State*. Eu via a crise fiscal do Estado como uma manifestação histórica da crise do capitalismo, que corresponde ao conceito histórico de austeridade hoje. Em seu livro, O'Connor distinguiu dois setores na formação social americana – o setor monopolista e o setor competitivo – e argumentou, em primeiro lugar, que "o setor estatal e os gastos estatais estão cada vez mais funcionando como base para o crescimento do setor monopolista e da produção total"; e, segundo, que

> embora o Estado tenha socializado cada vez mais custos de capital, o excedente social (incluindo os lucros) continua a ser apropriado privadamente... que cria uma crise fiscal ou um "hiato estrutural" entre as despesas e as receitas do Estado.[96]

---

[95] BRESSER-PEREIRA, Luiz Carlos. *A Crise do Estado*. São Paulo: Editora Nobel, 1992.
[96] O'CONNOR, James. *The fiscal crisis of the State*. Nova York: St. Martin Press, 1973, pp. 8/9.

Mais recentemente, William Lazonick e Mariana Mazzucato desenvolveram essa ideia, analisando inovações disruptivas que chamaram de "nexo risco-recompensa".[97]

Armin Schäfer e Wolfang Streeck, por sua vez, na introdução de seu livro *Politics in the Age of Austerity*, argumentaram que "muitas democracias maduras podem estar se aproximando de tal situação enquanto enfrentam uma crise fiscal". Por quase três décadas, os países da OCDE incorreram e acumularam déficits. Qualquer que seja o partido que chegar ao cargo terá as mãos atadas a decisões anteriores. Em alguns artigos anteriores aos que acabamos de citar, Pierson delineou o que chama de "regime de austeridade fiscal". Schäfer e Streeck não estão longe de O'Connor, mas não se referem a ele, e sim a Paul Pierson, um notável analista do Estado de Bem-Estar Social que, pela primeira vez, definiu o conceito histórico moderno de austeridade. Em seu artigo "Lidando com a austeridade permanente: reestruturação do Estado de Bem--Estar Social em democracias ricas", Pierson afirmou:

> O Estado social enfrenta agora um contexto de *austeridade permanente*. As mudanças na economia global, a forte desaceleração do crescimento econômico, o amadurecimento dos compromissos governamentais e o envelhecimento da população geram estresse fiscal considerável. Há poucas razões para esperar que essas pressões diminuam nas próximas décadas. Quando muito, é provável que se intensifiquem.[98]

---

[97] LAZONICK, William; MAZZUCATO, Mariana. "The risk-reward nexus in the innovation-inequality relationship: who takes the risks? Who gets the rewards?" *Industrial and Corporate Change*, Oxford University Press, vol. 22, nº 4, 2013, pp. 1093-1128.

[98] PIERSON, Paul. "Coping with permanent austerity: welfare state restructuring in affluent democracies". *In*: _____ (Coord). *The New Politics of the Welfare State*. Oxford: Oxford University Press, 2001, p. 411.

CAPÍTULO VI – MACROECONOMIA E AUSTERIDADE

Pierson não poderia ter mais razão. Podemos ver a austeridade em termos históricos como uma condição do capitalismo contemporâneo ou, alternativamente, como uma política liberal-ortodoxa e como um vício.

6.4 Austeridade como vício

Para discutir a história intelectual da austeridade como política econômica, Mark Blyth recorre a Locke (1632-1704). Penso que seria mais apropriado referir-me a David Hume (1711-1776) e ao seu *Ensaio III – Sobre o Dinheiro*. O grande filósofo também era economista e foi o primeiro a formular uma teoria quantitativa da moeda: o poder de compra da moeda é determinado pela quantidade de moeda em circulação. Desde então, a teoria monetarista da inflação tornou-se arraigada na mente das pessoas, e a austeridade é vista como a solução. No capítulo VIII, discutiremos a taxa de inflação e mostraremos como ela estava errada a teoria monetarista, tão errada que foi recentemente descartada pela própria ortodoxia neoclássica.

A austeridade é uma prática ortodoxa, mas também é uma síndrome, é a crença de que o sistema econômico de um país, se não o do mundo, está em crise fiscal permanente ou à beira do aumento da inflação. A prática e a síndrome juntas fazem da austeridade uma espécie de vício e resultam em políticas irracionais. É injustificável, por exemplo, que, em junho de 2010, em Toronto, os ministros das Finanças dos países do G20, após menos de um ano de expansão orçamental anticíclica, tenham recuado para a austeridade. Blyth conta a história deste evento com competência e vividamente.[99] Apenas a Alemanha – onde o ordoliberalismo, uma alternativa conservadora ao neoliberalismo, onde o Estado deve fornecer as condições estruturais para o funcionamento do

---

[99] BLYTH, Mark M. *Austerity*: the history of a dangerous idea. Oxford: Oxford University Press, 2013.

mercado, e um obstinado Banco Central Europeu cujo presidente quase levou a Europa a uma grande crise em 2012 – se opuseram aos grandes compromissos fiscais que todos os países assumiram em 2009 para desarmar a crise.[100] Mas um ano depois, em Toronto, o novo *slogan* que dominou a reunião foi "consolidação fiscal". A reação foi liderada pela Alemanha, cujo ministro das Finanças, Wolfang Schäuble, inventou um oxímoro, a "consolidação fiscal expansionista" – imediatamente seguida pelo Reino Unido e Canadá. Outro exemplo: quando Lula foi eleito presidente do Brasil pela terceira vez em 2022 (as duas eleições anteriores foram em 2002 e 2006), ele disse que mudaria a emenda constitucional que fixava os gastos do Estado em termos reais. Economistas neoliberais e o mercado financeiro local lamentaram a falta de austeridade do novo governo e previram que a inflação dispararia, mas não foi o que aconteceu.[101]

6.5 Austeridade e ordem social

Por que os conservadores são tão inflexíveis em defender a austeridade quando agora sabemos que o déficit público só causa inflação quando a economia atinge o pleno emprego? Por que a austeridade é uma espécie de religião para a ortodoxia neoclássica? A explicação novo-desenvolvimentista é que a Teoria Econômica Neoclássica é conservadora, e a lógica do conservadorismo é a *ordem*: ordem social, ordem política e ordem econômica. Não é por acaso que a Alemanha é o berço da austeridade e do ordoliberalismo. As elites alemãs são liberais, mas sua prioridade é a ordem social. Há algum tempo, propus a diferença central entre centro-esquerda e centro-direita: a esquerda pode arriscar a ordem

---

[100] Esse presidente incompetente do BCE foi Jean-Claude Trichet. Mario Draghi, o novo presidente, evitou a crise dizendo que o banco fará "o que for preciso" para reverter a crise da zona do euro.

[101] A inflação está agora (março de 2024) sob controle, em torno de 4,5% nos últimos doze meses.

CAPÍTULO VI – MACROECONOMIA E AUSTERIDADE

social em nome da justiça social, enquanto a direita nunca arrisca a ordem social.[102] Esta é uma prioridade tão radical que tira um país do domínio da razão e o condena ao dogma.

A reação à austeridade também foi radical nas mãos da Teoria Monetária Moderna. A MMT critica o monetarismo ortodoxo e a associação dos déficits fiscais com a inflação. O sistema bancário cria dinheiro (dinheiro é crédito), mas o Estado pode gerar ou estimular a criação de dinheiro.[103] O limite econômico razoável para o gasto público não é o gasto que está escrito no orçamento, mas o ponto em que a demanda agregada se torna excessiva em relação à oferta, só então a inflação acelera.

Esse raciocínio ganhou relevância após a crise financeira global de 2008, quando os bancos centrais dos países ricos se engajaram em um aumento maciço da oferta monetária (*quantitative easing*). A compra de títulos públicos e privados foi feita com o objetivo de aumentar a liquidez das economias nacionais, manter uma taxa de juros baixa e estimular a economia. Havia também o objetivo de reduzir a dívida pública, que, especialmente no Japão, era muito alta. Assim, quanto maior a emissão de dinheiro, mais a dívida pública era reduzida. Os governos, no entanto, nunca admitiram esse objetivo por várias razões, sendo a principal delas o fato de que as regras oficiais das contas nacionais não permitem que a dívida do Estado com o banco central seja deduzida da dívida pública.[104]

Quando, no início de 2020, a pandemia de Covid-19 ameaçou o mundo, os mesmos bancos centrais não hesitaram em continuar

---

[102] BRESSER-PEREIRA, Luiz Carlos. "A new left in the South?" *Network-Policy*, 5 dez. 2000. Disponível em: https://www.bresserpereira.org.br/index.php/short-texts/7372-558. Acessado em: 05.03.2024.

[103] Atualmente, L. Randall Wray é o principal economista dessa teoria.

[104] Parte dessa regra contábil está correta, pois os bancos centrais não estão aumentando sua dívida com o tesouro público para manter as metas de ajuste monetário interno. Mas o que os governos dos países ricos fizeram foi muito mais do que isso.

com a política de flexibilização quantitativa, desta vez para financiar as grandes despesas exigidas ao Estado. O Brasil e outros países em desenvolvimento não seguiram, mas isso foi um erro. Os países que adotaram o financiamento monetário se sentiram livres para gastar mais para salvar mais vidas. Eles estavam com enormes déficits fiscais que aumentaram a dívida pública, mas o aumento do crédito do banco central compensou o aumento da oferta de moeda que aconteceria quando eles vendessem títulos do governo. Se o aumento da oferta monetária não financiou gastos adicionais, mas visava apenas aumentar a liquidez, manter baixa a taxa de juros e estimular a economia. Havia também o objetivo de reduzir a dívida pública, mas isso foi considerado irregular. Assim, as dívidas públicas do Japão, Estados Unidos, Reino Unido, Suíça, Suécia e países da zona do euro permaneceram oficialmente mais altas do que realmente eram. Contadores e economistas adoram ficção; os primeiros porque precisam de regras e resistem a novas situações, e os segundos porque querem desencorajar "gastos públicos irresponsáveis". Na verdade, as regras que colocavam os bancos centrais *fora* do Estado só eram realistas e razoáveis no início da história dos bancos centrais, quando os bancos privados assumiram o papel dos bancos centrais. Hoje, essas regras precisam ser revistas. Mas as regras internacionais de contabilidade nacional mudam mais habitualmente do que através de acordos oficiais, e teremos de esperar, mas criticamente.[105]

O fato de que o financiamento monetário do gasto público não causa inflação – a menos que haja excesso de demanda sobre a oferta – não significa que os governos possam gastar à vontade. Esse limite nem sempre é claro e não há razão para correr riscos desnecessários. Só em circunstâncias especiais, e sempre de forma

---

[105] Hoje, há o problema de distinguir as emissões monetárias de curto prazo que os bancos centrais costumam fazer apenas para manter a taxa de juros na meta das emissões de flexibilização quantitativa. Essa distinção deve ser feita para tornar as contas fiscais mais realistas.

CAPÍTULO VI – MACROECONOMIA E AUSTERIDADE

transparente, as emissões monetárias podem financiar as despesas do Estado. No Brasil, em 2021, Nelson Marconi e eu fizemos uma proposta concreta seguindo essa diretriz. Considerando que a economia brasileira estava quase estagnada desde a década de 1980, e o investimento público havia caído de 7,8% do PIB ao ano na década de 1970 para 2,0% ao ano na década de 2010; considerando que a poupança pública, positiva na década de 1970, tornou-se negativa já na década de 1980; e também considerando que, politicamente, os governos brasileiros não seriam capazes de recuperar a poupança pública, propusemos que o Governo Federal fosse autorizado a financiar anualmente investimentos públicos até o limite de 5% do PIB. Essa autorização estaria condicionada a que a Comissão Monetária Nacional liberasse o desembolso em dinheiro a cada três meses após verificar que a economia não estava em pleno emprego e que não havia risco de aumento da taxa de inflação.[106]

Os economistas ortodoxos – e não só eles – rejeitam o financiamento monetário. Eles acreditam que a única alternativa para financiar os gastos do Estado que não são cobertos pelas receitas correntes é o endividamento do Estado com o setor privado. O Estado deve sempre contrair dívidas e pagá-las. Isso é maravilhoso para rentistas e financistas; é o seu mundo ideal.

A flexibilização quantitativa confirmou as alegações da MMT, uma teoria que contradiz radicalmente a ortodoxia neoliberal. A MMT sustenta que não há restrição financeira nos gastos do governo se um país é um emissor soberano de moeda. O Tesouro nacional sempre pode pedir dinheiro emprestado ao banco central do país e não há uma boa razão para que cobre juros (afinal é o Estado cobrando juros do próprio Estado). A MMT afirma isto porque acredita que a alegação ortodoxa de que déficits fiscais excessivos podem levar o Estado à falência é falsa. O Estado sempre pode

---

[106] BRESSER-PEREIRA, Luiz Carlos; MARCONI, Nelson. "Como financiar o déficit público?" *In*: RONCAGLIA, André; BARBOSA, Nelson (Coord.). *Bidenobics nos trópicos*. Rio de Janeiro: Editora da FGV, 2021.

imprimir dinheiro e pagar suas dívidas. Na verdade, imprimir dinheiro não é intrinsecamente errado, nem intrinsecamente certo. Imprimir dinheiro não é um último recurso, mas é um recurso que deve ser combinado com *prudência*. De qualquer forma, os formuladores de políticas devem ser realistas. O financiamento monetário, seja para financiar gastos tão necessários ou para garantir a liquidez do sistema econômico, deve seguir a regra da prudência, que não deve ser confundida com conservadorismo irracional.

CAPÍTULO VII
A TAXA DE JURO

A taxa de juros é o preço do dinheiro. Como acontece com outros preços macroeconômicos, a taxa de juros "certa" de um país não é a taxa de juros de mercado; para a ND, é a taxa média de juros que prevalece nos países desenvolvidos mais o risco-país. A referência básica são os EUA: a taxa do Federal Reserve. O risco-país, por sua vez, refere-se ao risco e à incerteza associados ao investimento em um determinado país. Esse risco pode decorrer de fatores políticos e econômicos e inclui o risco de calote soberano. Um segundo critério para definir a taxa de juros correta é investigar se a taxa prejudica ou não a competitividade do país. Mas esse critério, ao contrário do primeiro, não dá uma resposta precisa à pergunta.

Do ponto de vista do desenvolvimento econômico, a taxa de juros é o preço que os empresários ou empresas pagam aos donos do capital (os capitalistas rentistas) pelos empréstimos de seu capital para financiar o investimento. A taxa básica de juros – a taxa que os bancos centrais estabelecem para emprestar dinheiro aos bancos comerciais, também chamada de taxa de juros "repo" – deve ser baixa em relação à taxa de lucro esperada, para que a taxa de lucro da empresa seja satisfatória. Mais precisamente, o *nível* da taxa básica de juros, em torno da qual o BC faz sua política monetária, deve ser baixo.

A taxa de juros é relevante para determinar três dos quatro preços macroeconômicos restantes. É relevante para a determinação da taxa de câmbio, pois, como veremos, o diferencial da taxa de juros é uma de suas variáveis determinantes. É relevante para determinar a taxa esperada e satisfatória de lucro empresarial, que é a restrição macroeconômica final para a ND. É relevante no controle da taxa de inflação, na medida em que é a principal ferramenta em que os bancos centrais contam para atingir suas metas de inflação. Apenas em relação à taxa de salários, a taxa de juros tem relevância limitada.

7.1 A determinação da taxa de juro

A Teoria Econômica Neoclássica sustenta que os principais determinantes da taxa de juros estão na economia real. A taxa de juros equilibra a demanda por investimentos com a oferta de poupança. Keynes discordou. Para ele, a taxa de juros é determinada no sistema financeiro, no mercado monetário. A taxa de juros de equilíbrio é a taxa que equivale à demanda e oferta de moeda. Essa visão é semelhante à teoria da taxa de juros de Marx. Marx argumentou que a taxa de juros é determinada no mercado de capitais monetários, mas, como no caso dos preços das *commodities*, ela tem um centro de gravidade que ele chama de "taxa natural".[107] Eckhard Hein, que estudou o problema em profundidade, concluiu que "há amplas consistências com a economia monetária pós-keynesiana, pelo menos com uma parte importante dessa escola de pensamento, a visão horizontalista".[108]

---

[107] MARX, Karl. *Capital*, volume III. Londres: Penguin Books, 1981 [1894], pp. 358-369.

[108] HEIN, Eckhard. "Money, interest, and capital accumulation in Karl Marx's economics: a monetary interpretation". *WSI-Diskussionspapier*, Düsseldorf, Hans-Böckler Stiftung, Wirtschafts- und Sozialwissenschaftliches Institut (WSI), nº 102, 2002, p. 114.

CAPÍTULO VII – A TAXA DE JURO

As pessoas retêm dinheiro por três motivos: demanda de transação, demanda de precaução e demanda especulativa. Keynes enfatizou o terceiro motivo, que leva as pessoas a guardarem dinheiro na carteira à espera de uma boa aplicação, embora esse dinheiro não pague juros. Enquanto a demanda transacional por dinheiro depende da renda, a demanda especulativa depende da taxa de juros. As pessoas retêm menos dinheiro em suas carteiras quando a taxa de juros é alta e mais dinheiro quando está baixa. Ter dinheiro em suas carteiras permite que eles especulem e lucrem com as mudanças esperadas na taxa de juros e nos rendimentos dos títulos.

É necessário distinguir a taxa de juros de curto prazo da taxa de juros de longo prazo. Enquanto, no curto prazo, a taxa de juros é a ferramenta na qual os bancos centrais contam para definir a taxa básica, no longo prazo, o mercado monetário faz esse trabalho. Também é necessário distinguir a taxa de juros nominal da taxa de juros real. No curto prazo, ambos são iguais, mas no longo prazo, não são.

Muitos fatores influenciam a taxa de juros, entre os quais alguns são mais relevantes do que outros. No caso da taxa de juros nominal, *as expectativas inflacionárias* são o determinante mais importante. Quanto à taxa de juros real, o risco-país é o mais relevante. Um organismo com uma notação de crédito sólida, como o Banco Europeu de Investimento, será capaz de atrair poupanças a taxas de juro muito mais baixas do que os emitentes corporativos de *junk bonds*. Os países com elevados níveis de endividamento podem ter de pagar taxas mais elevadas em empréstimos estatais do que os países com menor risco de incumprimento. A mesma lógica se aplica ao caráter sustentável – ou insustentável – da trajetória da dívida. A suposta garantia de que a "dívida soberana" será paga no vencimento muitas vezes permite que os governos tomem empréstimos a taxas de juros reais negativas. A partir da crise financeira de 2008, a partir da qual as taxas de juros básicas negativas se tornaram comuns, os bancos centrais começaram a implementar uma política de flexibilização quantitativa, que discuti no capítulo anterior.

Crises fiscais são raras, crises financeiras são comuns e recorrentes. Entre as crises financeiras, os países ricos caem em crises bancárias em que os bancos deixam de pagar suas dívidas, enquanto os países em desenvolvimento caem em crises cambiais ou de balanço de pagamentos. São crises reais porque os países se tornam insolventes e o crescimento é dificultado durante vários anos. Para a teoria econômica ortodoxa, as causas da crise financeira são exógenas porque resultam de mais do que simples falhas de mercado. Geralmente são fracassos de políticos que gastam mais no cargo do que seria sensato para serem reeleitos. Mas as crises financeiras são muitas vezes endógenas, são o resultado da dinâmica especulativa do desenvolvimento capitalista. As causas da crise de 2008 foram definitivamente endógenas.

7.2 Taxas de juro nos países em desenvolvimento

A definição da taxa de juros "certa" é de interesse relativo apenas entre os países desenvolvidos, mas é altamente relevante nos países em desenvolvimento. A literatura sobre o assunto é escassa. Em vez disso, a literatura critica o país que mantém o setor financeiro fechado, argumentando que, se os fluxos de capital e as taxas de câmbio forem livres, a taxa de juros será menor. No entanto, em um país como o Brasil, as taxas de juros tornaram-se extremamente altas por muitos anos após o acordo de 1991 com o FMI que envolveu a liberalização financeira. Este foi um sinal verde para uma coalizão de rentistas e financistas para aumentar as taxas de juros.

Comecei este capítulo dizendo que a taxa de juros correta em cada país é a taxa de juros média dos países desenvolvidos mais o risco país. Entre os países desenvolvidos, as taxas de juros corretas variam pouco porque os riscos dos países são pequenos e outras variáveis dificilmente gerarão diferenças substanciais. O mesmo, no entanto, não acontece com os países em desenvolvimento, onde a taxa de juros – incluindo a taxa básica de juros

CAPÍTULO VII – A TAXA DE JURO

fixada pelo banco central – costuma ser muito maior do que a taxa internacional mais o risco-país.

Em outubro de 2002, a taxa básica de juros fixada pelo Banco Central do Brasil era de 19,05% e a taxa básica de juros real era de 10,95% ao mês (!). Nakano e eu escrevemos então um dos artigos fundadores da ND criticando essa taxa absurda.[109] As críticas eram óbvias, mas surpreenderam a maioria dos economistas brasileiros, incluindo o FMI, que acreditava que o Brasil precisava dessa taxa para combater a inflação. Não tínhamos um número preciso para o risco-país, apenas o *rating* "Standard & Poor" (o risco Brasil era BB-), mas quando comparado com outros países, ficou claro que o Banco Central não poderia justificar uma taxa de juros tão alta com o risco-país existente. Hoje, a avaliação do risco país desenvolveu-se enormemente e existem várias medidas quantitativas bem correlacionadas.[110]

Recentemente voltei ao tema junto com Luis Fernando de Paula e Miguel Bruno. Em nosso artigo, começamos dizendo que

> este artigo retoma e desenvolve a hipótese da *existência de uma convenção de política monetária pró-conservadora no Brasil*, formulada por autores como Bresser-Pereira e Nakano (2002), Erber (2011) e, mais recentemente, Lara Resende (2017).[111]

---

[109] Refiro-me a BRESSER-PEREIRA, Luiz Carlos; NAKANO, Yoshiaki. "Uma estratégia de desenvolvimento com estabilidade" ["A development strategy with stability"]. *Brazilian Journal of Political Economy*, vol. 4, n° 1, 2002, pp. 5-21. Disponível em: https://doi.org/10.1590/0101-31572002-1246. Acessado em: 05.03.2024.

[110] Entre os índices, o EMBI (Emerging Markets Bond Index), do JP Morgan, que avalia 19 países, é provavelmente o índice quantitativo de risco-país mais utilizado.

[111] BRESSER-PEREIRA, Luiz Carlos; PAULA, Luiz Fernando; BRUNO, Miguel. "Financialization, coalition of interests and interest rates in Brazil". *Revue de la Régulation*, vol. 27, n° 1, 2020, pp. 2 e 21. Itálico adicionado por mim.

O Banco Central estabeleceu taxas de juros estratosféricas no Brasil por muitos anos, mas não o fez sozinho. O setor financeiro local pressionou para que seguisse essa linha. Economistas bem-comportados dizem que "os mercados financeiros, não o Banco Central, definem as taxas". É verdade que os mercados financeiros fazem parte do processo de fixação da taxa de juro diretora, mas as forças de mercado nunca fixariam taxas tão elevadas quando o risco-país é baixo. O risco-país é baixo no Brasil desde a estabilização dos preços em 1994 – que encerrou 14 anos de inflação alta – e ainda menor desde o início dos anos 2000, quando um boom de *commodities* permitiu ao país liquidar sua dívida externa e acumular enormes reservas internacionais.

O ND entende que o caso do Brasil foi extremo, mas, em muitos países de renda média, a taxa básica e média de juros está acima da taxa internacional mais o risco-país. Três causas perversas estão por trás desse fato. Primeiro, os capitalistas rentistas e financistas facilmente formam uma coalizão de classes para apoiar tal política. Em segundo lugar, a estreita ligação entre o mercado financeiro, o Banco Central e o Tesouro dos países torna este último refém do mercado financeiro para efeitos de emissão e rolagem de dívida pública. Em terceiro lugar, os governos e bancos centrais dos países emergentes usam as taxas de juros para atrair capital estrangeiro e aceitam os déficits em conta corrente correspondentes na suposição errada de que a poupança externa financiará o investimento e o crescimento.

Mais adiante, discutirei essa causa perversa. A crítica à "estratégia de crescimento com endividamento externo" é um tema central da ND. A formação de coalizões de classe neoliberais no setor financeiro faz com que o Tesouro Nacional vise assim permitir que eles se apropriem "legalmente" de ativos públicos e está frequentemente presente em países de renda média. É uma forma sofisticada de corrupção em países que têm o mercado financeiro interno. É o uso da lei contra os *direitos republicanos* – o direito de todo cidadão de que o patrimônio público seja usado em benefício do interesse público.[112]

7.3 Dinheiro

Como já mencionado no início deste capítulo, a taxa de juros é o preço do dinheiro. A política monetária, que abordaremos brevemente para encerrar este capítulo, é a soma das políticas que usam o dinheiro como instrumento. Para ser um instrumento eficaz de política, a moeda deve ser exógena para que os bancos centrais definam a quantidade de moeda em circulação. O problema é que o dinheiro é uma variável endógena e não exógena. Na teoria da inflação inercial, a oferta monetária é um fator que sanciona a inflação, sendo, portanto, endógena.

A afirmação de que o dinheiro é endógeno tem uma longa história, com suas raízes no mercantilismo. John Law (1671-1729) e Sir James Steuart (1721-1780) já defenderam essa tese. Em 1971, o economista neoclássico Lionel Robbins descreveu criticamente o livro de Steuart, *Inquiry into the Principles of Political Economy*, como uma "espécie de compêndio de todas as teorias antiquantitativas sobre a moeda".[113]

Keynes pensava que a oferta monetária era exógena. Para Victoria Chick, isso refletiu o desenvolvimento do sistema bancário na época de Keynes, quando os bancos ainda eram depósitos de poupança. Somente após a suspensão da conversibilidade em dólar em 1971 e o desenvolvimento de mecanismos de empréstimos

---

[112] BRESSER-PEREIRA, Luiz Carlos. "Citizenship and *res publica*: the emergence of republican rights". *Citizenship Studies*, vol. 6, n° 2, 2002, pp. 145-164.

[113] LAW, John. *Money and trade considered*: with a proposal for supplying the nation with money. [S.l.]: Classic Reprint, 2015 [1705]; STEWART, James. *An inquiry into the principles of political economy*. Londres: A. Millar & T. Cadell, 1767; ROBBINS, Lionel. *Money, trade and international relations*. Nova York: Macmillan, 1971, p. 102.

interbancários é que a gestão de passivos gradualmente se tornou o critério orientador do comportamento dos bancos, e eles foram capazes de expandir o crédito.[114] O economista italiano Paolo Sylos Labini, que originalmente não era pós-keynesiano, foi provavelmente o primeiro economista do século XX a definir isso claramente. Em artigo de 1949, argumentou que a produção dos meios de pagamento não depende das minas ou, respectivamente, da autoridade monetária, nem dos bancos, mas das empresas. Não é verdade que as empresas não possam produzir dinheiro – elas podem e produzem dinheiro: não diretamente, mas através dos bancos.[115] J.E. King diz que Kahn e Joan Robinson "foram os primeiros economistas ingleses a desenvolver a noção pós-keynesiana de dinheiro endógeno".[116]

Nickolas Kaldor – um dos fundadores da versão inglesa da Teoria Econômica Pós-Keynesiana – defendeu vigorosamente o caráter endógeno da moeda. Os monetaristas assumiram uma função monetária estável, mas Kaldor argumenta que não apenas o dinheiro, mas também o consumo, o investimento, a riqueza e a massa salarial se correlacionam com o aumento do PIB nominal. O aumento da oferta monetária não provoca aumento da renda, mas, segundo ele, a relação se inverte.

> A oferta monetária é principalmente o resultado da resposta acomodatícia dos bancos às demandas dos tomadores. A oferta monetária, por mais definida que seja, correlaciona-se com o PIB monetário – assim como todo o resto: consumo,

---

[114] CHICK, Victoria. "The evolution of the banking system and the theory of saving, investment and interest". *In*: ARESTIS, Philip; DOW, Sheila C. (Coord.). *On money, method and Keynes*. Londres: Macmillan: 1992 [1985], pp. 193-205.

[115] LABINI, Paolo Sylos. "The Keynesians". *Banca Nazionale del Lavoro Quarterly Review*, vol. 2, nº 11, 1949, p. 240.

[116] KING, J. E. *A History of Post Keynesian Economics since 1936*. Cheltenham: Elgar Press, 2002, p. 161.

CAPÍTULO VII – A TAXA DE JURO

investimento, riqueza, massa salarial etc. O aumento da demanda por dinheiro evoca um aumento na oferta. A oferta monetária "acomodou-se" às necessidades do comércio: subindo em resposta a uma expansão, e vice-versa... A explicação para todos os achados empíricos sobre a "função monetária estável" é que a "oferta monetária" é "endógena", não "exógena".[117]

Em 1963, quando a economia brasileira enfrentava o aumento da inflação combinado com a recessão, Ignacio Rangel, cujo trabalho é apenas em português, foi provavelmente o primeiro economista a explicar a inflação usando o conceito de moeda endógena. Ele argumentou que a oferta de moeda estava aumentando, mas dada a recessão, que não foi a causa da inflação. Em vez disso, a inflação é um mecanismo de defesa da economia. A inflação provoca uma queda na oferta monetária real. As emissões de moeda e os déficits fiscais correspondentes foram uma política pragmática para manter a liquidez real da economia estável e evitar a recessão.[118]

A natureza endógena da moeda só se tornou a posição dominante da Teoria Econômica Pós-Keynesiana após as contribuições que Basil Moore apresentou em vários artigos e em um livro de 1988.[119] Moore defendeu a visão tradicional de que o processo de geração de dinheiro dos bancos depende da relação reserva/depósito bancário. Os bancos centrais devem controlar a quantidade de depósitos bancários e, portanto, o estoque de moeda, determinando o tamanho da base de alta potência. Mas se isso

---

[117] KALDOR, Nicholas. "The new monetarism". *Lloyd's Bank Review*, jul. 1970, pp. 8/9.

[118] RANGEL, Ignácio M. *A inflação brasileira*. Rio de Janeiro: Tempo Brasileiro, 1963.

[119] MOORE, Basil J. "The endogenous money stocks". *Journal of Post Keynesian Economics*, vol. 2, n° 1, out. 1979, pp. 49-70; MOORE, Basil J. "The endogenous money supply". *Journal of Post Keynesian Economics*, vol. 10, n° 3, 1988, pp. 372-385; MOORE, Basil J. *Horizontalists and verticalists*: the macroeconomics of credit money. Nova York: Cambridge University Press, 1988.

fosse verdade, Moore pergunta, como explicar o recente fracasso das metas monetárias e o aumento das metas de inflação em todo o mundo ocidental? Na verdade, as empresas determinam a quantidade de dinheiro tomando empréstimos dos bancos. As variações dos empréstimos bancários mostram em pormenor as variações dos agregados monetários. No entanto, Moore argumenta que uma oferta monetária endógena significa que os bancos centrais são passivos e não podem afetar o crescimento monetário.

> Uma oferta monetária endógena simplesmente denota que a oferta monetária é determinada pelas forças do mercado. Os bancos centrais são capazes de administrar o nível das taxas de juros de curto prazo dentro de um intervalo substancial... Mesmo que a oferta de moeda de crédito seja endogenamente orientada para o crédito, *ex-post*, o multiplicador de base de alta potência sempre parecerá estar totalmente confirmado.[120]

No início dos anos 1980, ao desenvolver a teoria da inflação inercial, Nakano e eu não conhecíamos o trabalho de Moore, mas sabíamos que a endogeneidade do dinheiro era um tema que tinha defensores. Consideramos a visão de Rangel e formulamos nossa própria explicação sobre o que chamamos de papel "sancionador" do dinheiro na inflação. Dada a equação cambial, e assumindo relativa estabilidade para a velocidade da moeda, o aumento inercial dos preços leva necessariamente a um aumento da oferta monetária. A alternativa é uma possível tentativa do governo e do Banco Central de congelá-lo. Com a inflação alta – realidade da economia brasileira na época – a quantidade *real* de dinheiro em circulação cairia, e uma crise de liquidez levaria a economia à recessão. Para evitar isso, o sistema econômico se defende aumentando a oferta nominal de moeda, seja diretamente, por meio

---

[120] MOORE, Basil J. "The endogenous money supply". *Journal of Post Keynesian Economics*, vol. 10, nº 3, 1988, p. 384.

CAPÍTULO VII – A TAXA DE JURO

de uma política monetária expansionista, seja indiretamente, por meio do mecanismo automático do mercado financeiro. Mesmo que o Banco Central tenha se recusado a participar do processo, o sistema econômico ainda conseguiu se defender aumentando o crédito e aumentando a velocidade de circulação da moeda.

A endogeneidade do dinheiro não é consensual entre os pós-keynesianos. Victoria Chick, por exemplo, argumenta que a alegação de que o dinheiro é totalmente endógeno é extrema. A autoridade monetária nem sempre fornece dinheiro aos bancos no pressuposto de que deve manter a liquidez dos depósitos. Ainda assim, na medida em que a autoridade monetária busca manter uma taxa de juros estável, a oferta monetária é endógena. Chick pede um compromisso: "o dinheiro não é puramente exógeno nem endógeno".[121] J.E. King é mais crítico. Ele argumenta que

> Moore nunca enfrentou realmente a contradição implícita de que a oferta e a demanda de dinheiro são interdependentes... As curvas horizontais de oferta monetária de Moore e as curvas descendentes de demanda monetária são meras metáforas.

King propõe que a ideia é o inverso da lei de Say: que a oferta agregada determina a demanda. A comparação não é justa, mas King é um historiador moderado e competente da Teoria Econômica Pós-Keynesiana e reconhece que, "no início da década de 1980, havia um amplo acordo entre os teóricos monetários pós-keynesianos de que a oferta monetária era (em algum sentido) endógena; isso foi suficiente para minar a síntese neoclássica em geral e o modelo IS-LM em particular".[122] De alguma forma, todos se tornaram horizontalistas – favoráveis à tese do caráter endógeno do dinheiro.

---

[121] CHICK, Victoria. *Macroeconomics after Keynes*. Cambridge: MIT Press, 1983, p. 236.
[122] KING, J. E. *A History of Post Keynesian Economics since 1936*. Cheltenham: Elgar Press, 2002, p. 174.

Atualmente, os maiores defensores da teoria endógena da moeda são os participantes da Teoria Monetária Moderna – uma teoria subsidiária da Teoria Econômica Pós-Keynesiana que tem suas origens no Cartismo, uma escola de pensamento do século XIX – liderada por Randall Wray, Keynes e Minsky. Discutirei essa teoria mais adiante no capítulo XI, no âmbito das alternativas ao financiamento de investimentos.

7.4 Política monetária ou política de juros?

A política monetária pressupõe que os governos e os bancos centrais a implementem controlando a oferta monetária. Isso nunca foi totalmente verdade, mas presumia-se que, para controlar a oferta de moeda, o banco central realizava operações de mercado aberto. O banco central compra ou vende títulos do Tesouro para regular a oferta de moeda em reserva nos bancos. Em 1971, quando os EUA suspenderam a conversibilidade do dólar em ouro, o dinheiro tornou-se cada vez mais um valor puramente fiduciário, sem nenhuma garantia por trás dele, exceto a credibilidade do país emissor. E os bancos centrais têm ganhado cada vez mais poder para definir a taxa de juros da moeda nacional, independentemente das operações de mercado aberto. Por volta de 1990, quando o regime de metas de inflação se tornou a prática usual, esse poder tornou-se mais evidente.

Então, hoje, em vez de uma política monetária, os países têm uma política de *juros*. Os bancos centrais continuam a operar no mercado aberto, mas o peso dos bancos centrais na determinação da taxa de juro é esmagador. O mecanismo de transmissão pelo qual as taxas de juros dos bancos centrais influenciam as taxas de mercado hoje não está claro. As variações entre as diferentes economias e regiões nacionais resultam de diferenças nas fontes de financiamento das empresas, no nível e na estrutura do endividamento das empresas e das famílias e no grau de concorrência no setor dos serviços financeiros. Já mostramos e discutimos as

CAPÍTULO VII – A TAXA DE JURO

razões pelas quais a taxa de juros em países de renda média tende a ser maior do que a taxa de juros internacional.

A política de juros agora está associada à política de metas de inflação. O novo-desenvolvimentismo não tem nada a acrescentar ao que a Teoria Econômica Pós-Keynesiana já diz e propõe sobre ele. ND naturalmente compartilha a rejeição das políticas de austeridade, frequentemente adotadas pela ortodoxia liberal. Reconhece, no entanto, que mesmo quando a aceleração da inflação não é causada pelo excesso de demanda, mas por problemas de oferta; o BC pode não ter outro caminho a não ser adotar uma política de restrição da demanda. Nesse caso, entendo que não se pode falar em "austeridade". Voltarei a esse problema no capítulo XVI.

CAPÍTULO VIII
INFLAÇÃO E ATÉ ONDE VAI A TEORIA ECONÔMICA

A inflação – o aumento sistemático dos preços – é provavelmente o mais estudado dos cinco preços macroeconômicos, lembrando que os outros são as taxas de lucro, juros, salário e câmbio. A taxa de inflação de um país é correta ou correta quando é aproximadamente igual à taxa de inflação internacional. A velha ideia estruturalista de que a taxa de inflação deve ser maior nos países em desenvolvimento só faz sentido quando o país está começando a se industrializar, ou o mercado nacional está pouco desenvolvido, ou a economia está fechada para o comércio exterior, ou quando a oferta não responde adequadamente às mudanças na demanda. Hoje, nenhuma economia na América Latina, onde essa visão estruturalista era popular, está subdesenvolvida o suficiente para que essa tese seja útil.

Em princípio, um capítulo sobre inflação não seria necessário em um livro focado no desenvolvimento econômico, mas, nos países em desenvolvimento, a inflação tem sido um grande obstáculo ao crescimento. Entre as teorias de inflação, nenhuma, exceto a teoria da inflação inercial, oferece políticas que não envolvam o sacrifício de curto prazo da taxa de crescimento, mas isso só é verdade quando a inflação inercial é alta o suficiente para justificar a adoção de mecanismos para sua neutralização, seja um congelamento de preços combinado com uma tabela de conversão de contas a pagar, ou através de uma moeda indexada, como foi usada com sucesso no Brasil em 1994.

Economistas heterodoxos criticam a teoria monetarista pela recessão e queda dos salários que suas políticas causaram. Eles estão certos, porque a ortodoxia liberal costuma adotar remédios como ajuste fiscal e aumento das taxas de juros, mesmo quando a inflação não é impulsionada pela demanda, mas decorre de gargalos de curto prazo na oferta que, uma vez resolvidos, a inflação baixa. A melhor política, nesse caso, é um pouco de paciência. Devemos, no entanto, reconhecer que os mecanismos complementares de controle da inflação propostos pelos heterodoxos têm pouco efeito. Assim, quando o combate à inflação é efetivamente urgente, ou quando o banco central já esperou o que era razoável esperar, ele não tem alternativa senão o ajuste fiscal e monetário.

Várias teorias explicam a inflação, mas acredito que podemos reduzi-las a três: a ortodoxa, a pós-keynesiana e a teoria inercial a inflação. As duas primeiras, que pretendem ser gerais, devem ser opostas uma da outra, oferecendo explicações alternativas para a inflação e políticas diferentes. Elas opor-se-iam se a teoria ortodoxa permanecesse monetarista, mas o fracasso do monetarismo tornou-se tão evidente nos últimos 30 anos que a ortodoxia liberal deixou de ver a inflação como consequência do aumento da oferta monetária e adotou uma abordagem orientada pela demanda – semelhante, portanto, à abordagem de Keynes. Por outro lado, a Teoria Econômica Pós-Keynesiana era originalmente orientada pela demanda, mas hoje os pós-keynesianos adotam conceitos complementares como a inflação por pressão de custo, a endogeneidade da moeda e o componente inercial da inflação.

Eu poderia listar outras teorias da inflação, como a da inflação por pressão de custos, mas prefiro considerá-las como

CAPÍTULO VIII – INFLAÇÃO E ATÉ ONDE VAI A TEORIA ECONÔMICA

acréscimos à teoria mais ampla da inflação – a pós-keynesiana. Quando há gargalos temporários no fornecimento de certos bens ou serviços, ou quando corporações ou sindicatos exercem poder de monopólio e aumentam seus preços, ou quando a colheita de um determinado alimento falha e os preços sobem, podemos dizer que essas são formas de inflação da oferta, mas não se pode falar de uma teoria da inflação da oferta.

Substituí o monetarista pela teoria ortodoxa da inflação porque os próprios economistas neoclássicos já abandonaram a explicação monetarista. Hoje, a teoria pós-keynesiana da inflação é a teoria mais *abrangente*, na medida em que inclui diversas variáveis que a enriquecem. A teoria da inflação inercial, por outro lado, explica a existência concomitante de inflação e recessão e, para isso, distingue os fatores aceleradores dos fatores que mantêm e sancionam a inflação. Vejo essa teoria como parte do Novo Desenvolvimentismo porque estive profundamente envolvido em sua formulação na década de 1980.[123]

8.1 Teoria ortodoxa da inflação

A teoria ortodoxa da inflação mudou ao longo do tempo. Originalmente, na teoria quantitativa tradicional da inflação de Irving Fisher (1867-1947), a oferta monetária determinava a inflação, e a teoria era chamada de monetarista.

A teoria monetarista tradicional de Irving Fisher partiu da "equação das trocas" baseada na definição da velocidade da moeda, V – o número de vezes em um ano que uma unidade de dinheiro muda de mãos.

$$V = (QP) / M \qquad (8,1)$$

---

[123] BRESSER-PEREIRA, Luiz Carlos "The theory of inertial inflation: a brief history". *Brazilian Journal of Political Economy*, vol. 43, nº 2, abr. 2023.

onde Q é a renda real, P é o nível de preços ou inflação, e M é a oferta monetária.

Assim, a equação das trocas, que é uma identidade simples, é:

$$MQ = TP \qquad (8,2)$$

A partir dessa identidade, Irving Fisher, seguindo uma crença generalizada na população, formulou a teoria quantitativa da moeda ou teoria monetarista original da inflação. Ele assumiu que a velocidade da moeda é constante (o que acontece com frequência) e concluiu que o aumento da oferta monetária é a causa da inflação. Ele afirmou que a teoria havia sido confirmada por testes empíricos, ignorando que as pesquisas geralmente mostram uma alta correlação entre oferta de moeda e inflação, mas a relação causal pode ser *invertida*: a inflação exigindo e causando, endogenamente, o aumento da oferta monetária *nominal* para manter *estável* a oferta monetária real e a economia funcionando bem.

Antes de Keynes, a teoria neoclássica não tinha macroeconomia. A lei de Say – a oferta cria sua própria demanda – era um pressuposto macroeconômico da economia política clássica, que não equivale à macroeconomia. Após a Segunda Guerra Mundial, Milton Friedman (1912-2006) viu a oportunidade de usar essa lei e a teoria de Fisher para desenvolver uma alternativa macroeconômica à macroeconomia keynesiana. Friedman alterou ligeiramente a equação das trocas, substituindo (QP) pela renda nacional, Y.

$$VM = Y \qquad (8,3)$$

Assim, além de uma teoria da inflação, ele agora tinha uma macroeconomia. A velocidade da renda monetária continuou a ser constante, a oferta monetária continuou a ser exógena e a quantidade nominal de moeda permaneceu a única causa da inflação. No entanto, depois de Keynes, era impossível construir macroeconomia sem considerar a demanda agregada, então ele fez um compromisso, não em relação aos preços, mas em relação à renda. Mais tarde,

CAPÍTULO VIII – INFLAÇÃO E ATÉ ONDE VAI A TEORIA ECONÔMICA

ele incorporou o modelo da curva de Phillips (que já havia sido adotado pelos keynesianos), no qual salários e preços dependem do emprego e este último depende da demanda agregada. Mas ele rejeitou a inflação de custos e a interpretação da curva de Phillips como refletindo o poder de barganha dos sindicatos. Em vez disso, ele optou pela interpretação alternativa da inflação impulsionada pela demanda que os pós-keynesianos originalmente usavam. Friedman, no entanto – que estava sempre pronto a criticar a afirmação dos keynesianos de que as políticas econômicas fiscais e monetárias garantiriam o pleno emprego –, em 1975, já estava interessado em expectativas racionais e manteve a curva de Phillips em seu sistema apenas no curto prazo, tornando-a vertical no longo prazo, portanto, independente do emprego e, portanto, da demanda.

A discussão sobre a inflação e a curva de Phillips envolveu um debate sobre a determinação dos salários nominais. Em um artigo de 1977, Francis Cripps criticou a "curva de Phillips aumentada" de Friedman e seu modelo atomista de competição no mercado de trabalho, que rejeitava o papel da negociação salarial na determinação dos salários. Ele argumentou que qualquer tentativa de elevar os salários acima da inflação resultaria em mais inflação. Cripps mostrou que a pesquisa empírica rejeitava essa visão.[124] De facto, não faz sentido ignorar a importância da negociação salarial quando se considera que ela interessa não só aos sindicatos, mas também aos empregadores, que estão interessados em manter a sua posição relativa em termos monetários face às empresas concorrentes. O que sabemos é que, historicamente, a negociação salarial tem desempenhado um papel fundamental para garantir que os salários aumentem com a produtividade, e não menos do que com a produtividade.

Como na macroeconomia de Keynes, a renda também depende de mudanças na oferta monetária. Friedman transformou teoria em

---

[124] CRIPPS, Francis. "The money supply, wages, and inflation". *Cambridge Journal of Economics*, vol. 1, nº 1, mar. 1977, pp. 107-110.

política – uma política simples, se não simplista. Supondo que a taxa de crescimento usual nos Estados Unidos girasse em torno de 2,5% ao ano, e que uma inflação de 2,5% seria compatível com o pleno emprego, ele argumentou em várias ocasiões que, se o governo pudesse manter a oferta monetária crescendo permanentemente em torno de 5% ao ano, estaríamos no melhor de todos os mundos possíveis.

No início dos anos 1980, após a virada neoliberal, a teoria monetarista de Friedman tornou-se a teoria dominante da inflação. No entanto, esse domínio durou pouco. Durante a década de 1980, quando os bancos centrais estavam tentando seguir a teoria e as prescrições monetaristas, eles não conseguiram aumentar a oferta de moeda a uma taxa estável (afinal, ela é endógena). Por outro lado, a correlação entre a oferta monetária e a renda nominal não foi tão forte quanto a teoria de Friedman esperava.

Reconhecendo que a hipótese monetarista não funcionava, os banqueiros centrais foram os primeiros a abandoná-la pragmaticamente; seguiram-se os decisores políticos e, finalmente, a academia. O uso de metas de inflação foi resultado do descontentamento dos banqueiros centrais com a teoria monetarista. Agora eles não tinham realmente uma teoria, mas a liberdade de usar o que fosse necessário para controlar a inflação. Logo, os economistas neoclássicos tentaram cooptar a nova prática, dando-lhe uma roupagem ortodoxa com a ajuda de expectativas racionais. Mas, eventualmente, a teoria ortodoxa da inflação tornou-se uma teoria totalmente orientada pela demanda e mais "keynesiana" do que a dos pós-keynesianos. A chamada "Macroeconomia do Novo Consenso", que se tornou dominante no início dos anos 2000, era uma macroeconomia ortodoxa que incluía uma teoria simplificada da inflação da demanda.

8.2 Teoria pós-keynesiana da inflação

Na obra de Keynes não há uma teoria completa da inflação. A afirmação de que ele não estava interessado em inflação é falsa, embora em sua *Teoria Geral* (1936) ele mal tenha abordado o

CAPÍTULO VIII – INFLAÇÃO E ATÉ ONDE VAI A TEORIA ECONÔMICA

assunto. Keynes estava mais interessado naquela época no desemprego e na deflação. Podemos, no entanto, dizer que para Keynes a inflação ocorre quando a economia atinge *o pleno emprego*, é uma inflação da demanda cujo termômetro é o emprego. A oferta excessiva de moeda só se materializa quando a demanda é maior que a oferta em condições de pleno emprego. Como observou Victoria Chick, "Keynes assumiu a necessidade de aumentos de preços como concomitante a *qualquer expansão* no curto prazo (...)".[125]

O primeiro economista americano pós-keynesiano a discutir seriamente a inflação foi Sidney Weintraub (1914-1983), visto por J. E. King como "o pai fundador da Teoria Econômica Pós-Keynesiana nos Estados Unidos".[126] Com o apoio de seu aluno Paul Davidson, Weintraub formulou uma teoria da inflação que combinava abordagens de empurra-custo (*cost-push*) e puxa-demanda (*demand-pull*). Empurra-custo porque os salários nominais são o principal custo que determina a inflação; puxa-demanda porque considerava o nexo produtividade-salário como fator determinante da demanda do consumidor. Ao mesmo tempo, criticou a Teoria Neoclássica por sua incapacidade de determinar simultaneamente o nível de preços e o emprego.

Ele desenvolveu uma equação para substituir a equação de troca e a chamou de equação "salário-custo-margem" (WCM) – também uma identidade:[127]

$$PQ = kwN \qquad (8.4)$$

---

[125] CHICK, Victoria. *Macroeconomics after Keynes*. Cambridge: MIT Press, 1983, p. 278.

[126] KING, J. E. *A History of Post Keynesian Economics since 1936*. Cheltenham: Elgar Press, 2002, p. 105.

[127] WEINTRAUB, Sidney. "A theory of monetary policy under wage inflation". In: _____. *Keynes, Keynesians and Monetarists*. Philadelphia: University of Pennsylvania Press, 1974, p. 169; 1978, pp. 43-53.

onde k é o *markup* ou margem de lucro, w é o salário médio e N é o nível de emprego no setor empresarial.

Com base na identidade (8.4), Weintraub formulou sua teoria da inflação expressa na relação:

$$P = (w/A)(c_w + c_r \lambda R' + \theta')(N/N_c) \quad (8,5)$$

onde A é a produtividade do trabalho; c_w é a propensão a consumir de salários; c_r é a propensão ao consumo de lucros; é λ a taxa de pagamento ($\lambda = R/wN$), onde R é o lucro e N é o emprego no setor empresarial; θ são transferências de desemprego e pensões, onde $\theta'= \theta wN$.

Weintraub, assumindo que o *markup* custo-salário k é aproximadamente constante, retomou sua teoria com a equação (8.6), na qual a inflação é causada pela variação dos salários médios dividida pela produtividade do trabalho, ou seja, causada pelo aumento nominal do custo unitário do trabalho:

$$P = kW/A \quad (8.6)$$

Weintraub rejeitou as críticas de que estaria adotando uma teoria de aumento de custos e concluiu:

> Como essa teoria se baseia inteiramente nas relações de demanda, a fórmula também deve criticar a crença infundada de que a política *cost-push* pode ser isolada da *demand-push*. Ambos têm uma origem comum. Ambos são uma manifestação da interdependência dos fenômenos de custo e demanda na teoria macroeconômica.[128]

---

[128] WEINTRAUB, Sidney. "A theory of monetary policy under wage inflation". In: _____. *Keynes, Keynesians and Monetarists*. Philadelphia: University of Pennsylvania Press, 1978 [1974].

CAPÍTULO VIII – INFLAÇÃO E ATÉ ONDE VAI A TEORIA ECONÔMICA

Assim, o conceito de aumento de custos faz parte da teoria weintraubiana da inflação sobre salários-custos-margem. Como ele disse em um artigo posterior, a teoria WCM é uma teoria de dois gumes na qual existem duas lâminas: uma lâmina de demanda e uma lâmina de custo.[129]

8.3 Inflação de custos

A inflação é rentável quando corporações ou sindicatos, dotados de alguns poderes monopolistas, aumentam seus preços em termos reais, independentemente da demanda existente. É um incentivo ao lucro quando as corporações são os agentes que podem aumentar as margens de lucro. É uma pressão salarial por parte dos sindicatos que aumentam seus salários em um momento em que não há pleno emprego. Dependendo do caso, um ou outro tipo de inflação de custos será enfatizado. Weintraub, por exemplo, focou sua teoria no componente inflacionário dos custos salariais.

Os economistas geralmente entendem a inflação por pressão de custos como uma teoria da inflação. Prefiro vê-la apenas como um componente da teoria da inflação pós-keynesiana. Isso também se aplica ao mencionado componente estruturalista da inflação.

O conceito de inflação por pressão de custo está relacionado à tese da endogeneidade da moeda, que hoje faz parte da teoria pós-keynesiana da inflação e da teoria da inflação inercial. A moeda seria exógena se os bancos centrais não tivessem dificuldade em determinar a quantidade de moeda em circulação – a ideia por trás da teoria monetarista da inflação. Na verdade, a quantidade de moeda é endógena: o banco central só pode influenciar a quantidade de moeda definindo a taxa básica de juros, que é basicamente

---

[129] WEINTRAUB, Sidney. "A theory of monetary policy under wage inflation". *In*: _____. *Keynes, Keynesians and Monetarists*. Philadelphia: University of Pennsylvania Press, 1978 [1974], capítulo III.

exógena. As variações na demanda por crédito corporativo, nos investimentos, no consumo e nas despesas de consumo e investimento do Estado são determinantes da demanda por moeda e da demanda por bens e serviços. Eles são a verdadeira causa da inflação sempre que a oferta de bens não acompanha a demanda porque a economia está operando em torno do pleno emprego.

8.4 Inflação inercial e expectativas

No início da década de 1980, um grupo de economistas brasileiros desenvolveu originalmente a teoria da inflação inercial, para a qual, em certas circunstâncias, a inflação é independente do emprego e da demanda. A inércia inflacionária – o fato de os agentes econômicos elevarem seus preços de forma autônoma, indexando-os formal ou informalmente à inflação passada – não era uma ideia nova. Na década anterior, nos EUA, a estagflação foi um caso de inflação inercial. Mas coube aos economistas brasileiros desenvolver a teoria, provavelmente porque a inflação no país era extremamente alta e persistente, tornando a inflação inercial mais fácil de entender.

Em um artigo de 1983 e um livro de 1984 escritos por Yoshiaki Nakano e por mim, distinguimos os fatores de aceleração, manutenção e sanção da inflação, e acredito que, com o artigo, fundamos a teoria da inflação inercial. Em coluna de 1984, André Lara Resende formulou uma nova forma de neutralizar a inércia inflacionária por meio da adoção provisória de uma moeda indexada.[130] Anteriormente,

---

[130] BRESSER-PEREIRA, Luiz Carlos; NAKANO, Yoshiaki. "Accelerating, maintaining, and sanctioning factors of inflation". *Brazilian Journal of Political Economy*, vol. 3, 1984, pp. 146-177. Disponível em: https://centrodeeconomiapolitica.org.br/repojs/index.php/journal/article/view/1872. Acessado em: 06.03.2024; RESENDE, André Lara. "A moeda indexada: uma proposta para eliminar a inflação inercial" ["Indexed Money: a proposal to eliminate inertial inflation"]. *Gazeta Mercantil*, vol. 26, set. 1984. Ver também RESENDE, André Lara; ARIDA, Pérsio. "Inertial inflation and monetary

CAPÍTULO VIII – INFLAÇÃO E ATÉ ONDE VAI A TEORIA ECONÔMICA

Mario Henrique Simonsen e Felipe Pazos fizeram contribuições pioneiras à teoria da inflação inercial.[131]

As teorias convencionais de inflação partem da inflação zero e, ao buscarem suas causas, buscam as causas da aceleração da inflação. A teoria da inflação inercial, por sua vez, parte de um certo nível de inflação e, além de buscar as causas da manutenção dessa inflação nesse nível (o fator de manutenção), busca os fatores que a aceleraram (choques de oferta ou demanda) e os fatores que a validam ou sancionam por meio do aumento nominal de moeda em circulação. Nesse tipo de inflação, há sempre um conflito distributivo entre os agentes econômicos, uns tentando aumentar sua parcela de renda, outros buscando se defender. Em outras palavras, o primeiro desequilibrando o equilíbrio dos preços relativos, o segundo buscando reequilibrá-los.

A teoria da inflação inercial sustenta que a inflação é um fenômeno real (um conflito distributivo) com consequências monetárias. Nesse conflito, se houver um choque exógeno econômico, os agentes buscam aumentar sua participação na renda elevando os preços, e a inflação vai acelerar. Se, no entanto, os agentes buscam apenas manter sua participação na renda (reequilíbrio dos preços relativos), a consequência é manter a taxa de inflação no

---

reform". *In*: WILLIAMSON, J. (Coord). *Inflation and indexation*: Argentina, Brazil and Israel. Washington: Institute for International Economics, 1985 [1984]. Francisco L. Lopes fez a primeira contribuição "ortodoxa" à teoria da inflação inercial, ignorando contribuições anteriores (LOPES, Francisco L. "Inflação inercial, hiperinflação e desinflação" ["Inertial inflation, hyperinflation, and disinflation". *Revista da ANPEC*, n° 7, dez. 1984). Hoje, essa teoria está nos livros didáticos de macroeconomia. Para um relato da formulação da teoria da inflação inercial, ver BRESSER-PEREIRA, Luiz Carlos. "The theory of inertial inflation: a brief history". *Brazilian Journal of Political Economy*, vol. 43, n° 2, abr. 2023, pp. 299-303.

[131] SIMONSEN, Mário Henrique. *Inflação*: gradualismo x tratamento de choque [*Inflation*: gradualism x shock treatment]. Rio de Janeiro: ANPEC, 1970; PAZOS, Felipe. *Chronic inflation in Latin America*. Nova York: Praeger, 1972.

mesmo patamar. Esse é o comportamento "normal" dos agentes econômicos quando a inflação é inercial.

Suponhamos que em um país a inflação esteja em torno de 10% ao mês e existam apenas três agentes econômicos – A, B e C. A partir daí, o agente A aumenta seus preços inercialmente em 10% no primeiro dia do mês, B aumenta os preços no dia 10 e C no dia 20 do mês, sempre em 10%. Teremos, assim, uma inflação inercial no patamar de 10%. Ninguém sabe qual dos agentes iniciou o processo, mas cada agente sabe que, se não aumentar seu preço de acordo com a taxa de inflação vigente, sofrerá um prejuízo – verá sua parcela da renda cair. Então, essa inflação não pode parar.

Quando, ao contrário, estamos considerando o fator acelerador da inflação, o primeiro agente a elevar seus preços estará tentando aumentar sua participação na renda. Se outros se seguirem, a tentativa fracassará, ninguém aumentará sua participação na renda, mas a inflação acelerará para um novo nível no qual voltará a ser crônica ou inercialmente estável. O mesmo fenômeno pode ser causado por algum outro choque de oferta ou demanda. Dessa forma, a inflação inercial acelera de nível em nível, sendo cada nível um platô. Nesse processo, as expectativas têm naturalmente um papel (não há teoria econômica sem expectativas), mas elas se baseiam em fenômenos reais, não nas expectativas racionais produzidas pelo governo e incorporadas pelos agentes.

Em seu modelo de inflação, Milton Friedman fez uma distinção entre fatores de aceleração e sustentação da inflação, denominando este último como uma "tendência" inflacionária. No entanto, por entender a inflação como um fenômeno essencialmente monetário, atribuiu a aceleração da inflação diretamente à oferta de moeda e, indiretamente, às expectativas em relação a essa oferta. Com isso, perdeu-se a distinção entre fatores aceleradores e sustentadores, pois a mesma causa, a oferta monetária, explica tudo. Por outro lado, ao reduzir todo o problema da inflação à oferta monetária, os monetaristas – e especialmente os seguidores da teoria das expectativas

CAPÍTULO VIII – INFLAÇÃO E ATÉ ONDE VAI A TEORIA ECONÔMICA

racionais – transformaram a inflação em um problema de expectativas e, portanto, em um problema psicológico. O fator determinante para a inflação seriam as expectativas dos agentes econômicos em relação à oferta monetária, não o conflito distributivo, nem o constante desequilíbrio e reequilíbrio dos preços relativos.

Como a inflação é um problema econômico e a teoria econômica é uma ciência social, é tautológico dizer que a inflação se baseia nas expectativas dos indivíduos e em suas tentativas de enfrentar a incerteza e aproveitar ao máximo os lucros ou salários que recebem, porque toda ação humana é baseada em expectativas. Mas está *longe* de ser claro que a política econômica pode facilmente mudar as expectativas. Também não está claro que as expectativas dos agentes econômicos influenciam seu comportamento tão fortemente quanto supõe a teoria das expectativas racionais; as pessoas sabem que muitas expectativas nunca se concretizam. Albert Hirschman certa vez definiu a decepção – um fenômeno tão comum – como uma "expectativa equivocada". E acrescentou: "é muito mais comum que as expectativas superem a realidade do que que a realidade supere as expectativas".[132] Os agentes econômicos *precisam* pelo menos manter sua parcela na renda. Assim, eles sabem que precisam ser realistas e não podem levar suas expectativas muito a sério – certamente não tão radicalmente quanto a teoria das expectativas racionais afirma.

No entanto, os economistas ortodoxos continuam a dar cada vez mais importância às expectativas. Eles acreditam que os governos podem mudar as expectativas por meio de mudanças no "regime de política econômica". Uma vez que os governos adotam essas mudanças, muitas vezes cortando gastos, eles acreditam que os agentes econômicos se comportarão racionalmente e mostrarão confiança, e o problema desaparecerá a um custo muito menor do

---

[132] HIRSCHMAN, Albert O. *Shifting involvements*. Princeton: Princeton University Press, 1982, p. 13.

que seria previsto. Mas os agentes econômicos não são tão tolos quanto essa teoria supõe.

Os monetaristas subestimaram a tendência dos agentes econômicos de defender sua parcela da renda e, para isso, basear suas expectativas na inflação passada – que é concreta –, em vez de agir nas expectativas de queda da inflação futura, o que, afinal, pode não se confirmar. Há uma divergência a esse respeito entre a teoria neoestruturalista da inflação inercial, que se baseia no conflito distributivo real, incluindo o equilíbrio dos preços relativos, e a teoria das expectativas racionais, que utiliza a ideia de que a inflação é um fenômeno psicológico que depende de como os agentes econômicos mudam suas expectativas em termos de mudanças no regime de política econômica.

Quanto maior a inflação, mais claros se tornam os efeitos do aumento dos preços sobre a renda de todos os agentes econômicos. A ilusão monetária desaparece. Como resultado, o conflito distributivo torna-se mais agudo e a inflação torna-se cada vez mais inercial. Nos casos de hiperinflação – cujo estudo foi importante para a formulação da teoria da inflação inercial –, o componente inercial da inflação torna-se tão dominante que acaba se tornando irrelevante. À medida que a inflação acelera a cada choque de demanda ou oferta e mantém o novo nível inercialmente, a taxa de inflação aumenta e as correções de preços que eram mensais tornam-se semanais, diminuindo a diferença entre as correções de preços. Quando a defasagem se torna um dia, se não uma hora, estamos em hiperinflação. A dessincronização dos aumentos de preços torna-se mínima, e os aumentos de preços tornam-se quase simultâneos e instantâneos. As diferenças entre os preços máximos e os preços médios reais quase desaparecem. Portanto, qualquer fator exógeno significativo – como a reforma monetária acompanhada de empréstimos externos garantindo a fixação da taxa de câmbio, como aconteceu nos países da Europa Central após a Primeira Guerra Mundial – permite a eliminação imediata da inflação sem a necessidade do uso de um mecanismo para neutralizar a inflação inercial.

CAPÍTULO VIII — INFLAÇÃO E ATÉ ONDE VAI A TEORIA ECONÔMICA

Termino este resumo da análise da teoria da inflação com os economistas pós-keynesianos Philip Arestis e Malcolm Sawyer. Em um livro de 2004, eles argumentam o seguinte:

> Na nossa perspectiva sobre a inflação, a procura e as mudanças na procura têm um papel a desempenhar, mas há outros ingredientes importantes, nomeadamente o papel e as pressões distributivas, a inflação importada, a dimensão da capacidade produtiva e a moeda endógena.[133]

Eles se concentraram na crítica da Macroeconomia do Novo Consenso, listando três fatores, além do excesso de demanda agregada, que determinam a inflação: o papel da moeda endógena, a determinação dos preços e a determinação dos salários. É o melhor texto contemporâneo sobre inflação e, não por acaso, é influenciado por Sidney Weintraub.

8.5 Limitações da economia

Assim, ND segue a Teoria Econômica Pós-Keynesiana ao discutir a inflação, ao enfatizar o papel complementar da teoria da inflação inercial, enquanto critica a teoria ortodoxa da inflação por ter cortado apenas parcialmente seus vínculos com a teoria monetarista original. Eu, pessoalmente, tenho essa visão, sabendo que a Teoria Pós-Keynesiana nem sempre é precisa e clara porque leva em conta muitas variáveis. Sua principal qualidade é ser pragmático e considerar seus inúmeros componentes que nem sempre são internamente consistentes. Como Bradford DeLong disse recentemente, comentando o livro de Alan Blinder:

---

[133] ARESTIS, Philip; SAWYER, Malcolm. *Re-examining monetary and fiscal policy for the 21st century*. Cheltenham: Elgar Press, 2004, p. 73.

> Não houve desenvolvimento linear nem muito "progresso" na descoberta de como administrar as economias modernas no interesse da estabilidade macroeconômica. Em vez disso, Blinder descreve rodas dentro de rodas, girando infinitamente no tempo e no espaço... [com] certos temas... depilação e minguante... monetário *versus* fiscal... o domínio intelectual... o mundo da formulação de políticas práticas... a repetida ascendência e descendência do keynesianismo...
>
> A história subjacente é impulsionada, em última análise, pela contingência histórica. Os problemas aparecem e são resolvidos ou não são resolvidos.[134]

Ao discutir as teorias da inflação e, particularmente, as formas de controlá-la, as imperfeições ou *limitações* da teoria econômica ficam ainda mais claras. Como nas outras ciências sociais, a capacidade preditiva dos modelos que se formam é pobre. Isso sugere que os economistas e suas escolas devem ser modestos e prontos para reformular modelos porque eles entram em conflito com a realidade. Por outro lado, as políticas adotadas muitas vezes entram em conflito ou ignoram a teoria. Tomemos, por exemplo, as políticas que os governos e seus bancos centrais adotaram diante da inflação em 2022, cujos componentes dominantes não foram a demanda excessiva, mas os choques de oferta e a inércia inflacionária. Apesar disso, os bancos centrais aumentaram as taxas de juros. O Federal Reserve Bank resistiu por algum tempo, esperando o momento em que os fatores de oferta perderiam força. Mas a inflação não caiu, e o Fed não teve alternativa a não ser aumentar as taxas de juros. Governos e bancos centrais têm um número limitado de alternativas de política e, às vezes, a melhor coisa a fazer – se não a única – é calibrar os aumentos das taxas de juros.

---

[134] DELONG, J. Bradford. "A history of economic whac-a-mole". *Project Syndicate*, 1º nov. 2022. O novo livro de Alan Blinder é *A monetary history of the United States, 1961-2021*. Princeton: Princeton University Press, 2022.

CAPÍTULO IX
A TAXA DE LUCRO E OS SALÁRIOS

Neste capítulo, discutirei a taxa de lucro e a taxa de salário. Para isso, discutirei os três tipos de progresso técnico e as fases do capitalismo de acordo com esse progresso técnico e a taxa de lucro. A taxa de lucro é o mais importante dos preços macroeconômicos porque, em uma economia capitalista, a lógica da acumulação de capital e do crescimento econômico está subordinada à lógica dos lucros. A taxa de lucro está correta quando, dada a taxa de juros, é satisfatória – basta motivar as empresas competentes do país a continuar investindo; é coerente, portanto, com o desenvolvimento econômico. É satisfatória quando é igual ou superior à soma da (a) taxa básica de juros e (b) do risco médio das empresas – financeiro, operacional, comercial, *compliance*, tecnológico.[135] O foco no longo prazo ou na taxa satisfatória de lucro é lógico do ponto de vista dos donos do capital. Não apenas dividendos e reservas legais, mas também a amortização de financiamentos de

---

[135] Observo que o risco médio das empresas é diferente do risco-país que abordei no capítulo VII.

longo prazo para suportar o crescimento da empresa dependem da capacidade da empresa de gerar valor e lucros.

Quanto ao salário, aumentá-lo a médio prazo é a principal razão pela qual valorizamos o desenvolvimento econômico. Os economistas progressistas e novo-desenvolvimentistas estão interessados em que os salários reais e, portanto, o consumo, cresçam. A taxa salarial é correta quando é consistente com o crescimento econômico, mas para isso deve ser consistente com uma taxa de lucro satisfatória. Também é correto quando abre espaço para políticas sociais que reduzam ou mitiguem a desigualdade econômica e para investimentos.[136]

9.1 Tipos de progresso técnico

Marx formulou a teoria da tendência à queda da taxa de lucro. Ele previu essa queda porque, naquela época, o progresso técnico era caro de capital e, portanto, a relação produto-capital ou a produtividade do capital estava caindo. Ele sabia que havia contratendências, mas acreditava que elas não seriam fortes o suficiente para evitar que a taxa de lucro caísse. A substituição do capital pelo trabalho tornou a produção altamente intensiva em capital, ou seja, aumentou a composição técnica do capital e reduziu a relação produto-capital, levando a uma queda na produtividade do capital e na taxa de lucro. Sua previsão, no entanto, não foi confirmada pela história, provavelmente porque as contratendências prevaleceram. Nos países centrais originais, Reino Unido, França e Bélgica, desde cerca de 1870, o progresso técnico não permaneceu com o uso de capital, mas tornou-se neutro, enquanto a taxa

---

[136] Um estudo de novembro de 2022, "Finance for Climate Action" (Relatório do Grupo de Especialistas Independentes de Alto Nível sobre Financiamento do Clima) calculou que os mercados emergentes e os países em desenvolvimento, exceto a China, precisarão gastar cerca de US$ 1 trilhão por ano até 2025 (4,1% do PIB) e cerca de US$ 2,4 trilhões por ano até 2030 (6,5% do PIB) em investimentos específicos necessários e prioridades de gastos.

CAPÍTULO IX – A TAXA DE LUCRO E OS SALÁRIOS

de lucro permaneceu satisfatória. Somente em uma fase histórica específica, a "fase Marx" (1815-1870), o progresso técnico foi utilizado pelo capital e a taxa de lucro caiu do nível elevado que prevaleceu durante a Revolução Industrial para o nível satisfatório que prevaleceria na Grande Depressão dos anos 1930.[137]

Por definição, o progresso técnico acontece quando a produtividade do trabalho está aumentando. Se não considerarmos a produtividade total dos fatores (que tem seus próprios problemas), não há outra maneira de medir a produtividade de *toda a* economia senão dessa forma indireta – como o crescimento da renda *per capita*. A diferença entre a taxa de crescimento da força de trabalho (que, para simplificar, assumimos ser igual à taxa de crescimento populacional) e a taxa de crescimento do PIB é igual ao crescimento da renda *per capita* e da produtividade do trabalho.

O aumento da produtividade do trabalho ocorre enquanto ocorrem mudanças no progresso técnico ou na produtividade do capital medida pela relação produto-capital.[138] Na teoria econômica, temos três tipos de progresso técnico. Se a produtividade do capital está diminuindo, o progresso técnico será *caro* para o capital – teremos "mecanização". Se o rácio produto-capital for constante, o progresso técnico será *neutro*. E se a produtividade do capital está aumentando, o progresso técnico será *poupador de capital*.

---

[137] BRESSER-PEREIRA, Luiz Carlos. *Lucro, acumulação e crise* [*Profit, accumulation and crisis*]. São Paulo: Editora Brasiliense, 1986. Por Revolução Industrial, com letras maiúsculas, quero dizer as revoluções industriais nos países que originalmente se industrializaram e completaram sua revolução capitalista: Reino Unido, França, Bélgica e Holanda.

[138] Nesse livro de 1986, usei o conceito de relação produto-capital, Y/K, que Marx chamou de "composição técnica do capital", evitando o uso do conceito de "composição orgânica do capital", o que complica em vez de simplificar o argumento. Na literatura sobre crescimento, a relação capital-produto é a mais utilizada, mas prefiro o seu inverso, a relação produto-capital, pois quando se diz que essa relação está aumentando, significa que a produtividade do capital está aumentando.

No caso de progresso técnico dispendioso do capital, em que a produtividade do capital está diminuindo, a produção ou o PIB estará aumentando a uma taxa menor do que a do estoque de capital:

$$\frac{\hat{Y}}{Y} < \frac{\hat{K}}{K} \text{ ou } \hat{Y} < \hat{K} \qquad (9.1)$$

No caso do progresso técnico neutro, quando a produtividade do capital é constante, teremos rendas constantes e o PIB crescerá na mesma proporção que o capital:

$$\frac{\hat{Y}}{Y} = \frac{\hat{K}}{K} \text{ ou } \hat{Y} = \hat{K} \qquad (9.2)$$

No caso do progresso técnico poupador de capital, quando a produtividade do capital está aumentando, temos retornos crescentes, e o PIB estará crescendo mais rápido do que o capital:

$$\frac{\hat{Y}}{Y} > \frac{\hat{K}}{K} \text{ ou } \hat{Y} > \hat{K} \qquad (9.3)$$

Quando o progresso técnico é o uso do capital e a produtividade do capital ou a relação produto-capital está caindo, temos salários em queda ou então retornos decrescentes. Quando o progresso técnico substitui o capital, máquinas novas e mais eficientes estão substituindo máquinas antigas, e temos retornos crescentes que possibilitam elevar a taxa salarial, mantendo a taxa de lucro constante no nível satisfatório. Esses dois tipos básicos de progresso técnico podem se compensar, e temos um progresso técnico neutro em que os pesos dos dois mecanismos são aproximadamente iguais

CAPÍTULO IX – A TAXA DE LUCRO E OS SALÁRIOS

e a produtividade do capital é constante. A mudança desses dois pesos depende do estágio do processo de desenvolvimento.

A relação entre salários, progresso técnico e distribuição funcional da renda é mostrada no Quadro 9.1. Suponha que a distribuição funcional da renda entre lucros e salários seja constante (R/Y→) ou a taxa de lucro seja constante (R/K→). Considerando a última coisa, vemos no Quadro 9.1 que temos quatro alternativas: na primeira e na segunda linhas, o progresso técnico é capital caro, a relação produto-capital está caindo (Y/K↓) e a taxa salarial será indeterminada (será constante W/L→ ou declinante W/l↓). Na terceira linha, o progresso técnico é neutro (Y/K→) e a taxa salarial estará aumentando. Finalmente, na quarta linha, o progresso técnico é o poupador de capital (Y/K↑) e a taxa salarial também estará aumentando (W/L↑). Na terceira linha, na mesma proporção do aumento da produtividade; no quarto, em ritmo mais acelerado.

*Quadro 9.1 – Taxa de lucro constante,
tipos de progresso técnico e taxa salarial*

Assumindo taxa de lucro constante	e progresso técnico (produto de capital relativo)	... a taxa salarial será
R/K→	Investimentos - Y/K↓	c/l→
R/K→	Investimentos - Y/K↓	W/L↓
R/K→	Neutro - Y/K→	W/L↑
R/K→	Poupança de capital - Y/K↑	W/L↑

Fonte: BRESSER-PEREIRA, Luiz Carlos. *Lucro, acumulação e crise* [*Profit, accumulation and crisis*]. São Paulo: Editora Brasiliense, 1986.

Dadas essas três formas de progresso técnico ou variação da relação produto-capital, temos comportamentos diferentes das outras variáveis econômicas centrais: a taxa de lucro, a taxa de salário e a distribuição funcional da renda. Essas variáveis estão relacionadas entre si seguindo uma identidade simples:

$$R/K = \frac{R}{Y}\frac{Y}{K} \qquad (9,4)$$

onde R/K é a taxa de lucro, R/Y é uma medida de distribuição (que também pode ser expressa como R/W, já que R/Y = 1/(1+W/R), e K/Y é a relação capital-produto.

A distribuição de renda entre salários e lucros depende, portanto, da taxa de lucro e do tipo de progresso técnico. É uma medida importante, mas que não considera a distribuição entre altos salários e bônus da classe média alta e os salários de trabalhadores, empregados e gerentes de nível médio.

9.2 Teorema de Okishio

Um problema preliminar que há muito desafia a teoria de Marx sobre a queda da taxa de lucro foi levantado em 1966 por Nobuo Okishio.[139] De acordo com seu teorema, seria irracional que as empresas adotassem uma tecnologia que leva a uma queda na relação produto-capital e na taxa de lucro. Ao tomar decisões de investimento razoavelmente racionais, as empresas não adotariam tecnologias que envolvessem uma relação produto-capital decrescente e acabassem reduzindo sua taxa de lucro. Há, no entanto, uma falha nesse raciocínio que não torna as empresas irracionais por adotarem uma tecnologia que, afinal, reduzirá sua taxa de lucro. Na década de 1980, Anwar Shaikh e eu desenvolvemos

---

[139] OKISHIO, Nobuo. "Technical changes and the rate of profit". *Kobe University Economic Review*, nº 7, 1961, pp. 85-99; OKISHIO, Nobuo. "Notes on technical progress and capitalist society". *Cambridge Journal of Economics*, 1º mar. 1977.

CAPÍTULO IX – A TAXA DE LUCRO E OS SALÁRIOS

independentemente o mesmo argumento refutando o Teorema de Okishio. Shaikh publicou um artigo em 1978, enquanto meu argumento foi tema de minha dissertação apresentada em 1984 e publicada em 1986.[140]

As empresas buscam sempre adotar novas técnicas ou comprar novas máquinas que reduzam seus custos. Sempre que os custos envolvidos na compra e na operação de uma nova máquina forem menores do que os custos associados à máquina antiga, a empresa substituirá a máquina, a produtividade do trabalho aumentará e a empresa que introduziu a nova máquina terá um lucro extra derivado da inovação. Portanto, as empresas investirão primeiro na máquina mais eficiente que substitui um determinado tipo de trabalho; então, elas comprarão uma segunda máquina melhor, que substitui um tipo diferente de mão de obra e é menos eficiente do que a primeira; e assim sucessivamente, até chegar ao ponto em que não há mais novos tipos de máquinas que, até então, valem a pena pensar em comprar e substituir mão de obra.[141]

Nesse processo de compra de máquinas, os custos de produção diminuem para as empresas, pois diferentes tipos de mão de obra são sucessivamente substituídos por diferentes técnicas associadas a máquinas com produtividade decrescente. A empresa faz essas compras, seus lucros aumentam, mas os concorrentes logo seguem e a taxa de lucro da empresa inovadora cai novamente. O resultado é uma queda na produtividade do capital. Trata-se de

---

[140] SHAIKH, Anwar. "An introduction to the history of crisis theories". *US Capitalism in Crisis*, Nova York, Union for Radical Political Economy, 1978, pp. 219-241. Disponível em: http://gesd.free.fr/shaikh78.pdf. Acessado em: 06.03.2024; BRESSER-PEREIRA, Luiz Carlos. *Lucro, acumulação e crise* [*Profit, accumulation and crisis*]. São Paulo: Editora Brasiliense, 1986.

[141] Essa curva é semelhante à eficiência marginal do capital de Keynes. A diferença é que, na eficiência marginal do capital, o eixo vertical mostra a taxa de lucro esperada, enquanto, na curva de oportunidades de investimento que estou sugerindo, temos as reduções de custos relacionadas às diferentes técnicas que substituem os diferentes tipos de trabalho.

uma consequência imprevista, fora do controle de cada empresa. É um efeito perverso, mas racional, da mecanização ou da adoção do progresso técnico intensivo em capital.

Tome-se, por exemplo, a escolha de técnicas em uma economia que tem apenas produção agrícola e que substituiu toda a mão de obra possível por uma máquina altamente eficiente, o trator. Em seguida, vem outra máquina nova, que reduz custos para as empresas – uma colheitadeira. Todos os agricultores devem comprá-lo para manter a competitividade, mas como a relação custo-benefício da colhedora é menor do que a do trator, após a substituição ser concluída a relação produto-capital da economia cairá, mesmo que seus custos tenham sido reduzidos, e a taxa média de lucro cairá.

9.3 Fases de acordo com o progresso técnico e taxa de lucro

No capítulo IV, defini quatro fases do desenvolvimento capitalista: mercantilista (1600-1839), industrial ou liberal (1840-1929), desenvolvimentista gerencial (1940-1970) e financeiro-rentista neoliberal (1980-2020), utilizando como critério a produção e as coalizões de classe dominante. Temos um sistema de fases diferente, mas semelhante, se utilizarmos como critérios o tipo de progresso técnico e a taxa de lucro. Temos assim:

- Na Revolução Capitalista (1750-1815), o progresso técnico era neutro e a taxa de lucro constante em um nível elevado.

- Na Fase Marx (1815-1870), o progresso técnico era o uso do capital, e a taxa de lucro declinava (havendo espaço para essa queda sem tornar a taxa de lucro insatisfatória).

- Na fase Industrial (1870-1960), o progresso técnico era neutro e a taxa de lucro constante em um nível satisfatório.

- Na fase neoliberal (1975-2020), o progresso técnico voltou a ser caro no capital. No entanto, a taxa de lucro não caiu

CAPÍTULO IX – A TAXA DE LUCRO E OS SALÁRIOS

porque as grandes corporações privadas se tornaram cada vez mais monopolistas e aumentaram suas margens de lucro.

9.4 Uma previsão otimista, mas equivocada

Ao escrever *Profit, Accumulation, and Crisis*, minha hipótese era que por volta de 1870 o progresso técnico tornou-se neutro e os salários reais começaram a aumentar com o aumento da produtividade. No entanto, ao escrever, no final dos anos 1970 e início dos anos 1980, tendo em mente o aumento da taxa salarial nos Anos Dourados do Capitalismo e o alto grau de desenvolvimento do Norte Global, presumi que o progresso técnico estava se tornando poupador de capital e os salários subiriam acima do crescimento da produtividade do trabalho, enquanto a taxa de lucro permaneceria satisfatória. O incrível progresso na indústria de computadores, máquinas novas e mais eficientes substituindo os "velhos" computadores, foi um indício de que o progresso técnico havia se tornado poupador de capital. Como resultado, os salários aumentariam acima do aumento da produtividade e a taxa de *lucro* poderia permanecer constante e satisfatória, o que continuaria a estimular o investimento das empresas.

Essa previsão otimista estava errada. Alguns economistas, considerando os gigantes da Internet que nasceram com pouco capital, falam hoje em um "capitalismo sem capital", o que reforçaria a mudança para o progresso técnico poupador de capital. Eles também estão errados. Os gigantes da Internet – as chamadas *Big Tech* (Google, Amazon, Meta, Apple e Microsoft) e algumas grandes corporações chinesas (Tencent e Alibaba) fizeram investimentos maciços em ativos fixos, o que é consistente com o fato de que o progresso técnico não se tornou poupador de capital, mas sim caro de capital. Hoje, graças à pesquisa de economistas marxistas, conhecemos o comportamento efetivo da relação produto-capital; não aumentou, mas caiu, ou seja, o progresso técnico não poupou capital, mas o consumiu.[142] No entanto, a taxa de lucro não caiu correspondentemente.

9.5 Distribuição entre salários e lucros

Quando Marx desenvolveu a teoria da tendência à queda da taxa de lucro, ele considerou a possibilidade de contratendências: aumento da intensidade do trabalho, políticas destinadas à redução dos salários, barateamento relativo dos elementos do capital constante, concentração do capital e uso do poder monopolista etc. No modelo que retomo aqui, a constância de longo prazo da taxa de lucro é o resultado de tais contratendências, que são fortes porque uma taxa de lucro satisfatória ou razoavelmente constante é condição para a sobrevivência do capitalismo. Como, no momento, não há alternativa ao capitalismo, a classe capitalista acaba obtendo a cooperação das demais classes sociais na construção de instituições que protejam a taxa de lucro e o processo de acumulação de capital.

As contratendências mais recentes à queda da taxa de lucro foram as incessantes fusões e aquisições que aumentaram o poder de monopólio das corporações e permitiram o aumento das margens de lucro.[143] O processo de investimento no exterior também viu as empresas aumentarem suas taxas de lucro. Enquanto o grau de monopólio das empresas líderes (geralmente localizadas em países

---

[142] Ver DUMÉNIL, Gérard; LÉVY, Dominique. *The Economics of the profit rate*: competition, crises and historical tendencies in capitalism. Londres: Edward Elgar, 1993; DUMÉNIL, Gérard; LÉVY, Dominique. "The profit rate: where and how much did it fall? Did it recover? (USA 1948-2000)". *Review of Radical Political Economy*, vol. 34, 2002, pp. 437-461; LAPAVITSAS, Costas. *Profiting without producing*. Londres: Verso, 2013; ROBERTS, Michael. *The Great Depression*. Chicago: Haymarket Books, 2016; *Alencontre*, abr. 2020.

[143] Para pesquisas sobre o grande aumento do poder de monopólio das corporações, ver REENEN, John Van. "Increasing differences between firms: market power and the macro-economy". *Jackson Hole Conference*, 31 ago. 2018.

CAPÍTULO IX – A TAXA DE LUCRO E OS SALÁRIOS

desenvolvidos) aumentou, o mesmo aconteceu com a concorrência entre fornecedores (países em desenvolvimento).[144]

9.6 Taxa salarial

No livro *Lucro, Acumulação e Crise*, de 1986, que focaliza a teoria de Marx sobre a queda da taxa de lucro e as fases do capitalismo, assumi que, exceto na fase Marx (1815-1870), a relação produto-capital, embora mudasse durante os ciclos econômicos, era basicamente constante. Por que faz sentido assumir uma taxa constante de lucro? Primeiro, porque uma taxa de lucro satisfatória é uma *condição* para a existência ou sobrevivência do sistema econômico capitalista. Mesmo no sistema socialista, as empresas deverão apresentar um "excedente" satisfatório, ou seja, o lucro com outro nome, para mostrar que é eficiente. Se o Estado entender que alguns dos produtos das empresas devem ser subsidiados, ele deve pagar às empresas o valor dos subsídios com recursos do Tesouro do país.

Concluo este capítulo com uma discussão sobre a tendência de aumento da taxa salarial no longo prazo. O sistema capitalista só pode sobreviver se uma taxa de lucro, uma taxa razoavelmente acima da taxa de juros, for assegurada às empresas. A *restrição de lucro*, portanto, limita o aumento dos salários reais. Em segundo lugar, embora as economias e sociedades capitalistas sejam caracterizadas pela instabilidade e pela luta de classes, elas são, dentro de cada estado-nação, empresas dialeticamente cooperativas. A existência de estados-nação pressupõe um amplo acordo político. Os capitalistas lutam por lucros, mas sabem que um salário razoável é essencial para a estabilidade política e o suporte da demanda agregada. Da mesma forma, os trabalhadores pedem constantemente salários mais altos, mas sabem que seus salários

---

[144] MILBERG, William; WINKLER, Deborah. *Outsourcing economics*: global value chains in capitalist development. Nova York: Cambridge University Press, 2013.

não podem reduzir a taxa de lucro abaixo de um certo nível sem colocar em risco a acumulação de capital, o processo de crescimento e o emprego. Em terceiro lugar, as contratendências à queda da taxa de lucro mencionadas por Marx, particularmente o progresso técnico, o poder de monopólio das empresas e a existência de instituições que protegem a taxa de lucro sobre as despesas do trabalho estarão sempre em ação quando a taxa satisfatória de lucro estiver ameaçada.

Para a Economia Política Clássica, a teoria da distribuição funcional da renda entre lucros e salários assume que os salários são constantes no nível de subsistência, enquanto os lucros e a taxa salarial são o resíduo. Usando teorias diferentes, Ricardo e Marx assumiram que a produtividade cairia de alguma forma (pela queda da produtividade da terra ou do capital) e previram a tendência à estagnação. Acontece, no entanto, que a taxa salarial nos países ricos tem aumentado historicamente à medida que a produtividade aumenta. Minha teoria da distribuição funcional de renda *inverte* a relação clássica. Assumi que a taxa de lucro é constante no longo prazo (algo que é razoavelmente verdadeiro quando examinamos a história dos salários) e concluí que os salários são o resíduo.

Como os economistas políticos clássicos acreditavam que a produtividade do capital diminuiria no longo prazo[145] e supunham que a taxa de salário permaneceria constante, eles concluíram que a taxa de lucro cairia no longo prazo. No entanto, na medida em que essa previsão não se confirmou, propus uma alternativa no livro de 1986: a taxa de lucro tende a permanecer constante flutuando em uma faixa de taxas satisfatórias de lucro. Argumentei que, no caso do progresso técnico poupador de capital, não faz sentido aumentar a taxa de lucro no longo prazo, mesmo quando a corporação é monopolista ou as empresas do setor formam um

---

[145] Nem todos os economistas clássicos previram a perspectiva de estagnação de longo prazo, mas isso fica claro a partir de Ricardo, Malthus e Marx.

CAPÍTULO IX – A TAXA DE LUCRO E OS SALÁRIOS

cartel, porque há controles sociais e políticos que bloqueiam essa prática. Pelo contrário, dado que a economia continua a crescer (não atingiu a estagnação que está sempre no horizonte), os salários tenderão a aumentar mais do que a produtividade, permitindo que os trabalhadores mantenham uma parte do excedente.

9.7 Salários e custo efetivo de reprodução

Creio que agora é claro que uma taxa de lucro satisfatória a longo prazo, salários e crescimento andam de mãos dadas. No curto e até médio prazo, os lucros podem aumentar mais do que os salários, mas no longo prazo tendem a crescer na mesma proporção. Essencialmente porque os economistas políticos clássicos erraram em duas posições: a taxa de lucro não caiu como acreditava Ricardo ou Marx, e os salários não ficaram no nível de subsistência como acreditavam, mas cresceram com o aumento da produtividade.

Os economistas políticos clássicos usaram a teoria do valor-trabalho para prever a estagnação do capitalismo. Previam, a longo prazo, a queda da taxa de lucro e a estagnação da economia capitalista, porque previam ou assumiam salários constantes ao nível da subsistência e da diminuição dos rendimentos da terra (Ricardo) ou do capital (Marx). Ambas as previsões falharam. A história econômica se encarregou de demonstrar que não houve retornos decrescentes – pelo contrário, agora está cada vez mais claro que o desenvolvimento técnico implica retornos crescentes. Quanto aos salários, nos países mais avançados, o valor do trabalho – a quantidade de trabalho abstrato necessária para a reprodução e manutenção dos trabalhadores – não se mostrou constante no "nível de subsistência", como acreditavam os economistas políticos clássicos, mas cresceu. Marx já havia percebido esse fato em seu tempo e disse que esse nível mudou historicamente – foi socialmente determinado. Mas, para ele, o valor do trabalho ainda estava associado à subsistência do trabalhador. Desde meados do século XIX, os salários têm crescido aproximadamente ao mesmo ritmo que a produtividade. Na verdade, a lógica do desenvolvimento capitalista exige um aumento real dos salários.

Assim, devemos excluir o nível de subsistência do conceito de valor do trabalho e passar ao conceito de que ele corresponde ao custo *efetivo* de reprodução da força de trabalho. Para continuar associando o nível de subsistência ao custo de reprodução da força de trabalho, teríamos que dar um sentido tão elástico ao "socialmente definido" que não significaria nada. Redefinido dessa forma, como custo efetivo de reprodução da força de trabalho, o valor do trabalho será substancialmente maior do que o mero nível de subsistência. A substituição do nível de subsistência pelo custo efetivo de reprodução da força de trabalho é necessária para entender a evolução do capitalismo, por que as empresas estão efetivamente pagando salários superiores ao nível de subsistência sem comprometer uma taxa satisfatória de lucro.

A taxa de lucro pode ser constante no longo prazo, enquanto as economias nacionais e os salários crescem em termos reais. Os capitalistas pagam salários aos trabalhadores por sua educação, formal e informal, na escola e em casa. Esses custos estão incluídos no valor e no preço dos bens e serviços que produzem e vendem. O custo do valor da mão de obra dos diferentes tipos de mão de obra varia de acordo com o grau de educação e treinamento exigido. Os custos de formação de trabalhadores, empregados, técnicos, gestores de vários níveis e assessores de todos os tipos envolvidos na produção capitalista demandam cada vez mais gastos com ensino superior e pós-graduação e, portanto, levam a um aumento do valor do trabalho e dos salários.

Assim, as empresas que empregam essa força de trabalho nada mais fazem do que pagar seu custo de reprodução na forma de salários. No entanto, ao contrário do que pensavam os economistas clássicos, esse custo de reprodução proporcional ao valor adicionado não é o custo de subsistência, mas um custo que envolve um alto investimento em capital humano e proporciona salários substancialmente mais

CAPÍTULO IX – A TAXA DE LUCRO E OS SALÁRIOS

altos aos indivíduos beneficiados pelo investimento. O trabalhador assalariado continua a produzir mais do que seu custo de reprodução e, portanto, os capitalistas continuam a se apropriar da mais-valia. O que muda é que a classe capitalista e a alta tecnoburocracia não se apropriam de todo o excedente, como supunham economistas políticos, incluindo Marx, mas de parte dele. Como definimos o valor da força de trabalho nesses termos, os salários giram em torno desse valor de acordo com a oferta e a demanda de trabalho, como acontece com qualquer bem ou serviço. E, também, de acordo com o poder de barganha dos trabalhadores.

Quando uma economia, em seu processo cíclico de crescimento, experimenta altas e sustentadas taxas de crescimento, a taxa salarial tenderá a aumentar proporcionalmente ao aumento do custo de reprodução do trabalho (que é maior do que o custo de subsistência porque inclui os custos da educação), e esse aumento será consistente com uma taxa satisfatória de lucro. Teoricamente, a taxa salarial pode subir até que a economia atinja um estágio hipotético de abundância, ou seja, até o ponto em que as pessoas tenham total liberdade para escolher entre renda e lazer e decidir esmagadoramente por este último. A condição é que a taxa de lucro permaneça satisfatória.

Quando os países enfrentam recessão e desemprego, os governos adotam políticas anticíclicas. Eles diminuem a taxa de juros e aumentam os investimentos em gastos públicos. Quando a economia se recupera, os salários reais voltam a subir mais rápido do que a taxa de lucro. Enquanto a economia está crescendo, a taxa de lucro permanece satisfatória. Ainda assim, no longo prazo, os governos podem agir para reduzir os salários, independentemente de onde o país esteja no ciclo econômico. Isso aconteceu nos anos neoliberais (1980-2020). Essa política satisfez a ganância de rentistas e financistas, mas foi associada a crescimento baixo e graves distorções políticas, que se tornaram evidentes nos EUA e no Reino Unido em 2016 com a ascensão do populismo de direita. Ignorando que seus padrões de vida estagnados se deviam principalmente ao fracasso econômico do capitalismo rentista neoliberal, os trabalhadores brancos racistas e a classe média baixa do Norte Global atribuíam seus problemas à imigração e apoiavam populistas de extrema direita.

CAPÍTULO X

DETERMINAÇÃO DA TAXA DE CÂMBIO[146]

O novo-desenvolvimentismo coloca a taxa de câmbio no centro de sua macroeconomia. Argumenta que a taxa de câmbio determina a taxa de investimento e, portanto, determina o crescimento econômico. Afirma ainda que há dois modelos associados à taxa de câmbio que são centrais: o modelo da doença holandesa e a crítica da política de crescimento com endividamento externo ou déficit na conta corrente. Neste capítulo, sintetizarei a visão novo-desenvolvimentista sobre a determinação da taxa de câmbio.

Dos cinco preços macroeconômicos, a taxa de câmbio é a variável menos estudada. A literatura sobre taxas de câmbio assume que os mercados determinam a taxa de câmbio competitivamente; que é volátil no curto prazo; que não pode permanecer sobrevalorizado ou depreciado no longo prazo – "não pode" porque no longo prazo os desvios do equilíbrio serão suavizados e a taxa de câmbio flutuará docemente em torno do equilíbrio atual. Essa

---

[146] Contei com a participação de Carmem Feijó, Eliane C. Araujo e Francisco Eduardo Pires de Souza para escrever este capítulo.

literatura convencional acrescenta que, à medida que os fluxos de capital cresceram enormemente no contexto da globalização e da financeirização, a troca tornou-se imprevisível. Este é o melhor de todos os mundos possíveis, é o mundo do Doutor Pangloss, que, claro, não corresponde à realidade.

Objetivamente, vemos que a taxa de câmbio real pode permanecer sobrevalorizada ou depreciada por vários anos. Assim, a taxa de câmbio não é apenas uma variável de curto, mas também de longo prazo; quando as empresas tomam suas decisões de investimento, consideram a taxa de câmbio de longo prazo, porque os investimentos só fazem sentido quando consideramos o futuro.

A determinação do equilíbrio de longo prazo da taxa de câmbio real é um dos assuntos mais controversos e pouco discutidos na literatura econômica.[147] A Teoria Econômica Neoclássica assume que o longo prazo é caracterizado por pouca ou nenhuma rigidez ou restrição. Portanto, quando as forças de mercado são livres para operar, elas garantirão o pleno emprego e o equilíbrio da taxa de câmbio no longo prazo. A literatura heterodoxa é mais realista porque verifica que o mercado não é forte o suficiente para conduzir os agentes econômicos ao equilíbrio de longo prazo da taxa de câmbio compatível com o pleno emprego. Sob esse pressuposto, a gestão da política econômica e a regulação do mercado desempenham um papel decisivo na definição das condições para o crescimento.

10.1 Paridade do poder de compra

O núcleo da teoria convencional da taxa de câmbio é a paridade do poder de compra (PPP, na sigla em inglês). Essa teoria define a taxa de câmbio real como o preço relativo de uma cesta comum

---

[147] Ver, por exemplo, BLANCHARD, Olivier; MILESI-FERRETTI, G. M. "(Why) Should current account balances be reduced?" *IMP Staff Discussion Note*, mar. 2011.

CAPÍTULO X – DETERMINAÇÃO DA TAXA DE CÂMBIO

de bens negociados pelo país e seus principais concorrentes, todos convertidos na mesma *moeda*. Na ausência de rigidez de preços, custos de transporte, barreiras comerciais ou outras perturbações de curto prazo, esse índice deve ser igual a 1. Se essa relação não se mantiver, uma operação de arbitragem equalizará os preços de bens e serviços entre os dois países. O país com preços "baixos" atrairá compradores que demandam sua moeda, apreciando sua taxa de câmbio, e o inverso ocorre em economias com preços "altos". Assim, o comércio internacional restabelecerá o papel da taxa de câmbio no equilíbrio da balança comercial. Os fluxos de capitais não têm um papel claro na PPP. Embora isso seja intuitivamente atraente como uma explicação da taxa de câmbio real de longo prazo, essa teoria tem um desempenho ruim.

Ruddiger Dornbusch ofereceu outro modelo convencional bem conhecido. Este modelo incorpora a equação de paridade da taxa de juros descoberta no IS-LM para determinar a taxa de câmbio.[148] A principal crítica de John T. Harvey ao modelo de Dornbusch é que ele assume que as expectativas dos movimentos da taxa de câmbio são exógenas. Nesse sentido, a taxa de câmbio sempre se move para atender às expectativas dos agentes econômicos. Portanto, não há um papel permanente nos fluxos de capital.[149] No modelo ND, os fluxos de capital fazem parte do jogo e estão associados ao crescimento com a política de déficit na conta corrente adotada pelo país.

---

[148] DORNBUSCH, Rudiger. "Expectations and exchange rate dynamics". *Journal of Political Economy*, vol. 84, nº 6, 1976, pp. 1161-1176.

[149] De acordo com HARVEY, John T. *Currencies, capital flows and crises*. Nova York: Routledge, 2009, p. 90: "o problema com a versão neoclássica da paridade da taxa de juros é que ela assume total confiança na previsão ($/FX)^e. Se, por serem inseguros, os agentes estiverem menos ansiosos para 'colocar seu dinheiro onde ele está', então é muito provável que os fluxos de capital que servem como mecanismos de ajuste não ocorram em volume suficiente para definir os dois lados da disputa como uma equação igual. De fato, dado o nível de incerteza do mercado, um ajustamento tão completo seria a excepção e não a regra".

A abordagem pós-keynesiana pressupõe que os preços da moeda são determinados no mercado, mas a combinação de fluxos de capital e fluxos comerciais não tende ao equilíbrio. Assume-se ainda que os efeitos sobre os rendimentos são mais importantes na determinação da balança corrente do que os efeitos sobre os preços. No mundo real, onde os fluxos de capitais dominam as transações internacionais, as autoridades monetárias interferem no mercado de câmbio para minimizar o impacto da volatilidade da taxa de câmbio sobre os preços domésticos. No entanto, os países em desenvolvimento financeiramente integrados – que deveriam observar a paridade de juros não coberta – constantemente a violam e, assim, a PPP deixa de funcionar.

Harvey propõe um modelo pós-keynesiano para determinar a taxa de câmbio real que se soma ao modelo pós-keynesiano para determinar a demanda agregada.[150] A principal característica de seu modelo é considerar uma previsão dos movimentos da taxa de câmbio, que, juntamente com a teoria de investimento de Hyman Minsky, explica por que a teoria da taxa de juros descoberta não se sustenta no mundo real.

Neste capítulo, discuto a determinação da taxa de câmbio. Examinei brevemente a literatura e, nas seções seguintes, discutirei, primeiro, as duas variáveis próprias do ND, (1) a taxa de câmbio implicitamente desejada e (2) o valor da taxa de câmbio. Em seguida, as outras três variáveis bem conhecidas: (3) os termos de troca; (4) a conta corrente e as correspondentes entradas ou saídas líquidas de capital; e (5) o diferencial de taxa de juros.

---

[150] HARVEY, John T. *Currencies, capital flows and crises*. Nova York: Routledge, 2009, capítulo V.

CAPÍTULO X – DETERMINAÇÃO DA TAXA DE CÂMBIO

10.2 A taxa de câmbio implicitamente desejada

O ND argumenta que muitos países têm uma política de conta corrente que pode ser uma política de déficits ou então de superávits recorrentes. Dedico o capítulo XII a essa questão. Agora quero apenas salientar que quando isso acontece, essa política é uma determinante fundamental da taxa de câmbio. Se o país tiver uma política de superávit, ou então de déficit em conta corrente, sua taxa de câmbio estará sempre depreciada no primeiro caso, ou apreciada no segundo.

A evidência de que esses países têm uma política de conta corrente está na própria existência dos déficits ou superávits crônicos. Déficits ocasionais podem naturalmente existir independentemente de política; isto é impossível para déficits ou superávits que acontecem ano após anos, porque as forças do mercado necessariamente puxam a taxa de câmbio para o equilíbrio em que o déficit ou superávit é zerado. Essa política não precisa ser explícita. Esses países se "acostumaram" com um déficit ou um superávit e vão tocando sua vida. Eles têm uma política quando mostram superávits ou déficits crônicos em conta corrente, e não têm quando a taxa de câmbio flutua em torno do equilíbrio atual. Se um país apresenta um déficit recorrente em conta corrente e, portanto, tem uma política, a taxa de câmbio permanecerá apreciada enquanto a política se mantenha. O inverso é verdadeiro no caso de um país que apresenta superávits recorrentes em conta corrente.

Uma política "implícita" nunca é totalmente inconsciente. Os países têm motivos para se manterem sempre superavitários. Eles querem que suas empresas produtoras de bens comercializáveis sejam mais competitivas. Mas essa política tem um custo: a depressão dos salários dos trabalhadores e dos rendimentos (juros, dividendos e aluguéis) dos rentistas. Não é, portanto, uma política popular, e dificilmente o país pode mantê-la por muito tempo. Já uma política de déficit em conta corrente é muito popular, porque implica o aumento do poder aquisitivo dos salários e dos rendimentos. Seu custo é alto, perda de competitividade e desindustrialização, mas é um custo que ninguém quer ver.

10.3 O valor da moeda estrangeira

A alternativa à PPP é o *valor da moeda estrangeira* (VME). A PPP é apenas uma forma pragmática de entender a taxa de câmbio, enquanto o conceito do valor da moeda estrangeira é baseado em uma teoria econômica sólida – a teoria clássica do valor.

Robert Z. Aliber, na primeira edição do *The New Palgrave Dictionary of Economics*, distinguiu quatro abordagens para explicar o nível da taxa de câmbio e suas mudanças: paridade do poder de compra, elasticidades, equilíbrio da carteira e a abordagem do mercado de ativos.[151] A simples existência de tantos métodos diferentes indica quão pobre é a PPP para explicar a taxa de câmbio de longo prazo. Em termos simples, temos a PPP "absoluta": é a taxa de câmbio que equivale ao custo da mesma cesta de bens e serviços em dois países com moedas diferentes. Por exemplo, se o preço de uma cesta de mercadorias no Brasil em reais (digamos, R$ 90,00) for igual ao preço em dólares da mesma cesta de mercadorias nos Estados Unidos (digamos, US$ 30,00), o PPP absoluto será de R$ 3,00 por dólar americano. A correção da PPP pelo efeito Balassa-Samuelson foi um avanço: ela leva em conta o fato de que somente os comercializáveis tendem a ter seus preços equalizados internacionalmente.

A teoria PPP assume que os bens são homogêneos e que a taxa de câmbio real flutua em torno de um nível constante de longo prazo, o que também garante implicitamente o saldo da conta corrente. Nesse cenário, prevalece a "lei do preço único", definida pela empresa representativa do país. Os bens homogêneos devem

---

[151] ALIBER, Robert Z. "Exchange rate". *The New Palgrave Dictionary of Economics*. vol. 2. Londres: Macmillan-Palgrave, 1987, p. 210.

CAPÍTULO X – DETERMINAÇÃO DA TAXA DE CÂMBIO

ter o mesmo preço em diferentes países, e qualquer diferença se deve exclusivamente à taxa de câmbio nominal. Isso pode fazer sentido em países com culturas semelhantes e níveis semelhantes de desenvolvimento econômico. Mas não faz sentido quando, por exemplo, um país está se desenvolvendo enquanto o outro é rico, ou quando um país está no Ocidente e o outro no Oriente. Mesmo entre países semelhantes, os sistemas fiscais nacionais podem variar, resultando em países com preços relativos bastante diferentes. E ainda há o problema de quais bens e serviços devem ser incluídos numa cesta. Nos países com doença holandesa, os preços das matérias-primas serão baixos em relação a outros bens comercializáveis. A teoria da PPP não considera nenhum desses fatores.

Para o ND, a moeda estrangeira, como qualquer outro bem ou serviço, tem um *valor* e um *preço*.[152] As moedas não são formadas por bens e serviços. Ainda assim, elas têm um valor porque *representam* o valor de bens e serviços que o dinheiro do país base pode comprar em outro país.

A Economia Política clássica ensina que o valor de um bem é igual à quantidade de trabalho socialmente necessária para produzi-lo. Esse conceito requer um segundo passo – transformar valor em preço – que tem sido objeto de longo debate acadêmico. A solução mais prática é entender o valor como o custo médio de todos os bens e serviços produzidos mais uma margem de lucro que garanta uma taxa de lucro. E, em seguida, definir uma amostra representativa desse todo. Definidos nesses termos, o VME é, como no caso do valor dos bens, um centro de gravidade em torno do qual gira o preço da moeda estrangeira – o VME supõe que forças dos mercados entrarão em operação para levá-lo em direção

---

[152] BRESSER-PEREIRA, Luiz Carlos. "The *value* of the exchange rate and the Dutch disease". *Brazilian Journal of Political Economy*, vol. 33, n° 3, jul. 2013, pp. 371-387; BRESSER-PEREIRA, Luiz Carlos; OREIRO, José Luis; MARCONI, Nelson. *Macroeconomia Desenvolvimentista [Developmental Macroeconomics]*. Rio de Janeiro: Campus/Elsevier, 2016.

ao equilíbrio (o valor). Algo semelhante acontece com a PPP: ela também tem um centro de gravidade.

Uma outra forma de definir o VME é afirmar que ele corresponde à taxa de câmbio que torna competitivas as empresas do país que usam, no seu próprio setor, a melhor tecnologia existente no mundo. Corresponde, portanto, a uma taxa de câmbio "necessária" que, por ser necessária, não pode ser um preço; não existem preços necessários, eles são o que são em cada momento. A taxa de câmbio é o VME. Cheguei ao conceito do valor da moeda estrangeira e da taxa de câmbio que gira em torno desse valor ao discutir a doença holandesa em meu artigo de 2008.[153] Eu disse então que a taxa de câmbio de equilíbrio industrial era um *"preço necessário"*. Ora, o valor da taxa de câmbio é, por definição, necessário, é um valor que expressa o custo de produção do bem mais um lucro razoável.

Mesmo, porém, trabalhando-se com uma amostra, não é fácil se calcular rapidamente os custos mais lucro dos respectivos bens e serviços. Uma alternativa, um *short cut*, é, construir um número índice comparativo que nos permita dizer se uma taxa de câmbio de um país está em apreciada ou depreciada em comparação com a de outro país ou uma média de países – que nos permita medir os desalinhamentos entre as taxas de câmbio como a PPP faz.

Para isso, podemos usar o conceito de taxa de câmbio interna. Isso foi feito na Crise do Euro de 2010-2015. Para se chegar a ela, dividimos a taxa de câmbio real de um determinado país (E) por uma cesta de países – os que mais competem com o país-base (E*), ou então dividimos o custo unitário do trabalho de produção do país-base (CUT) pelo custo unitário do trabalho da uma mesma

---

[153] BRESSER-PEREIRA, Luiz Carlos. "The Dutch disease and its neutralization: a Ricardian approach". *Brazilian Journal of Political Economy*, vol. 28, nº 1, 2008. Disponível em: http://dx.doi.org/10.1590/S0101-31572008000100003. Acessado em: 15.02.2024.

CAPÍTULO X – DETERMINAÇÃO DA TAXA DE CÂMBIO

cesta de outros países (CUT*).[154] Chegamos, assim, ao índice comparativo de custo unitário do trabalho (CUTC), um índice no qual estão presentes todos os países considerados. Se dividirmos o CUT de cada país pelo CUT*, teremos os desalinhamentos que indicam o quanto está uma moeda valorizada ou depreciada. Foi o que Duwicquet, Mazier e Saadaoui fizeram pragmaticamente em um artigo de 2018.[155]

Faço abaixo uma demonstração formal do que está explicado no texto. Não é necessário acompanhar essas três equações.

$$CUT_{Br}^{R\$} = \frac{w^{R\$}N}{Q} = \frac{w^{R\$}}{\frac{Q}{N}} = \frac{w^{R\$}}{\delta} \qquad (10.1)$$

Onde w = salário em R$ por hora; Q = quantidade produzida de bens e serviços; N = número de horas requeridas para produzir Q; d = produtividade do trabalho no Brasil.

Para fins de comparação internacional, o custo unitário do trabalho em dólares é:

$$CUT_{Br}^{US\$} = \frac{w^{R\$}}{\delta} \times \frac{1}{E} \qquad (10.2)$$

Onde E = taxa de câmbio R$/US$.

---

[154] Lembrar que o CUT é quanto uma empresa paga aos seus trabalhadores para produzir uma unidade de produção. CUT = Salários/Produção. É, portanto, uma medida inversa de produtividade na qual os salários substituem as horas trabalhadas.

[155] DUWICQUET, Vincent; MAZIER, Jacques; SAADAOUI, Jamel. "Dealing with the consequences of exchange rate misalignments for macroeconomic adjustments in the EMU". *Metroeconomica*, vol. 69, n° 4, 2018, pp. 737-767.

A competitividade do país em relação aos parceiros comerciais depende da relação entre os custos unitários do trabalho, todos medidos em uma mesma moeda (no caso, o dólar). Para simplificar, consideremos apenas a competitividade do país frente ao país de referência (os EUA). O custo unitário do trabalho comparativo (CUTC), entre Brasil e EUA será:

$$\text{CUTC} = \frac{CUT_{Br}^{US\$}}{CUT_{USA}^{US\$}} = \frac{\frac{w^{R\$}}{\delta} \times \frac{1}{E}}{\frac{w^*}{\delta^*}} \qquad (10.3)$$

Onde w^* = salário por hora nos EUA, em dólares; δ^* = produtividade do trabalho nos EUA.

Há uma relação inversa entre os CUTC e o valor da moeda estrangeira. Quando esse índice comparativo sobe, significa que os salários aumentam mais no país de base e/ou a produtividade aumenta menos no país de base do que na cesta de países e, portanto, a taxa de câmbio terá que se depreciar para manter as empresas competitivas. Quando o CUTC está caindo, significa que os salários estão aumentando menos ou a produtividade está aumentando mais no país de base, e o país de base terá que valorizar sua moeda para manter a conta corrente equilibrada. Quando o país adota sistematicamente a política de superávits em conta corrente, a consequente desvalorização da moeda eleva suas exportações e estimula investimentos, mesmo ao custo de empobrecer a população do país – menos os exportadores. Os salários dos trabalhadores e os dividendos, juros e aluguéis imobiliários dos capitalistas rentistas perderão poder de compra em relação aos salários e outras receitas dos concorrentes, e a mesma quantidade de dinheiro comprará menos bens e serviços.

Essa relação inversa está na base do efeito Balassa-Samuelson no qual a produtividade está crescendo mais (ou menos) do que nos demais e em consequência a taxa de câmbio se aprecia (ou deprecia)

CAPÍTULO X – DETERMINAÇÃO DA TAXA DE CÂMBIO

para que a conta corrente se mantenha equilibrada.[156] Essa é também a razão pela qual os economistas europeus usaram as "taxas de câmbio internas" (a taxa de câmbio que equilibra a conta corrente de cada país) para explicar a crise da zona euro de 2010-15. Todos os países da zona euro têm uma moeda única. Eles não têm, portanto, taxas de câmbio diferentes que coordenam seu comércio e economia, mas cada um tem sua própria taxa de câmbio interna. O efeito Balassa-Samuelson e o conceito de taxa de câmbio interna ficam mais claros quando temos o conceito do valor da moeda estrangeira e depois temos o CUTC por trás dessas duas ideias.

Note-se que este modelo expressa os preços em termos reais e é uma alternativa à abordagem PPP. Poder-se-ia argumentar que a determinação da taxa de câmbio pelo valor da moeda estrangeira definido pelo CUTC é semelhante à equação PPP ajustada pela produtividade, na medida em que o custo unitário da mão de obra é seu principal determinante. Os dois conceitos são semelhantes, mas enquanto PPP é simplesmente uma comparação entre os preços de duas cestas de bens em dois países, o valor da moeda estrangeira está baseado na comparação dos custos unitários do trabalhado e está apoiado na teoria clássica do valor.

10.4 Três variáveis adicionais

Os termos de troca. O segundo determinante da taxa de câmbio são os termos de troca. Considerando um mercado bem-comportado – em que a taxa de câmbio flutua em torno do valor da moeda estrangeira e a conta corrente está em equilíbrio –, mudanças nos termos de troca causarão déficit ou superávit na conta corrente e variações compensatórias na taxa de câmbio, de modo que, após um lapso de tempo, a conta corrente se equilibre novamente. Os choques

---

[156] Em outras palavras, o efeito Balassa-Samuelson diz que quando a produtividade de um país aumenta mais do que em outros países, a taxa de câmbio de equilíbrio se aprecia, mantendo a conta corrente equilibrada.

de oferta ou demanda que impactam os preços internacionais são a principal causa das mudanças nos termos de troca. Esses choques são mais fortes nos países exportadores de *commodities* porque os preços das *commodities* são mais voláteis em comparação com os preços dos bens manufaturados e serviços. Mudanças no volume de remessas de lucros para países ricos, ou de remessas de renda de imigrantes para seus países de origem, também terão efeitos semelhantes, embora tendam a ser mais graduais.

Fluxos de capital. O terceiro determinante de longo prazo da taxa de câmbio são os fluxos líquidos de capital. Eles se tornaram excepcionalmente grandes nos últimos 40 anos e tornaram a taxa de câmbio mais volátil e mais associada a bolhas especulativas. Mas isso não justifica a crença generalizada de que o tamanho e a variabilidade de tais fluxos tornam impossível determinar teoricamente a taxa de câmbio. Ao contrário dessa crença generalizada, os fluxos de capital não tornam a taxa de câmbio imprevisível. Os fluxos de capital são determinantes da taxa de câmbio porque têm uma direção que é dada pelos fluxos líquidos de capital, os quais serão positivos ou negativos. No primeiro caso, a oferta líquida de moeda estrangeira se apreciará na moeda nacional, e essa sobrevalorização permanecerá enquanto o déficit persistir. O inverso ocorre quando as saídas de capital excedem as entradas de capital, causando uma depreciação da moeda nacional.

Diferencial de taxa de juros. O quarto determinante da taxa de câmbio é o diferencial da taxa de juros. A taxa de juro dos países em desenvolvimento é geralmente superior à taxa de juro internacional acrescida do risco país. Os bancos centrais[157] de muitos países em desenvolvimento definem a taxa de juros acima da taxa internacional mais o risco-país por três razões: porque os bancos centrais e os governos acreditam que o país pode crescer com poupança externa ou endividamento externo e estabelecem altas taxas de juros para

---

[157] Conceder empréstimos a um país soberano nem sempre é seguro.

CAPÍTULO X – DETERMINAÇÃO DA TAXA DE CÂMBIO

atrair capital; porque os rentistas e financistas capturam os bancos centrais para ganhar taxas mais altas; e para controlar a inflação. A primeira razão emana de uma visão equivocada; a segunda, da ganância de rentistas e financistas; e quanto à terceira razão, não há razão para que os países precisem usar a taxa de câmbio como âncora. É curioso que os formuladores de políticas austeras liberal-conservadoras – que criticam, com razão, o uso dos preços das estatais para controlar a inflação – muitas vezes não hesitam em adotar uma política pior: usar "o preço do país", ou seja, a taxa de câmbio, para atingir o mesmo objetivo. O diferencial de taxa de juros é um determinante da taxa de câmbio, na medida em que muitos países em desenvolvimento usam a taxa de juros para atrair fluxos de capital. A taxa de câmbio depende das políticas adotadas pelos países em desenvolvimento, bem como da política de juros de outros países, particularmente dos Estados Unidos. Os mercados financeiros locais prestam muita atenção à sua política monetária. Eles sabem que, se o Fed aumentar a taxa básica do dólar, outras moedas vão se desvalorizar, e se o Fed baixar a taxa básica do dólar, outras moedas vão se valorizar, mas buscam controlar a inflação com uma moeda supervalorizada, o que é um grande erro.

CAPÍTULO XI
CRESCIMENTO E ESTAGNAÇÃO

Podemos definir crescimento econômico ou desenvolvimento como o processo de acumulação de capital com a incorporação do progresso técnico que provoca um aumento sustentado da produtividade do trabalho, da renda *per capita* e do padrão de vida da população. Eu poderia acrescentar à acumulação de capital com a incorporação da educação do progresso técnico, sem a qual não há desenvolvimento, um projeto de desenvolvimento nacional e boas instituições, mesmo que estas sejam em grande parte endógenas. Assim definido, o crescimento econômico é um processo histórico que remonta à Revolução Capitalista. A Inglaterra, que foi a primeira nação a se tornar capitalista, completou sua revolução capitalista na segunda metade do século XVIII. Antes do capitalismo, houve períodos em que as sociedades eram prósperas, mas não podemos identificar esses períodos com o desenvolvimento econômico.[158] Eram apenas tempos de prosperidade sem perspectiva de continuidade a longo prazo. Foi somente depois que cada

---

[158] A literatura econômica costuma distinguir o crescimento, que seria apenas o aumento do rendimento por pessoa, do desenvolvimento econômico que envolveria mudanças estruturais.

sociedade nacional fez sua revolução industrial e capitalista que a acumulação de capital, o progresso técnico e o aumento dos padrões de vida foram sustentados no longo prazo.

Gráfico 11.1 – Crescimento per capita da Inglaterra 1270-2016

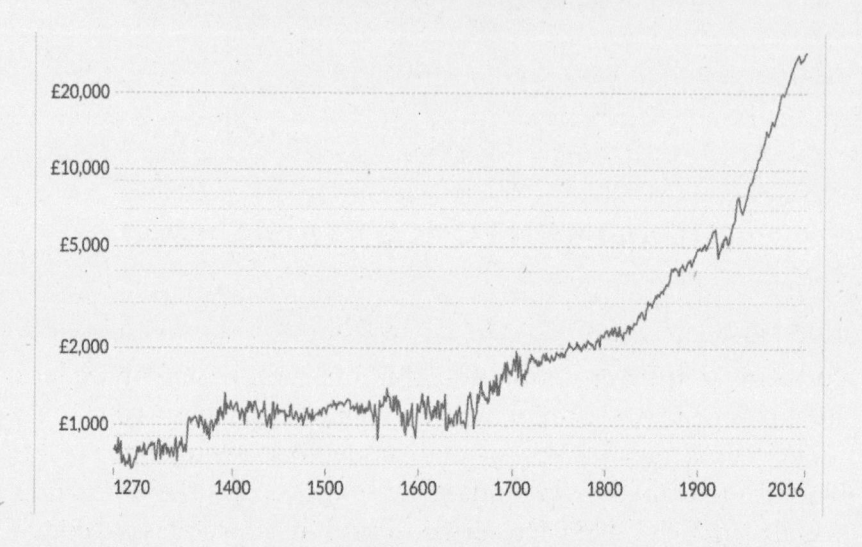

Fonte: World Data e BROADBERRY, Stephen *et al*. *British Economic Growth from 1270 to 1870*. Cambridge: Cambridge University Press, 2015.

  A literatura econômica geralmente distingue o crescimento, que seria apenas um aumento da renda *per capita*, do desenvolvimento econômico que envolveria mudanças estruturais, mas são raros os casos em que um aumento sustentado da produtividade e da renda *per capita* não envolve mudanças estruturais e um aumento no padrão de vida das pessoas. Alguns incluem a redução da desigualdade no processo histórico de desenvolvimento econômico, mas se aceitarmos essa definição os casos mais extraordinários de desenvolvimento econômico, como foi o caso da China entre 1980 e 2020, teriam que ser descartados. Quando discutimos um processo histórico, não devemos confundir a realidade com a nossa própria moralidade.

CAPÍTULO XI – CRESCIMENTO E ESTAGNAÇÃO

11.1 Desenvolvimento como sofisticação produtiva

Ao definir o crescimento econômico, relacionei-o à revolução industrial ou à industrialização. Os economistas neoclássicos rejeitam essa associação. Para eles, o mercado e, mais especificamente, a lei das vantagens comparativas do comércio internacional serão responsáveis por identificar as indústrias que se desenvolverão. O mercado "maximiza" o uso de seus recursos produtivos, independentemente da natureza de cada indústria. É por isso que Gabriel Palma costuma dizer, em tom de brincadeira, que para os economistas ortodoxos não há diferença entre produzir "*potato chips or microchips*".

O Gráfico 11.2 mostra a estreita correlação entre a produção industrial *per capita* e o PIB *per capita*. Essa estreita correlação levou primeiro o Desenvolvimentismo Estruturalista Clássico e, particularmente, Arthur Lewis a defender a industrialização como forma de transferir mão de obra para setores de maior valor agregado *per capita*. Em segundo lugar, levou Raúl Prebisch e Hans Singer a desenvolver a tese de que, nos países exportadores de *commodities*, há uma tendência estrutural de deterioração dos termos de troca, na medida em que os países ricos transformam aumentos de produtividade em aumentos salariais em vez de apenas baixar os preços em todos os estados-nação para que a industrialização não seja necessária para o crescimento. Em terceiro lugar, levou Nickolas Kaldor a argumentar que a industrialização, e não a produção de bens primários, envolve retornos crescentes.

*Gráfico 11.2 – PIB industrial per capita (2014)
e PIB per capita (PPC, 2011)*

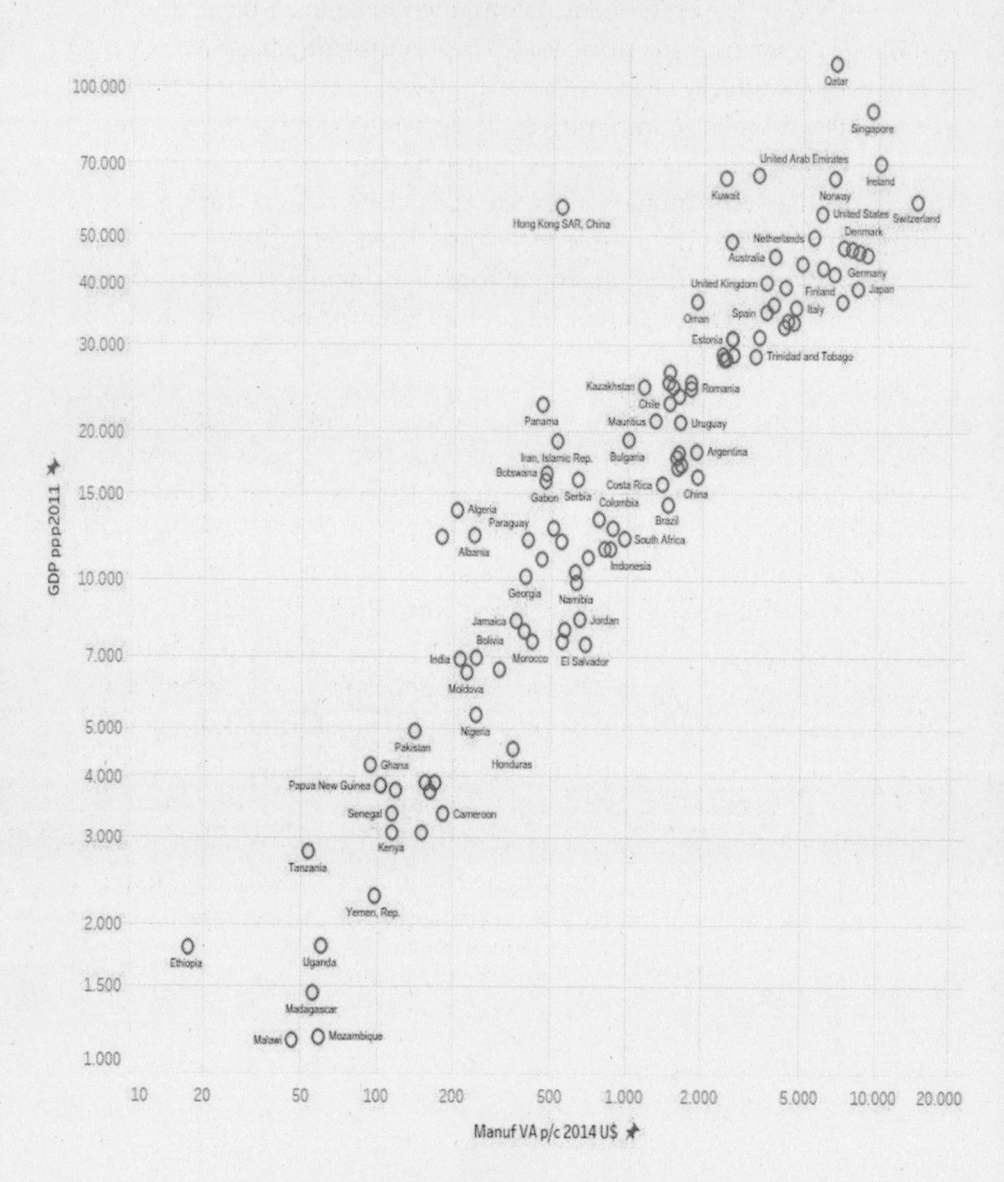

Fonte: Indicadores de Desenvolvimento Mundial;
dados organizados por Paulo Gala.

CAPÍTULO XI – CRESCIMENTO E ESTAGNAÇÃO

Quando dizemos que o crescimento passa pela industrialização, estamos a dizer que implica a transferência de mão de obra de baixo para elevado valor acrescentado *per capita*. Ou, dado que a produção de alguns serviços envolve tecnologia sofisticada e pessoal altamente qualificado, é mais apropriado dizer que o desenvolvimento econômico envolve sofisticação produtiva. Essa não é uma abordagem original. É conhecida há séculos. O rei inglês Eduardo III já sabia disso, e no longínquo ano de 1336 proibiu a exportação de lã crua; ele queria que a produção de lã fosse complementada pela produção de roupas, aumentando assim o valor agregado pelos trabalhadores ingleses. No entanto, a ortodoxia neoliberal não aprendeu.

O aumento da produtividade do trabalho e o aumento do valor adicionado *per capita* são expressões equivalentes. São o resultado da acumulação de capital em máquinas, novos métodos de produção e educação. As empresas fazem investimentos que poupam mão de obra e levam ao aumento da produtividade do trabalho. A transferência de mão de obra de atividades de baixa para alta sofisticação produtiva provoca diretamente o aumento da produtividade do trabalho. Deve haver apenas uma restrição: deve haver trabalhadores educados e capazes de aprender a executar as novas tarefas. Para os países em desenvolvimento, essa segunda forma de aumentar a produtividade é mais eficaz do que a primeira, porque eles não estão na fronteira do conhecimento tecnológico.

11.2 Modelos de crescimento

Embora o desenvolvimento econômico ou a riqueza das nações fosse o objetivo compartilhado por todos os economistas, não foi até a década de 1940 que uma escola de pensamento surgiu para explicar por que alguns países se tornaram ricos enquanto outros permaneceram subdesenvolvidos. Para responder a essa pergunta, o desenvolvimentismo estruturalista clássico critica o neoliberalismo que pressupunha o pleno emprego e o crescimento sustentado – dois pressupostos irrealistas – e se baseia na contribuição revolucionária de Keynes para a economia. Na década de 1930, Keynes desafiou a hipótese do pleno emprego e deu origem à macroeconomia; na década seguinte, o desenvolvimentismo estruturalista clássico explicou o problema do subdesenvolvimento e as políticas para superá-lo. No restante deste capítulo, discuto um modelo abstrato de crescimento considerando o pensamento de Marx e Keynes.

Considerando que o crescimento econômico é basicamente igual à taxa de aumento da renda *per capita*, ou seja, é igual ao aumento da renda dividido pela renda (y' = Y Δ /Y) e se considerarmos que as taxas de crescimento

- da população é (n' = Δ N /N),
- da força de trabalho é (l' = Δ L /L),
- da produtividade do trabalho é (q'= ΔP/ΔE),
- e que a produção e o rendimento são sempre iguais ex post (P = Y),

concluiremos que, no longo prazo, a taxa de crescimento econômico é equivalente ao aumento da produtividade do trabalho (y'= q').

A questão fundamental é o que determina o crescimento a longo prazo? A resposta básica é que o crescimento ou aumento da produtividade depende da taxa de investimento, dada a eficiência desse investimento ou a produtividade do capital σ.

$$y = i\sigma \qquad (11.1)$$

A questão fundamental é o que determina o crescimento de longo prazo? A resposta básica é que o crescimento ou aumento da produtividade depende da taxa de investimento, dada a eficiência desse investimento ou da produtividade do capital, ou seja, relação produto-capital *iσ*.

CAPÍTULO XI – CRESCIMENTO E ESTAGNAÇÃO

Por que o crescimento econômico depende da taxa de investimento? Essencialmente porque, supondo que não haja pleno emprego, a acumulação de capital é um acréscimo desejado pelo país ao estoque de capital ($I = \Delta K$) que aumenta sua capacidade produtiva em um percentual maior do que a população do país, resultando em aumento da produtividade ou crescimento econômico.

$$\Delta K/K > \Delta N/N$$

O modelo de crescimento da equação (11.1) corresponde à função de produção do modelo de Roy Harrod (1900-1978) e Evsey Domar (1914-1997). Os dois economistas pós-keynesianos ingleses estavam interessados em construir um modelo de equilíbrio no fio da navalha em que a economia é intrinsecamente instável – ela não pode se desviar desse equilíbrio único que os mercados não garantem. No modelo em que (*ex-post*), $i = s$ ($I/Y = S/Y$), e a relação produto-capital é $i = s\sigma$. Assim, temos a equação (11.1) acima.

Os neoclássicos não estavam satisfeitos com o modelo Harrod-Domar. Tinham razão ao afirmar que no modelo devemos considerar o trabalho e permitir a substituição do trabalho pelo capital e vice-versa. A solução encontrada foi o modelo de Solow.[159] Assumia-se que o crescimento dependia do capital e do trabalho, com a substituição total de um pelo outro fator de produção.

$$Y = AK^\alpha L^{1-\alpha} \qquad (11.2)$$

Em que Y é o PIB, K e L são o capital e o trabalho, A é tecnologia dada exogenamente, α é a elasticidade do capital, 1 é

---

[159] SOLOW, Robert M. "A contribution to the theory of economic growth". *Quarterly Journal of Economics*, vol. 70, 1956, pp. 65-94; SOLOW, Robert M. "Technical Change and the Aggregate Production Function". *Review of Economy and Statistics*, vol. 70, 1957, pp. 65-94.

a elasticidade do trabalho e α a elasticidade da tecnologia. Nessa função da produção, a produção é o resultado do capital, do trabalho e da tecnologia que aumenta a produtividade do trabalho.

Não acredito que um modelo de crescimento deva apresentar um equilíbrio único, como propõe o modelo Harrod-Domar (sabemos objetivamente que as economias capitalistas são instáveis), nem concordo que o modelo de Solow mostre que a economia está em pleno emprego e pode permanecer em pleno emprego e crescer indefinidamente. Os economistas neoclássicos dizem que esse modelo prevê que uma economia sempre convergirá para a condição de equilíbrio – uma condição na qual o crescimento do produto por trabalhador é determinado apenas pela taxa de progresso tecnológico. Um modelo não pode *mostrar* algo assim. Modelos são formas de entender como as relações econômicas (no caso, o crescimento econômico) acontecem, e não de fazer com que as variáveis econômicas ajam como queremos.

No entanto, o modelo de Solow foi um avanço. Além de explicar o crescimento, levou à definição do conceito de produtividade "total", a ser utilizado no lugar da produtividade do trabalho ou do capital: produtividade total dos fatores (PTF). É a diferença entre a taxa de crescimento e as taxas de crescimento da força de trabalho e do estoque de capital, ponderadas por suas respectivas ações. É uma medida de produtividade em que os insumos são heterogêneos, e a "diferença" é o resíduo da função de produção. Embora a produtividade total seja frequentemente usada, a produtividade do trabalho clássica é a maneira mais usada e mais legítima de medir a produtividade.

11.3 Modelo de Crescimento da ND

O modelo ND é um guia básico para políticas de desenvolvimento. Afirma que a política de desenvolvimento mais importante é aumentar e manter a taxa de investimento a um nível elevado. Poucas relações econômicas foram tão insistentemente verificadas

CAPÍTULO XI – CRESCIMENTO E ESTAGNAÇÃO

empiricamente quanto a estreita correlação entre a taxa de investimento e a taxa de crescimento.

$$i' = y'$$

Em segundo lugar, como os investimentos são iguais à poupança, o modelo mostra a importância da poupança. Keynes entendia a poupança como dependente do investimento, mas isso só é verdade no curto prazo. A longo prazo, devemos considerar a poupança como uma variável autónoma e incentivar o seu aumento, nomeadamente sob a forma de fundos de poupança criados pelo Estado.

$$S \neq i$$

s é autônomo de i

Em terceiro lugar, diz que o progresso técnico, que se materializa nas máquinas ou nas pessoas, é uma variável essencial para explicar o desenvolvimento. Aparece na equação (11.1) na produtividade do capital, e na equação (11.2) está em 1-α a elasticidade do trabalho e da tecnologia.

$$y' = i, s, \sigma, 1-\alpha \qquad (11.3)$$

11.4 A taxa de investimento

Da discussão anterior, podemos concluir que a taxa de investimento é o principal determinante do crescimento econômico. A próxima pergunta é: qual é a principal variável que explica as decisões de investimento? E a resposta é simples. A taxa de investimento depende da taxa de lucro esperada da empresa (r*) menos a taxa de juros (j):

$$i = (r^* - j) \qquad (11.4)$$

A partir desse ponto, por uma questão de simplicidade, usarei apenas a expressão "taxa de lucro esperada", mas me refiro à taxa de lucro esperada da empresa. Marx, no volume 3 de *O Capital*, deixou claro que o investimento depende da taxa de lucro esperada. Como ele argumentou, os juros são simplesmente o preço que os capitalistas-empresários, a quem ele chama de "capitalistas funcionais", pagam pelo dinheiro emprestado dos capitalistas rentistas – os "donos do capital".[160] Keynes seguiu essa linha simples de pensamento. Ele desenvolveu sua teoria de investimentos no capítulo XI da *Teoria Geral*. No capítulo XI, analisou o conceito de "eficiência marginal do capital", que ele definiu como "a taxa de desconto que tornaria o valor presente da série de anuidades dadas pelos retornos esperados do capital bom durante sua vida exatamente igual ao seu preço de oferta".[161] Alguns economistas pós-keynesianos proeminentes notaram devidamente a semelhança das visões de Marx e Keynes sobre a decisão de investir com Michael Kalecki como intermediário.[162]

Na literatura pós-keynesiana, um modelo alternativo é frequentemente adotado: o modelo kaleckiano, no qual a taxa de investimento depende não apenas da taxa de lucro esperada, mas também da taxa de utilização da capacidade instalada. Podemos acrescentar essa e muitas outras variáveis que determinam a taxa de

---

[160] Nas palavras de MARX, Karl. *Capital*, tomo III. Londres: Penguin Books, 1981 [1894], p. 460: "a parte do lucro assim paga chama-se juros, que nada mais é do que um nome particular, um título especial, para aquela parte do lucro que o capitalista realmente dá ao dono do capital, em vez de embolsar ele mesmo.

[161] KEYNES, John Maynard. *The General Theory of employment, interest and money*. Londres: Macmillan, 1936, p. 135.

[162] HEIN, Eckhard. "Money, interest, and capital accumulation in Karl Marx's economics: a monetary interpretation". *WSI-Diskussionspapier*, Düsseldorf, Hans-Böckler Stiftung, Wirtschafts- und Sozialwissenschaftliches Institut (WSI), nº 102, 2002; LAVOIE, Marc; RODRÍGUEZ, Gabriel; SECCARECCIA, Mario. "Similitudes and discrepancies in Post-Keynesian and Marxist Theories of investment: a theoretical and empirical investigation". *International Review of Applied Economics*, 22 jan. 2007, pp. 127-149. Disponível em: https://www.tandfonline.com/journals/cira20. Acessado em: 07.03.2024.

investimento, mas o modelo mais direto e convincente considera o investimento dependente da taxa de lucro esperada. Os outros fatores possíveis, particularmente a taxa de utilização, estão embutidos na taxa de lucro esperada. Quando essa taxa é alta, as empresas inferem que a demanda pelos bens que produzem é alta, a taxa de utilização é alta e esperam taxas de lucro mais altas.

Isso não significa que o capitalista-empresário maximize sua taxa de lucro. Ele quer o maior lucro possível, mas também busca sua realização pessoal; ele visa inovar, construir um império, e sabe que o lucro máximo é um objetivo que está em contradição com esses objetivos pessoais. Como Herbert Simon demonstrou há muito tempo, basta uma taxa de lucro satisfatória para as empresas investirem.[163] A convenção sobre o que é uma taxa de lucro satisfatória varia de país para país. Será maior nos países em desenvolvimento do que nos países ricos, porque o risco de investir em países subdesenvolvidos é maior. Também será maior do que a taxa média de lucro esperada em setores considerados mais arriscados.

Não podemos simplesmente dizer que quanto maior a taxa esperada de lucro das empresas, maior a taxa de investimento. No mundo real, essa relação não é linear. As empresas investem quando a taxa de lucro esperada para o negócio é satisfatória. Uma convenção estabelecida pelas empresas de cada país e setor em um determinado momento definirá uma faixa satisfatória de taxa de lucro esperada. Quando chegar a essa faixa, as empresas vão investir. Como podemos ver no Gráfico 11.3, no qual temos, na linha vertical, a taxa esperada de lucro do negócio (EPR) e, na linha horizontal, a curva da taxa de investimento ao longo do tempo que cresce, mas a uma taxa decrescente até atingir um platô. No longo prazo, a taxa de juros não é igual à taxa de lucro,

---

[163] SIMON, Herbert A. *Models of Man*. Nova York: Wiley, 1957; SIMON, Herbert A. "Theories of decision-making in economics". *American Economic Review*, vol. 49, nº 3, jun. 1959, pp. 253-283. Disponível em: http://www.jstor.org/stable/1809901. Acessado em: 06.03.2024.

como propõe a Teoria Econômica Neoclássica, mas é uma linha constante, sempre abaixo da curva de taxa de investimento.

Gráfico 11.3 – Taxa de lucro esperada e taxa de investimento

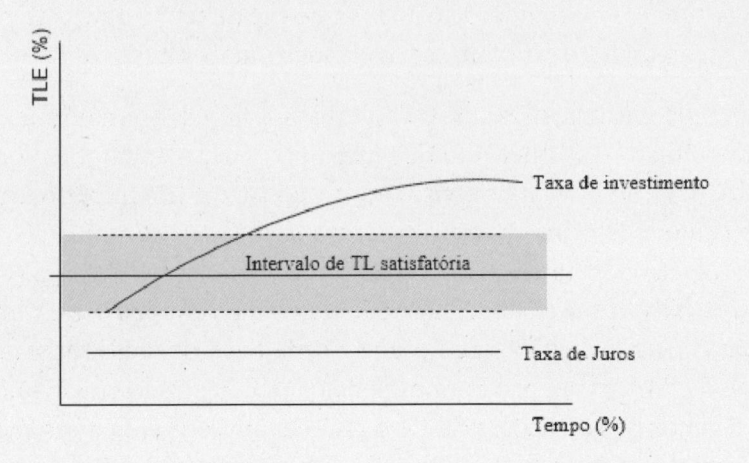

11.5 Modelo de Thirwall

Dado seu caráter normativo e os rígidos pressupostos do não mercado (um único bem sendo produzido, proporções fixas de capital e trabalho, investimento privado definido pelo governo), a economia convencional e os formuladores de políticas, ao basearem sua teoria do comércio internacional na lei da vantagem comparativa, ignoram todos os pressupostos que a tornam válida. Esquecem que a lei é de curto prazo e o desenvolvimento econômico ocorre a longo prazo, esquecem que a lei pressupõe pleno emprego.

Os pós-keynesianos, por outro lado, se concentraram no modelo de Thirlwall ou no crescimento restrito do balanço de pagamentos, que é uma extensão do multiplicador do comércio exterior de Harrod e uma formalização do modelo de Prebisch das duas elasticidades-renda perversas.[164] Com esse modelo, tornaram o desenvolvimento

---

[164] THIRLWALL, Anthony P. "Balance of payments constrained growth models: History and overview". *School of Economics Discussion Papers*, Canterbury,

dependente da demanda – essencialmente das exportações. Foi um avanço. Já vimos que o desenvolvimento dos países de rendimento médio é, em princípio, liderado pelas exportações. O mercado interno é essencial para o desenvolvimento, mas só pode impulsionar o crescimento no início da industrialização, quando o modelo de substituição de importações é necessário ou legítimo.

O pressuposto de Thirlwall é que a conta corrente deve permanecer equilibrada no longo prazo. Assim, espera-se que o PIB e as exportações cresçam no mesmo ritmo. É o que se supõe no multiplicador de comércio exterior da Harrod, no qual as suposições são de que a conta corrente também é equilibrada (e as exportações são o único componente autônomo da demanda agregada (o investimento ou o gasto estatal não são autônomos). Esse é um modelo estático. O modelo de 1979 de Thirlwall é dinâmico. É um modelo de crescimento em que a taxa de câmbio também é constante, as três variáveis são definidas em termos dinâmicos.

$$y = \frac{x}{\pi} \qquad (11.5)$$

Em que y é o crescimento da renda, x é o aumento das exportações e é a elasticidade-renda das importações. Quando Thirlwall criou seu modelo, ele o mostrou a seu colega da Universidade de Kent, Charles Kennedy, que observou corretamente: "isso parece uma versão dinâmica do multiplicador estático de comércio exterior da Harrod".[165]

---

nº 11, 2011. Disponível em: https://www.econstor.eu/handle/10419/50582. Acessado em: 05.03.2024.

[165] Charles Kennedy citado por THIRLWALL, Anthony P. "Balance of payments constrained growth models: History and overview". *School of Economics Discussion Papers*, Canterbury, nº 11, 2011, p. 17. Disponível em: https://www.econstor.eu/handle/10419/50582. Acessado em: 05.03.2024.

A variável chave aqui é a elasticidade-renda da demanda por importações que vem diretamente da restrição externa de Prebisch, mas a contribuição de Thirlwall não foi apenas a formalização do modelo de Prebisch. Em um fascinante ensaio de 2011, "Models of constrained balance of payments growth: History and overview", ele adota visões semelhantes às defendidas pelo ND. Tomemos, por exemplo, a defesa do mercantilismo contra a crítica liberal, o elogio dos grandes mercantilistas para quem o importante não era o tamanho do tesouro, mas manter baixo o custo dos empréstimos, a defesa da industrialização desde Antonio Serra e sua visão de retornos crescentes à escala, e a maravilhosa citação de Keynes:

> o que eu quero é fazer justiça às escolas de pensamento que os clássicos trataram mal nos últimos cem anos, quero fazer a crítica de David Ricardo cuja teoria do comércio é uma teoria real relacionada à realocação de recursos reais através *do comércio* que ignora os aspectos monetários do comércio.[166]

Keynes também critica a ortodoxia moderna que ignora o balanço de pagamentos ou, como prefiro dizer, a conta corrente. E explica o porquê: a ortodoxia assume que a balança de pagamentos, como todo o sistema, é autoequilibrado. Dessa forma, o formulador de políticas não tem nada a fazer a não ser manter a conta fiscal equilibrada, porque ela é exógena ao sistema.[167]

---

[166] Keynes citado por THIRLWALL, Anthony P. "Balance of payments constrained growth models: History and overview". *School of Economics Discussion Papers*, Canterbury, nº 11, 2011. Disponível em: https://www.econstor.eu/handle/10419/50582. Acessado em: 05.03.2024.

[167] THIRLWALL, Anthony P. "Balance of payments constrained growth models: History and overview". *School of Economics Discussion Papers*, Canterbury, nº 11, 2011, pp. 6-8. Disponível em: https://www.econstor.eu/handle/10419/50582. Acessado em: 05.03.2024.

CAPÍTULO XI – CRESCIMENTO E ESTAGNAÇÃO

Gráfico 11.4 – Exportações, importações e crescimento do PIB

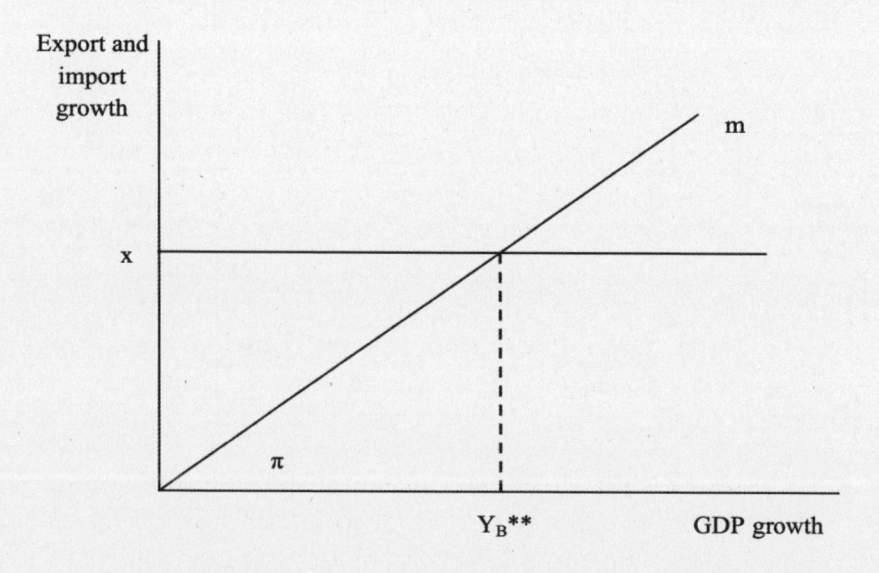

Fonte: THIRLWALL, Anthony P. "Balance of payments constrained growth models: History and overview". *School of Economics Discussion Papers*, Canterbury, n° 11, 2011, p. 18.

Thirlwall utilizou o Gráfico 11.4 para apresentar seu modelo. O crescimento do PIB está no eixo horizontal e o crescimento das exportações e importações no eixo vertical. O crescimento das exportações é autônomo, enquanto o crescimento das importações é função do crescimento do PIB, de acordo com a elasticidade-renda da demanda por importações. A taxa de crescimento do PIB consistente com o equilíbrio da balança de pagamentos é definida onde as curvas x e m se cruzam. Quanto maior a curva e mais plana a curva, maior a taxa de crescimento do equilíbrio.

Thirlwall reconhece as contribuições de economistas pós-keynesianos como Nureldin Hussain, John McCombie, Ricardo A. Araújo e Gilberto T. Lima, que desenvolveram uma versão multissetorial desagregada (2007), e Juan C. Moreno-Brid, que incluiu o pagamento de juros no modelo. Eles e vários outros detalharam e sofisticados a análise do modelo.

Thirlwall imediatamente testou seu modelo, e os resultados foram bons. Ele aplicou o modelo a uma seleção de países desenvolvidos durante os períodos 1951-73 e 1953-76 e encontrou "uma correspondência notável". Muitos outros também testaram o modelo, com econometria cada vez mais sofisticada, e os resultados têm sido bons. O modelo estabelece um limite para o crescimento econômico: o crescimento das exportações ajustado pela elasticidade-renda da demanda por importações. Funcionaria no caso do crescimento extraordinário da China? Sim, de acordo com um estudo de Yongbok Jeon.[168]

O ajuste do modelo à realidade não surpreende, uma vez que o crescimento das exportações por si só já está bem correlacionado com o crescimento do PIB, e com a correção inteligente da elasticidade das importações a correlação teve que aumentar. E há um sentido na causalidade. O crescimento das exportações é autônomo, enquanto o crescimento das importações é função do PIB. Como observa Thirlwall, quando comparadas com o investimento e os gastos do Estado, as exportações "são o único componente da demanda que pode pagar o conteúdo importado de outros componentes da demanda, como consumo, investimento, gastos do governo". Essas outras variáveis podem ter algum impacto no crescimento, mas ele entende que as exportações são, de longe, a variável mais relevante.[169]

---

[168] YONGBOK, Jeon. "Balance-of-payment constrained growth: the case of China, 1979-2002". *International Review of Applied Economics*, vol. 23, nº 2, 2009, pp. 135-146.

[169] THIRLWALL, Anthony P. "Balance of payments constrained growth models: History and overview". *School of Economics Discussion Papers*, Canterbury, nº 11, 2011, p. 20. Disponível em: https://www.econstor.eu/handle/10419/50582. Acessado em: 05.03.2024.

Há, no entanto, uma questão preliminar: o que determina as exportações? Thirlwall não tem uma resposta clara para essa pergunta. Ele sabe da relevância dos investimentos, mas não está interessado em aumentar a taxa de acumulação de capital – uma questão central para a ND. Ele não comenta que investimentos e câmbio competitivo são fundamentais para o aumento das exportações. Ele está realmente interessado na escassez de divisas, ou seja, moeda estrangeira. Em 1982, Thirlwall e Nureldin Hussain conduziram um estudo no qual, segundo Thirlwall, descobriram que

> a diferença de crescimento de três pontos percentuais entre o crescimento asiático de 6,6% ao ano e o crescimento africano de 3,6% é explicada pela diferença no crescimento das exportações – não diferenças no efeito dos fluxos de capital ou movimentos nos termos de troca.[170]

O resultado é impactante, mas cadê os investimentos? Um país pode exportar sem aumentar sua taxa de acumulação de capital? Thirlwall está tão entusiasmado com seu modelo notável que parece esquecer o resto.

A principal ressalva que tenho com o modelo é em relação à entrada de capital ou à política de crescimento com poupança externa. Thirlwall assume que a balança de pagamentos está em equilíbrio. Mais do que isso, ele critica países como Alemanha e China, que têm apenas superávits em conta corrente, mas não tão críticos a países que têm déficits crônicos em conta corrente. Depois de perceberem que vários países em desenvolvimento tinham apresentado déficits em conta corrente por períodos consideráveis,

---

[170] THIRLWALL, Anthony P. "Balance of payments constrained growth models: History and overview". *School of Economics Discussion Papers*, Canterbury, nº 11, 2011, p. 27. Disponível em: https://www.econstor.eu/handle/10419/50582. Acessado em: 05.03.2024.

no artigo de 1982 com Nureldin Hussain eles estenderam o modelo para incluir entradas de capital.

Neste artigo, eles começam argumentando que os países em desenvolvimento podem recorrer a entradas de capital, mas "a maioria não pode ganhar o suficiente". Eles acrescentam que "há apenas dois fatores que podem fazer com que a taxa de crescimento de um país se desvie dessa taxa: primeiro, mudanças nos termos de troca reais e, segundo, fluxos de capital", que muitas vezes funcionam na direção oposta "para compensar uns aos outros". E eles não têm muita dúvida sobre o benefício das entradas de capital. Com algum desdém compreensível, eles dizem:

> É preciso reconhecer, no entanto, que os países em desenvolvimento são frequentemente capazes de acumular déficits crescentes em conta corrente financiados por influxos de capital (que depois são amortizados!) que permitem que esses países cresçam permanentemente mais rápido do que seria o caso.

Em seguida, constroem o modelo com a inclusão das entradas de capital e chegam à equação (17) em que a taxa de crescimento restrito do balanço de pagamentos

> é a soma ponderada do crescimento das exportações devido ao crescimento exógeno da renda fora do país, e o crescimento dos fluxos reais de capital, dividido pela elasticidade-renda da demanda por importações.[171]

---

[171] THIRLWALL, Anthony P.; HUSSAIN, M. Nureldin. "The balance of payments constraint, capital flows and growth rates differences between developing countries". *Oxford Economic Papers*, vol. 34, nº 3, nov. 1982, pp. 498-500 e 500/501. Disponível em: https://www.jstor.org/stable/2662591. Acessado em: 07.03.2024.

Assim, o caminho para contornar o constrangimento externo é a política de crescimento com endividamento externo. Trata-se de um erro grave.

11.6 O modelo de dois hiatos

O modelo de dois hiatos é mais um modelo de planejamento normativo do que um modelo econômico. Chenery, um proeminente desenvolvimentista que durante anos chefiou o departamento de economia do Banco Mundial, e Bruno construíram um modelo baseado no modelo Harrod-Domar, que já estava sendo usado para o planejamento econômico, e no conceito de restrição externa de Prebisch. O crescimento depende de investimentos ou poupança *ex-post*. Assim, os países em desenvolvimento enfrentam uma "lacuna de poupança" na medida em que não há pleno emprego, ou, mais corretamente, quando prevalece a "oferta ilimitada de trabalho" de Arthur Lewis, típica dos países em desenvolvimento, e os investimentos desejados (planejados) são maiores do que a poupança interna após a dedução dos pagamentos de juros (poupança líquida).

Enquanto estavam no Banco Mundial, eles observaram que os países em desenvolvimento também estavam enfrentando uma "escassez de dólares" – estavam sempre enfrentando déficits em conta corrente e pedindo ao banco que fornecesse os dólares – "para financiar investimentos", como se fosse possível *ex-post* saber o que os empréstimos realmente financiavam. E concluíram que havia uma segunda lacuna – a "lacuna cambial": diante de uma baixa elasticidade-renda da demanda por suas exportações nos países industrializados e de uma alta elasticidade-renda da demanda por importações, eles caíram em déficits crônicos em conta corrente e, como antes de 1971, o setor financeiro não estava aberto a eles, uma "falta de dólares".[172] Um "déficit estrutural", diziam muitos

---

[172] O sistema financeiro internacional tem estado fechado aos países em desenvolvimento desde os descumprimentos generalizados na década de 1930.

desenvolvimentistas, e a solução estava expressamente presente no modelo de dois hiatos: recorrer à poupança externa e a lacuna de poupança seria coberta por entradas líquidas de capital. Sim, houve escassez de dólares, mas não foi devido à restrição externa, e sim à política de déficit em conta corrente que os países adotaram.

Alguns anos depois, uma grande crise da dívida externa impediu o crescimento dos países altamente endividados. Resultou diretamente da política de crescimento com endividamento externo legitimado pelo modelo de dois *gaps*. E, no início dos anos 2000, aprenderíamos que essa política também reduzia a competitividade internacional dos países em desenvolvimento.

Começou a ser inaugurado em 1971, com o fim da conversibilidade do dólar, e a oferta de divisas tornou-se abundante com o primeiro choque do petróleo em 1973 e a ascensão do mercado de petrodólares.

CAPÍTULO XII
POLÍTICA DE DÉFICIT EM CONTA CORRENTE

A ND dá grande importância à taxa de câmbio e à conta corrente – duas variáveis interdependentes. O Gráfico 12.1 mostra a relação entre eles: quanto maior o déficit em conta corrente, mais apreciada a moeda, e quanto maior o superávit em conta corrente, mais depreciada a moeda. Assim, há uma correspondência entre o saldo da conta corrente e a taxa de câmbio. Quando um país apresenta déficits crônicos em conta corrente, as *entradas líquidas de capital* tornam-se iguais a, pelo menos, o déficit. Poderiam, naturalmente, ser superiores a isso se houvesse entradas líquidas adicionais de investimentos diretos e de capitais de empréstimo. As entradas líquidas de capital representam uma maior oferta de divisas e apreciam a taxa de câmbio do país.

A economia convencional geralmente ignora essa relação inversa entre a conta corrente e a taxa de câmbio. ND enfatiza isso e sustenta que os países muitas vezes adotam a política de déficit em conta corrente por mero populismo cambial. Isto é válido tanto para os países em desenvolvimento como para os países ricos. A conta corrente operacionaliza esse populismo. Os governos desses países adotam a política de reduzir os déficits em conta corrente para aumentar o valor da taxa de câmbio, aumentar o poder de compra dos trabalhadores e rentistas e facilitar a reeleição dos políticos. Os países latino-americanos e os EUA fazem isso habitualmente. Essa é uma das razões pelas quais o desempenho econômico dos países latino-americanos tem sido tão ruim e por que, nos últimos 43 anos, os EUA perderam a concorrência com a China, o Leste Asiático e a Alemanha, que adotaram a política oposta.

Gráfico 12.1 – Conta corrente e a taxa de câmbio

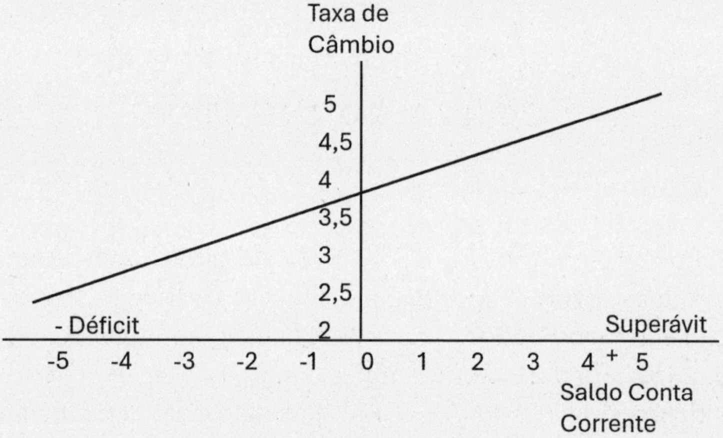

Fonte: elaborado pelo próprio autor.

Os países que apresentam déficits persistentes em conta corrente não reconhecem que estão sendo populistas. Alegam que procuram "crescer com poupança externa", portanto, com endividamento externo. Administrar déficits em conta corrente é a maneira de obter poupança externa que, segundo eles, aumentaria a poupança interna e aumentaria a taxa de investimento do país – algo que o ND demonstrou amplamente ser falso.

O que prova que esses países têm políticas de conta corrente? A resposta são défices ou excedentes persistentes, o que só pode acontecer se houver uma política por trás. Se não existisse, a taxa de câmbio voltaria ao equilíbrio atual. O papel do câmbio

CAPÍTULO XII – POLÍTICA DE DÉFICIT EM CONTA CORRENTE

é equilibrar a conta corrente do país. O sinal do saldo da conta corrente determina a direção dos fluxos de capital que afetam a taxa de câmbio. A longo prazo, as contas correntes dos países devem equilibrar-se. Se o mercado está cumprindo seu papel, só teríamos déficits ou superávits de curto prazo que responderiam a choques temporários na demanda ou oferta de moeda estrangeira.

Por que a Alemanha e a maioria dos países do Leste Asiático têm superávits em conta corrente? Porque esses países preferem uma taxa de câmbio competitiva e um setor industrial competitivo para aumentar o poder de compra dos salários e as receitas rentistas (juros, dividendos e aluguéis imobiliários). Além disso, considerando a Alemanha, seus formuladores de políticas, bem como sua população, rejeitaram fortemente qualquer inflação desde a hiperinflação da década de 1920, e políticas ortodoxas destinadas a manter os preços sob controle são vistas como legítimas. Assim, trabalhadores e rentistas estão dispostos a aceitar a perda relativa do poder de compra dos salários e rendas, pois todos acreditam que os altos níveis de competitividade internacional alcançados por sua indústria de transformação significarão aumento das exportações e, eventualmente, aumento de salários, aluguéis, taxas de juros e dividendos em termos reais, descontada a inflação.

Os EUA, por sua vez, têm sistematicamente déficits em conta corrente desde a década de 1960, provavelmente porque os americanos acreditam que se beneficiam do famoso "privilégio exorbitante": o dólar americano é a moeda universal, e os EUA tomam empréstimos apenas em dólares.[173] Na verdade, há um custo para essa política, porque o déficit em conta corrente envolve entradas líquidas de capital que valorizam o dólar e tornam a indústria americana menos competitiva. No entanto, não tenho

---

[173] O ex-Presidente francês Giscard d'Estaing, enquanto ministro do general Charles de Gaulle, disse que os EUA tinham um "privilégio exorbitante" de poder financiar os seus défices da conta corrente com o seu próprio dinheiro, o dólar americano.

conhecimento de nenhum debate que atribua o fracasso dos Estados Unidos em competir com a China à sobrevalorização do dólar como consequência dos déficits em conta corrente.

No caso dos países latino-americanos, os governos têm uma política de déficit em conta corrente porque acreditam que as entradas de capital, na forma de investimentos diretos ou empréstimos externos que financiam projetos de investimento específicos, são um indicativo de que o país "está crescendo com poupança externa". Não é assim. Os fluxos de capital estão entrando no país mais para financiar o consumo do que para financiar o investimento. No entanto, a ortodoxia liberal, os economistas de esquerda, os pós-keynesianos e as agências financeiras internacionais – em suma, os economistas *mainstream* – apoiam essa política, e cabe ao ND criticar radicalmente essa política, como veremos mais adiante neste capítulo. Ao adotar uma política de crescimento com dívida externa, os políticos não estão seguindo uma estratégia de desenvolvimento, estão praticando o populismo cambial. Eles estão atendendo às demandas dos trabalhadores e empregados por maior poder aquisitivo de seus salários, bem como às demandas dos capitalistas rentistas e financistas por maior poder de compra de seus dividendos, juros e aluguéis imobiliários. Por outro lado, a ortodoxia liberal tem boas razões para sustentar a política de crescimento com dívida externa, pois reproduz os interesses dos países ricos, sempre interessados em exportar seus bens e serviços, bem como exportar capital.

12.1 A taxa de substituição da poupança interna pela poupança externa

O crescimento com uma política externa de poupança é aparentemente correto. Parece razoável que os países ricos em capitais transfiram seu capital para países pobres em capital. Economistas de todas as denominações – ortodoxos e heterodoxos, agências internacionais e ortodoxia neoliberal – compartilham dessa crença. A

CAPÍTULO XII – POLÍTICA DE DÉFICIT EM CONTA CORRENTE

crítica de ND é contraintuitiva; exige que os economistas repensem a economia. Não tenho dúvidas, no entanto, de que, exceto em circunstâncias específicas, que discutirei a seguir, essa política está errada. Como as entradas de capital estão relacionadas à apreciação da taxa de câmbio no longo prazo, a política de crescimento com poupança externa provoca aumento do consumo, ao mesmo tempo que prejudica o investimento; aumenta a capacidade de consumo tanto dos pobres como dos ricos, ao mesmo tempo que torna as empresas não mercantis comercializáveis internacionalmente pouco competitivas e bloqueia os seus investimentos.

Além dessa explicação simples, também devemos considerar que a poupança externa não aumenta a poupança interna, mas a substitui.

O investimento *ex-post* é igual à poupança, que é igual à poupança interna mais a poupança externa.

$$i = S = S_d + S_x \qquad (12.1)$$

onde I é o investimento, S é a poupança total, S_d é a poupança interna e S_x é a poupança externa.

Por outro lado, a poupança total (S) é igual à poupança interna (S_d) mais a poupança externa (S_x), e *ex-post*, é igual ao investimento (I).

A poupança externa é igual ao déficit em conta corrente – que, por sua vez, corresponde às importações de bens e serviços menos as exportações de bens e serviços (balança comercial) – mais a receita líquida enviada ao exterior.

$$CAD = (M_g + M_s) - (X_g + X_s) \qquad (12.2)$$

onde CAD é o déficit em conta corrente, e M_g e M_s são as importações de bens e serviços, respectivamente, e X_g e X_s são, respectivamente, as exportações de bens e serviços.

Poderíamos concluir que, quando um país está recebendo poupança externa, os investimentos e a taxa de investimento aumentariam. No entanto, a partir das relações descritas acima, esta é uma conclusão errada. Não são relações econômicas, não são propriamente economia, mas identidades aritméticas. Na verdade, a poupança externa não acrescenta à poupança interna, ela a substitui.

Já vimos que quanto maior o déficit em conta corrente, mais apreciada é a moeda nacional, e quanto maior o superávit em conta corrente, mais depreciada é a moeda nacional. Dada essa relação, vou agora trabalhar com a taxa de câmbio em determinados períodos, em vez de trabalhar com ela a todo momento, e explicar por que a poupança externa substitui a poupança interna em vez de adicionar a ela.

Vamos supor dois períodos: t 0, em que a conta corrente está em equilíbrio e a poupança externa é zero, e período t_{+1}, em que a conta corrente está em déficit e a taxa de câmbio se valoriza (ou há superávit, e a taxa de câmbio se deprecia).

Podemos agora ter uma equação (12.3) que expressa a *taxa de substituição* (z) da poupança interna pela poupança externa, à medida em que a poupança externa *desloca a* poupança interna.

$$z = dS_x / dS_d \quad (12.3)$$

$$z = (\Delta S_x / PIB) / (\nabla S_d / PIB) \quad (12.4)$$

$$z = \mu/\cent \quad (12.5)$$

onde z é a taxa de substituição da poupança interna pela poupança externa, µ é a taxa de aumento da taxa de poupança externa (S Δ_x /PIB), e ¢ é a taxa de declínio da taxa de poupança interna em relação ao PIB (∇S_d / PIB). Como mostra a equação (12.3), um aumento

CAPÍTULO XII – POLÍTICA DE DÉFICIT EM CONTA CORRENTE

na taxa de poupança externa pode causar uma queda na taxa de poupança interna. Se as duas taxas forem iguais, z é igual a 1.

$$\text{Se } \Delta S_x/PIB = \nabla S_d/PIB \longrightarrow z = 1 \quad (12.6)$$

O que determina z? Depende das receitas e da propensão marginal dos trabalhadores (salários), dos empregados médios e gerentes (salários) e dos capitalistas rentistas (dividendos, juros e aluguéis imobiliários) a consumir, menos sua propensão marginal a investir, os dois valores somados a 1. Suponhamos que a relação déficit em conta corrente do país em relação ao PIB ($\Delta CA/PIB$) aumente e a taxa de câmbio se aprecie (ou caia, se medirmos a taxa de câmbio como a moeda nacional por 1,00 dólar americano). Como consequência, o poder de compra das três receitas cai. Mas o que é relevante na avaliação da taxa de substituição da poupança interna pela poupança externa é o que acontece com as propensões marginais.

Se o país passar por um período de crescimento extraordinariamente rápido, as oportunidades de investir e obter altas taxas de lucro aumentarão, a propensão marginal a investir também aumentará e a propensão marginal a consumir cairá. Quanto maior o aumento da propensão marginal para investir, menor a propensão para consumir. Se a propensão marginal para investir aumentar em 100%, a taxa de substituição da poupança interna pela poupança externa (z) – que é igual a 1 menos a razão entre as duas propensões – será igual a zero (z = 0).

12.2 Exceções

ND critica o crescimento com uma política de endividamento externo, mas, em certos períodos, os países de renda média se desenvolveram com poupança externa. Foi o caso dos Estados Unidos no final do século XIX, da Coreia do Sul nos anos 1970 e do Brasil no "milagre" de 1968-1973. Em períodos como esses, a taxa de substituição da poupança interna pela poupança externa não é tão elevada como estamos a supor, mas é muito baixa. A explicação para esse fato é simples. Quando um país está crescendo em um ritmo acelerado, realmente em um ritmo acelerado, as oportunidades de investimento lucrativo aumentam, e a propensão marginal a investir de pessoas e empresas aumenta, enquanto a propensão marginal a consumir diminui. Dessa forma, as poupanças externas são adicionadas às poupanças internas em vez de as substituir. Mesmo assim, é interessante notar que tanto o Japão quanto a China se recusaram a apresentar déficits em conta corrente.

No caso dos países pobres, há outra exceção. Para eles, que ainda não têm um setor exportador que permita ao país começar a acumular capital e criar um mercado interno e se industrializar, os investimentos, inclusive estrangeiros, voltados para a exportação de *commodities*, contribuem para o desenvolvimento do país. Naturalmente, essas exportações causam doenças holandesas. No entanto, nesse estágio inicial de desenvolvimento, a possibilidade de o país desenvolver uma indústria de transformação é pequena, restrita a um número limitado de bens. E a doença holandesa sempre pode ser neutralizada com a fixação de tarifas de importação sobre esses produtos. É muito cedo para criar um imposto variável sobre *commodities*, especialmente minerais, como discutirei no capítulo XIV, porque essa medida tornará todos os produtos manufaturados mais caros.

Um exemplo do sucesso relativo da política referida no parágrafo anterior são os grandes exportadores de petróleo, como a Arábia Saudita, que é agora um país de rendimento médio. O país não sabe o que é a doença holandesa e adota impostos de exportação apenas para fins fiscais, por isso não se industrializou. Mas seus enormes superávits em conta corrente foram usados de forma relativamente sábia em educação, saúde e infraestrutura e o país se desenvolveu. Além desse país, Emirados Árabes Unidos, Qatar e Botsuana também são exceções, mas exceções relativas: o financiamento de seus investimentos em petróleo foi feito em parte com recursos de exportação, não com investimentos estrangeiros diretos.

12.3 Ciclo cambial

O ND afirma que a taxa de câmbio nos países em desenvolvimento segue uma tendência de apreciações e desvalorizações cíclicas.[174] Por duas razões: primeiro, porque muitos países adotam uma política de endividamento externo, ou política de déficit em conta corrente, e segundo, porque muitos são países exportadores de *commodities* e estão sujeitos a ciclos de alta e queda dos preços das *commodities*. O resultado é o *ciclo cambial* que será mais pronunciado se as duas condições forem combinadas. Esse ciclo geralmente termina em uma crise cambial. Além do ciclo cambial, quando a taxa de câmbio permanece altamente sobrevalorizada por vários anos, o país será menos competitivo, com dificuldade de industrialização e recuperação.

O papel da taxa de câmbio é equilibrar a conta corrente de um país e garantir seu equilíbrio externo. Mas quando o país adota uma política de crescimento com déficit em conta corrente e incorre em déficits crônicos em conta corrente, a taxa de câmbio deixa de desempenhar seu papel de equilíbrio e segue um padrão cíclico de altos e baixos, que, em países com doença holandesa, é naturalmente mais pronunciado.

---

[174] Para confirmação empírica recente, ver BRESSER-PEREIRA, Luiz Carlos *et al*. "A taxa de câmbio de equilíbrio em conta corrente: metodologia e estimativas para os países da AL". *Revista Brasileira de Economia Política*, vol. 42, nº 4, out. 2022, pp. 809-834; MARCONI, Nelson *et al*. "The impact of exchange rate misalignments on manufacturing investment in Brazil". *Brazilian Journal of Political Economy*, vol. 42, nº 4, out. 2002, pp. 853-875.

Gráfico 12.2 – Ciclo da taxa de câmbio em países em desenvolvimento – sem doença holandesa

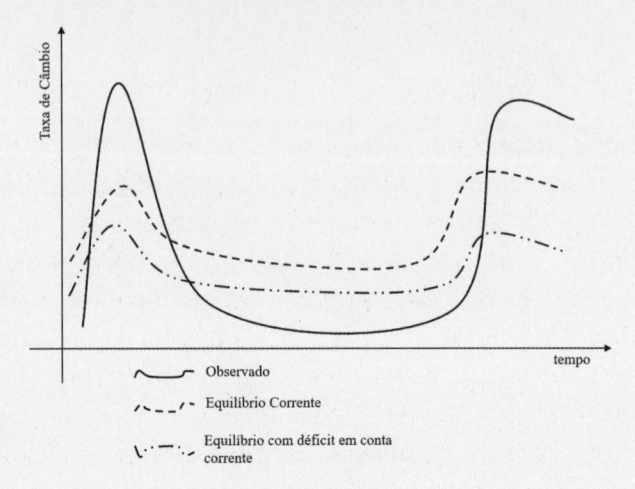

- Observado
- Equilíbrio Corrente
- Equilíbrio com déficit em conta corrente

Fonte: O Autor.

O ciclo da taxa de câmbio é representado no Gráfico 12.2, no qual a curva completa representa a taxa de câmbio real observada, e as três curvas pontilhadas representam o equilíbrio corrente, o equilíbrio industrial e a taxa de câmbio com déficit em conta corrente. No "fundo do poço", a taxa de câmbio observada fica mais apreciada do que o equilíbrio com déficit em conta corrente.

Comecemos com o momento que se segue à crise de balanço de pagamentos e à violenta depreciação da taxa de câmbio. Nos meses seguintes, à medida que a crise vai amainando, a taxa de câmbio se aprecia (cai) gradualmente. A partir do pico altamente desvalorizado, a taxa de câmbio primeiro cruza a curva de *equilíbrio industrial* e, em seguida, chega ao *equilíbrio corrente*. Nesse momento, o país atingiu a normalidade e a crise parece ter acabado, mas não é o caso. O governo, "para crescer com poupança externa" ou, o que dá no mesmo, para ser populista e atender mais a seus eleitores, continua a gastar mais que arrecada, e o país mergulha na área dos déficits em conta corrente. Até que atinge o *equilíbrio de dívida externa* – um equilíbrio precário, mas não para aí. O

CAPÍTULO XII — POLÍTICA DE DÉFICIT EM CONTA CORRENTE

populismo cambial não arrefece e o país finalmente chega ao *fundo do poço*, que reflete a menor taxa de câmbio que os exportadores de *commodities* mais eficientes podem tolerar. Depois, mantém-se nesse nível instável durante alguns anos, enquanto os indicadores da dívida externa continuam a piorar. Finalmente, os credores perdem a confiança de uma vez por todas, e a nova crise de balanço de pagamentos explode, concluindo-se o ciclo. Deve-se notar que todo o processo pode levar menos tempo se a relação déficit/PIB em conta corrente aumentar, e os mercados financeiros se comportarem como se o país estivesse à beira do calote. Foi o que aconteceu na crise asiática de 1977.

O país fica, assim, impossibilitado de pagar as amortizações da dívida externa e os juros que vencem todos os meses e entra numa moratória não declarada. Nessa circunstância, a única alternativa é um severo ajuste fiscal para reduzir a demanda do país por moeda estrangeira, mantendo a taxa de juros elevada para que as entradas de capital voltem a ser líquidas.[175] Depois de algum tempo, o ajuste macroeconômico trabalha com desemprego, queda de salários, aumento da pobreza e queda da inflação. Isso acalma os mercados financeiros no exterior e em casa, a taxa de câmbio cai gradualmente, a moeda se deprecia gradualmente, e a curva de câmbio atinge o equilíbrio atual; então, há um breve período de equilíbrio externo.

Deve-se notar que todo o processo pode levar menos tempo se a relação déficit em conta corrente/PIB aumentar, e os mercados financeiros se comportarem como se o país estivesse à beira do calote. Foi o que aconteceu na crise asiática de 1977.

De qualquer forma, o ciclo cambial e as crises cambiais são resultado da política de crescimento com endividamento externo e dos desvios da conta corrente de equilíbrio que as *commodities* podem causar. Os três atores dessa comédia – os países de renda média e seus políticos e economistas, a ortodoxia neoliberal

---

[175] Moratórias abertas, como a moratória brasileira de 1987, são raras.

representada pelas agências internacionais e os economistas *mainstream* – estão otimistas e acreditam que o ciclo será evitado. É verdade que esses atores aprendem, mas é apenas parcialmente, e o ciclo cambial recomeça.

Antes de encerrar esta seção, observo que, com a crise da dívida externa dos anos 1980, os Estados Unidos e o FMI aprenderam que podiam e deviam evitar crises cambiais, que as crises não só custavam caro aos países endividados, como também colocavam em risco os grandes bancos comerciais. Assim, deixaram de impor condições excessivas para ajudar o país endividado, agiram rapidamente e, em alguns casos, evitaram a crise. Isso ocorreu, por exemplo, no Brasil em 1999 e na Argentina em 2018. Como consequência, as crises de balanço de pagamentos envolvendo países inadimplentes tornaram-se menos frequentes. No entanto, os males associados às moedas sobrevalorizadas continuaram a desencorajar o investimento privado e a bloquear o crescimento.

CAPÍTULO XIII
CÂMBIO, INVESTIMENTO E CRESCIMENTO

Para manter a taxa de câmbio competitiva, a macroeconomia do ND afirma que o Estado deve ter uma política de manutenção: (1) de uma conta fiscal relativamente equilibrada, (2) e de uma conta corrente equilibrada, se não superavitária. Para alcançar esses dois resultados, o governo deve, no plano fiscal, (a) adotar uma política fiscal anticíclica, (b) manter as despesas correntes equilibradas, (c) financiar o investimento público com poupança pública complementada por financiamento monetário (compra de novos títulos do Tesouro pelo Banco Central) sempre que o pleno emprego estiver ausente e a inflação estiver sob controle; no nível cambial, deve (a) controlar o consumo interno e os gastos públicos e (b) estimular as exportações.

Ao rejeitar déficits crônicos em conta corrente, o ND rejeita a política de crescimento com poupança externa ou endividamento externo. Essa é a mais *contraintuitiva* das políticas defendidas pelo Novo Desenvolvimentismo. Os países de renda média geralmente adotam políticas de déficit ou superávit em conta corrente. No entanto, tanto os déficits crônicos em conta corrente dos países latino-americanos e dos Estados Unidos quanto os superávits igualmente crônicos em conta corrente dos países do Leste Asiático e da Alemanha *só podem* ser explicados se houver uma política explícita ou implícita de déficit ou superávit em conta corrente. Não fossem essas políticas, o mercado puxaria o equilíbrio corrente em torno da taxa de câmbio, em torno do equilíbrio atual, ainda que de forma volátil.

A ND rejeita um preceito que parece óbvio: os países pobres em capital devem contar com os países ricos em capital. Nesse sentido, o ND observa que os déficits em conta corrente e o consequente endividamento externo devem ser evitados, pois os déficits em conta corrente tornam a moeda do país supervalorizada, tiram a competitividade das boas empresas e desestimulam, se não impedem, o investimento privado.[176] Esses efeitos negativos dos déficits são, no entanto, ignorados pela economia convencional. Não por países como a Alemanha e os do Leste Asiático que adotam a política de superávits em conta corrente – algo injusto para os concorrentes, mas que mantém a moeda nacional mais do que competitiva. Vale ressaltar que, se o país que tem a doença holandesa conseguir neutralizá-la, terá um superávit em conta corrente, pois passará do saldo corrente para o industrial, que é, por definição, mais depreciado do que o saldo que zera a conta corrente do país.[177] Nesse caso, não se pode falar de uma política de déficit da balança de transações correntes.

---

[176] BRESSER-PEREIRA, Luiz Carlos; GALA, Paulo "Por que a poupança externa não promove o crescimento?" *Brazilian Journal of Political Economy*, vol. 27, n° 1, jan. 2007.

[177] BRESSER-PEREIRA, Luiz Carlos. "The Dutch Disease and its neutralization: a Ricardian approach". *Brazilian Journal of Political Economy*, vol. 28, n° 1, 2008, pp. 47-71; BRESSER-PEREIRA, Luiz Carlos. "Neutralizing the Dutch disease". *Journal of Post Keynesian Economics*, vol. 43, n° 2, 2020, pp. 298-316.

CAPÍTULO XIII – CÂMBIO, INVESTIMENTO E CRESCIMENTO

13.1 Três equilíbrios

Considerando as demais variáveis constantes, quanto maior o déficit em conta corrente de um país, mais apreciada será a taxa de câmbio, maior será o superávit, mais depreciado ele estará. O principal papel da taxa de câmbio é equilibrar a conta corrente do país. Portanto, o equilíbrio *atual* é o equilíbrio geral para o qual a taxa de câmbio tende. Mas temos mais dois equilíbrios na ND: o equilíbrio industrial, que é relevante quando o país sofre da doença holandesa, e o equilíbrio do déficit em conta corrente adotado por países que têm uma política de déficit em conta corrente. O primeiro é um equilíbrio legítimo, o segundo, um falso equilíbrio que não interessa aos países em desenvolvimento.

O equilíbrio industrial corresponde à taxa de câmbio que torna a indústria do país competitiva ou, mais amplamente, produtivamente sofisticada, o que implica maior valor adicionado *per capita* e paga melhores salários. O equilíbrio de dívida externa, que eu originalmente chamava de "saldo da dívida externa" e a ortodoxia neoliberal chama de "equilíbrio fundamental",[178] é aquele que resulta de uma política explícita ou implícita de déficit em conta corrente e que mantém constante a relação dívida externa/PIB. Esse "equilíbrio" tira a competitividade de empresas competentes e facilmente leva à crise cambial, mas atrai os políticos do governo e a população, que felizmente se acomodaram a ele.

Podemos ver esses três equilíbrios na ordenada do Gráfico 13.1, em que assumo uma relação neutra entre a conta corrente e a taxa de câmbio, expressa como uma inclinação neutra (45 graus), mas é claro que essa inclinação vai variar dependendo do país e das outras variáveis que afetam a taxa de câmbio.

---

[178] WILLIAMSON, John. "Estimates of FEER". *In*: _____ (Coord.). *Estimating Equilibrium Exchange Rates*. Washington: Institute for International Economics, 1994.

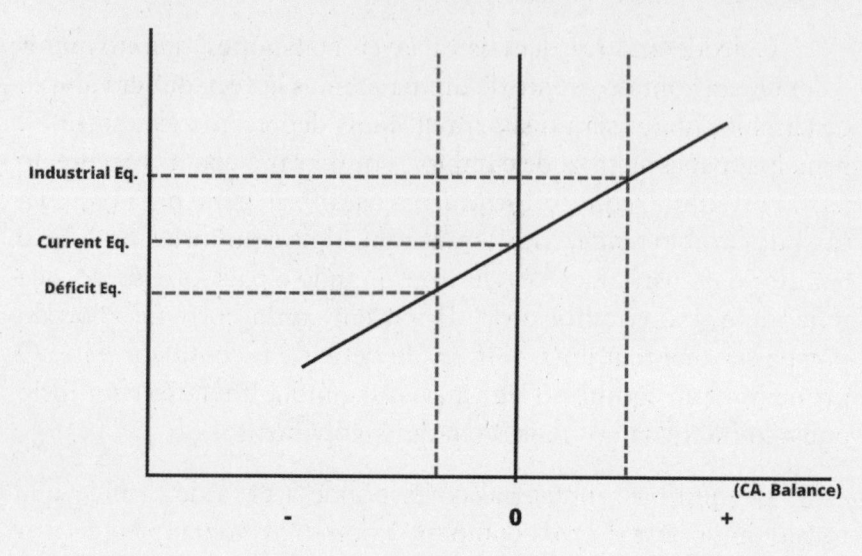

Gráfico 13.1 – Conta corrente e taxa de câmbio de equilíbrio

Usando o exemplo do Brasil, podemos tornar mais prático o entendimento desses três balanços. Estimo que, no Brasil de hoje, (a) o equilíbrio industrial é de R$ 5,30 por dólar, satisfatório para a indústria; (b) o saldo corrente, R$ 4,80 por dólar; e (c) o saldo com o déficit em conta corrente é igual a R$ 4,50. No caso do equilíbrio da conta corrente, os R$ 5,30 por dólar pressupõem que as entradas líquidas de capital estejam em torno de zero. No caso do equilíbrio industrial, as entradas líquidas de capital serão negativas porque o país terá superávit em conta corrente. Finalmente, no caso do défice da balança de transações correntes de equilíbrio, as entradas líquidas serão positivas para financiar o défice. A taxa de câmbio de aproximadamente R$ 4,50 corresponderá ao déficit em conta corrente de cerca de 2,5% do PIB. Esse equilíbrio de dívida externa deve manter constante a relação dívida externa/PIB.

CAPÍTULO XIII — CÂMBIO, INVESTIMENTO E CRESCIMENTO

13.2 Taxa de câmbio flutuante gerenciada

De acordo com a economia convencional, o regime cambial pode ser flutuante ou fixo. Na prática, porém, é geralmente flutuante, mas administrado. Isso é um oxímoro, não é lógico, mas a realidade e as políticas econômicas nem sempre são tão lógicas quanto gostaríamos, e expressões contraditórias podem nos ajudar a entender a realidade e formular políticas.

A economia convencional sempre viu a taxa de câmbio como uma variável de curto prazo. Volátil, sempre variando em torno do equilíbrio atual. Nesse caso, a teoria conclui que ela *não pode* ser determinante do investimento. Ela determina o investimento porque é uma variável que pode permanecer sobrevalorizada ou depreciada no longo prazo. Foi a partir da observação desse fato que a ND construiu uma teoria de investimento na qual a taxa de câmbio desempenha um papel relevante.

A economia convencional sempre vê a taxa de câmbio como uma variável de curto prazo discutida na teoria do comércio internacional e na macroeconomia. Então a discussão clássica era "consertar ou flutuar?" (*fixar ou flutuar*). Mas, de uns tempos para cá, essa visão mudou. O FMI, por exemplo, passou a adotar políticas contraditórias, dependendo do país e de suas condições. Em 1997, instou os países asiáticos a desvalorizarem ou flutuarem suas moedas, enquanto, em 1998, emprestou bilhões à Rússia e ao Brasil para tentar ajudar esses países a manterem suas taxas de câmbio em um nível fixo. Na verdade, as duas alternativas de regime cambial não são exclusivas.

De acordo com a Teoria Econômica Neoclássica, em um mundo em que o capital é cada vez mais móvel, os países não seriam capazes de fixar ou administrar sua taxa de câmbio e, ao mesmo tempo, manter uma política monetária independente. De acordo com o conhecido modelo de Mundell-Fleming, os países devem escolher entre a confiança e a estabilidade proporcionadas por uma taxa de câmbio fixa e o controle sobre a política monetária oferecido por uma taxa flutuante.[179] Nos anos neoliberais do capitalismo, os países foram pressionados a escolher a política monetária e deixar a taxa de câmbio flutuar. Na época do padrão-ouro, o regime fixo era a norma. A flutuação do dólar em 1971 abriu espaço para regimes flutuantes, e as crises cambiais tornaram-se frequentes.

O regime cambial flutuante leva os países ao ciclo cambial, ou seja, a crises cíclicas do balanço de pagamentos, como vimos no capítulo anterior. Estas crises têm custos s reais. Além disso, taxas flutuantes e voláteis podem reduzir a confiança dos investidores na moeda, desestimulando investimentos e dificultando o combate à inflação. Para obter o melhor dos dois mundos, algumas economias de renda média tentaram uma abordagem híbrida, atrelando sua taxa de câmbio a uma única moeda estrangeira ou a uma cesta de moedas. Hoje, muitos acadêmicos concordam com uma "flexibilidade limitada", o que é um bom compromisso, enquanto outros continuam a acreditar que uma escolha entre os dois regimes é necessária. Os decisores políticos são mais realistas e pragmáticos e sabem que têm de viver com um regime de taxas relativamente flutuantes, mas o regime cambial tem de ser pragmático: tem de ser um regime de taxas de câmbio "geridas flutuantes".

Para os economistas neoclássicos, os desalinhamentos são inevitáveis. Para os economistas keynesianos, os desalinhamentos são mais acentuados. No passado, essa volatilidade era consequência de mudanças repentinas nos termos de troca que são comuns em países exportadores de *commodities*. Hoje, essa alta volatilidade decorre adicionalmente dos fluxos de capital, que são enormes. Como resultado, muitos acreditam que a taxa de câmbio se tornou imprevisível. ND diverge dessa visão. Como vimos no capítulo X,

---

[179] MUNDELL, R. A. "Capital mobility and stabilization policy under fixed and flexible exchange rates". *The Canadian Journal of Economics and Political Science*, vol. 29, nº 4, nov. 1963, pp. 475-485.

considerando os fluxos de capital, muitos países têm um desempenho estável da taxa de câmbio. Em geral, os países ricos são exportadores de capital e têm fluxos líquidos de capital negativos, enquanto muitos países em desenvolvimento adotam uma política de crescimento com poupança externa e têm entradas líquidas de capital positivas.

13.3 Teoria do acesso à demanda

A teoria específica do ND que explica por que a taxa de câmbio *determina o* investimento pode ser chamada de "teoria do acesso à demanda". Em 2001, quando comecei a construir a ND, minha suposição básica era que a taxa de câmbio era determinante tanto da taxa de investimento quanto da taxa de crescimento. Naquela época e ainda hoje, a taxa de câmbio está ausente de todos os livros didáticos sobre desenvolvimento econômico. Nem mesmo uma seção prestou atenção a esse preço macroeconômico. No início dos anos 2000, havia apenas um estudo empírico de 1997 mostrando que a taxa de câmbio era uma variável-chave no processo de desenvolvimento, mas esse estudo, assim como meu trabalho de 2003 com Yoshiaki Nakano, não explicava por que a taxa de câmbio determina o investimento.[180] Estudos posteriores acompanharam e confirmaram esse papel da taxa de câmbio.[181]

---

[180] Refiro-me a RAZIN, Ofair; COLLINS, Suzan M. "Real exchange rate misalignments and growth". *National Bureau of Economic Research*, set. 1997. Disponível em: https://doi.org/10.3386/w6174. Acessado em: 07.03.2024; BRESSER-PEREIRA, Luiz Carlos; NAKANO, Yoshiaki. "Economic growth with foreign savings?" *Brazilian Journal of Political Economy*, vol. 23, n° 2, abr. 2003, pp. 3-27. Disponível em: https://centrodeeconomiapolitica.org.br/repojs/index.php/journal/article/view/895. Acessado em: 01.03.202.

[181] GALA, Paulo. "Real exchange rate levels and economic development: theoretical analysis and econometric evidence". *Cambridge Journal of Economics*, n° 32, 2008; RODRIK, Dani. "Real exchange rate and economic growth". *Brooking Papers on Economic Activity*, 2008, pp. 365-412; RAPETTI, Martin; SKOTT, Peter; RAZMI, Arslan. "The real exchange rate and economic growth: are developing countries special?" *International Review of Applied Economics*, vol. 26, n° 6, 2012, pp. 735-753. Disponível em:

Mas os estudos também não ofereceram uma teoria para explicar os achados empíricos.[182] Finalmente, no artigo de 2012 "A taxa de câmbio no centro da teoria do desenvolvimento econômico", cheguei à teoria depois de descobrir uma metáfora que procurava há muito tempo. Em 2010 – último ano do segundo governo Lula no Brasil –, eu costumava dizer em minhas palestras que "invejava o presidente Lula, que facilmente encontrava novas metáforas em seus discursos". No ano seguinte, me deparei com a metáfora: a taxa de câmbio é como um *interruptor* que liga ou desliga empresas competentes de sua demanda.

Com base nessa ideia, o acesso à teoria da demanda resume-se à afirmação de que a taxa de câmbio determina o investimento sob uma *condição*: o país apresenta déficits ou superávits crônicos em conta corrente, o investimento não tem como um de seus determinantes a taxa de câmbio quando flutua em torno do equilíbrio corrente. Em outras palavras, a taxa de câmbio tem esse poder quando um país adota uma política de superávit ou déficit em conta corrente que resulta em déficits ou superávits recorrente como vimos no capítulo X.

As políticas de déficit ou superávit em conta corrente, explícitas ou, como é mais comum, implícitas, resultam de uma soma de políticas anteriores, especialmente políticas fiscais contracionistas ou expansionistas, que levam ao déficit ou superávit desejados. São a consequência de uma prática que os países consideram favorável a eles, desde que não haja ameaça de crise cambial.

---

https://doi.org/10.1080/02692171.2012.686483. Acessado em: 07.03.2024; MISSIO, Fabrício *et al.* "Real exchange rate and economic growth: new empirical evidence". *Metroeconomica*, 2015.

[182] RODRIK, Dani. "Real exchange rate and economic growth". *Brooking Papers on Economic Activity*, 2008, p. 366, por exemplo, argumentou que "a razão pela qual a sobrevalorização está tão consistentemente associada ao crescimento lento nem sempre é explicitamente teorizada, mas a maioria dos relatos liga-a à instabilidade macroeconômica". E acrescenta: "estas conclusões sugerem que está em jogo mais do que a estabilidade macroeconômica".

CAPÍTULO XIII – CÂMBIO, INVESTIMENTO E CRESCIMENTO

Adotei o nome de teoria do acesso à demanda em 2014, quando propus uma nova forma de apresentar a teoria no artigo "Acesso à demanda".[183] Uma taxa de câmbio é competitiva e determina o investimento quando garante *o acesso à demanda existente* para as empresas que utilizam a melhor tecnologia. A condição é que nesse país a taxa de câmbio esteja cronicamente sobrevalorizada e, portanto, haja uma política ou acomodação por parte do governo. Enquanto a taxa de câmbio permanecer apreciada, as empresas ou empresários considerarão apenas a taxa de câmbio média em torno da qual ocorre a flutuação da taxa de câmbio. E como essa taxa não é competitiva, eles não vão investir. A taxa de câmbio torna-se uma variável determinante no processo de acumulação de capital. Ou, em outras palavras, a não realização do investimento.

Assim, a taxa de câmbio é a variável que dá ou nega às empresas competentes o acesso à demanda. Para os países deficitários em conta corrente, o *limite* para tal política é a crise cambial que pode resultar do aumento da relação dívida externa/PIB. Para a alternativa oposta, não há limite, exceto a possível insatisfação da população com sua renda relativamente deprimida, ou a resposta agressiva de países concorrentes diante da prática comercial desleal envolvida.

Países como Alemanha e Leste Asiático estimulam o investimento adotando uma política de superávit, enquanto países latino-americanos desestimulam, se não inviabilizam investimentos. Quando uma empresa percebe que há demanda interna ou externa e formula um projeto de investimento, ela calcula seu retorno provável. No caso do país com uma moeda em constante valorização, a empresa usará essa taxa de câmbio para fazer seus cálculos e não investirá,

---

[183] BRESSER-PEREIRA, Luiz Carlos. "The exchange rate at the centre of development economics". *Estudos Avançados*, vol. 26, nº 75, 2012, pp. 7-28; BRESSER-PEREIRA, Luiz Carlos. "The access to demand". *In*: PAPADIMITRIOUS, Dimitri B. (Coord.). *Contributions to economic theory, policy, development and finance*: essays in honor of Jan A. Kregel. Londres: Palgrave Macmillan, 2014, pp. 196-206.

ou investirá apenas o suficiente para modernizar a fábrica, não para expandir a produção. Se o país não tiver uma política de conta corrente, deixando a taxa de câmbio flutuar em torno do saldo atual, então a taxa de câmbio não será determinante do investimento.

Dada a volatilidade da taxa de câmbio, essa volatilidade também pode desestimular o investimento. A teoria econômica convencional está bem ciente desse problema, e há ampla literatura empírica sobre ele.[184]

13.4 Populismo econômico

Populismo é uma palavra que originalmente pertence ao vocabulário da teoria política. Em seu sentido original, o populismo identifica políticos que conseguem estabelecer contato direto com a população sem a intermediação de partidos políticos e ideologias. É uma prática política relativamente autoritária que pode servir a líderes nacionalistas que enfrentam o Norte Global e industrializam o país, como foi o caso de Getúlio Vargas no Brasil. Ernesto Laclau (1935-2014) via o populismo como um apelo ao povo contra a estrutura de poder estabelecida e as ideologias dominantes.[185] É claro que políticos de baixa qualidade também podem praticar o populismo. Ou então, líderes políticos de extrema direita podem praticá-lo, como vimos recentemente com Donald Trump.[186]

Na década de 1980, os economistas também começaram a usar o termo "populismo", mas em um significado diferente. Em 1991, Ruddiger Dornbusch e Sebastian Edwards editaram um

---

[184] Ver, por exemplo: VIEIRA, Flávio Vilela; DAMASCENO, Aderbal Oliveira. "Desalinhamento cambial, volatilidade cambial e crescimento econômico: uma análise para a economia brasileira (1995-2011)". *Brazilian Journal of Political Economy*, vol. 36, n° 4, 2016, pp. 704-725. Diponível em: http://dx.doi.org/10.1590/0101-31572016v36n04a03. Acessado em 02.04.2024.

[185] LACLAU, Ernesto. *On populist reason*. Londres: Verso, 2005.

[186] Este foi o caso de Getúlio Vargas no Brasil.

CAPÍTULO XIII – CÂMBIO, INVESTIMENTO E CRESCIMENTO

livro sobre populismo econômico nos Estados Unidos, enquanto eu também publiquei um livro publicado no Brasil sobre o mesmo tema. Os títulos eram quase os mesmos e, embora os autores os editassem de forma independente, vários dos artigos coincidiam.[187] Havia uma diferença importante entre esses dois livros. Distingui o populismo fiscal – a única forma de populismo econômico que o livro americano discute – do populismo cambial. Enquanto, no populismo fiscal, o setor público se expande mais do que deveria e tem déficits públicos, no populismo cambial, o estado-nação gasta mais do que deveria e tem déficits em conta corrente.

Em vários casos, os déficits fiscais são legítimos, enquanto o ND sustenta que apenas excepcionalmente um déficit em conta corrente é uma política responsável – na maioria dos casos, é apenas populismo cambial.

O populismo fiscal é uma prática de políticos de direita e esquerda que buscam conquistar os votos da classe trabalhadora e dos pobres. O populismo cambial também visa conquistar o voto da classe média rentista e dos ricos rentistas. O interesse dos rentistas em ter uma taxa de câmbio apreciada por alguns desenvolvimentistas que eram contra a depreciação no Brasil em um momento em que a taxa de câmbio era fortemente apreciada (2012), pois prejudicaria os pobres. Na verdade, a depreciação reduz o poder de compra dos pobres, mas reduz ainda mais o poder de compra dos ricos. Quando uma moeda se desvaloriza, os pobres perdem poder de compra apenas com seus salários, enquanto os rentistas também perdem poder de compra de sua renda e também de sua riqueza em moeda nacional. Depois de um tempo, neutralizada a

---

[187] DORNBUSCH, Rudiger; EDWARDS, Sebastian (Coord.). *The Macroeconomics of Populism in Latin America*. Chicago: The University of Chicago Press, 1991; BRESSER-PEREIRA, Luiz Carlos (Coord.). *Populismo econômico*: ortodoxia, desenvolvimentismo e populismo *na América Latina* [*Economic populism*: orthodoxy, developmentalism and populism in Latin America]. São Paulo: Editora Nobel, 1991.

doença holandesa e atingido o equilíbrio em conta corrente, a taxa de câmbio retorna ao equilíbrio corrente os pobres recuperam o poder aquisitivo de seus salários que, em seguida, passam a crescer.

Assim, não é por acaso que os economistas neoliberais, que tendem a representar os interesses dos rentistas e dos ricos, não falam sobre a taxa de câmbio. Preferem falar de juros e déficits fiscais, não de desvalorização cambial.

Desenvolvimentistas inocentes também podem cometer o mesmo erro de não prestar atenção à taxa de câmbio. Eles têm outro argumento para isso, o da contenção externa, que implica menos demanda dos países ricos por suas *commodities* e maior demanda deles por exportações mais sofisticadas dos países ricos. Eles concluem que os déficits em conta corrente são "estruturais", inevitáveis, o que não é verdade; são evitáveis se os políticos e a própria população do país abandonarem o populismo e aceitarem consumir menos por um tempo.

Vamos dar uma olhada mais de perto no populismo cambial que está por trás do ciclo cambial. Acredito que fui o primeiro economista a escrever sobre populismo cambial, mas a ideia (não a denominação) aprendi com o notável economista argentino Adolfo Canitrot (1928-2012) que, em seu artigo de 1975 "A experiência populista da distribuição de renda", mostrou como os governos usam a apreciação da taxa de câmbio para se reeleger.[188] Para implementar essa política, os países aumentam seus gastos fiscais e apresentam déficits públicos irresponsáveis.[189]

---

[188] CANITROT, Adolfo. "La experiencia populista de distribución de ingresos" ["The populist experience of income distribution"]. *Desarrollo*, vol. 15, n° 59, 1975.

[189] No caso dos países excedentários, estes só podem prosseguir o crescimento com um excedente da balança corrente se o Estado for suficientemente capaz e o governo suficientemente legítimo para fazer com que os trabalhadores e os rentistas aceitem um sacrifício de curto prazo com a perspectiva de emprego, salários e receitas mais elevados.

CAPÍTULO XIII – CÂMBIO, INVESTIMENTO E CRESCIMENTO

Outra razão para os déficits em conta corrente é a política populista de usar a taxa de câmbio como âncora para controlar a inflação. Em casos de hiperinflação, essa âncora cambial complementada por recursos externos e medidas concretas que revelem responsabilidade fiscal podem ser eficazes no controle da hiperinflação. Foi o que aconteceu na Europa após a Primeira Guerra Mundial. No entanto, essa política é frequentemente adotada por países que não estão em hiperinflação e pode levar o país a uma grande crise, como vimos na Argentina em 1979 e no Chile em 1982. É curioso, no entanto, que a ortodoxia neoliberal, que rejeita o controle de preços por empresas estatais para controlar a inflação, aceite alegremente a política de âncora cambial. Afinal, a taxa de câmbio é "o preço do país" e, com ela, você não pode e não deve mexer.

13.5 O custo da restrição externa

Vários economistas estruturalistas clássicos rejeitam a ideia de uma política de conta corrente e afirmam que os déficits em conta corrente são "estruturais", associados a *restrições externas*. De fato, nos países produtores de *commodities*, essa restrição é real: enquanto a elasticidade-renda das importações de bens manufaturados é maior que um, nos países industrializados a elasticidade-renda das importações de produtos primários é menor que um.

Mas o custo da contenção externa para os países em desenvolvimento *não* é o déficit em conta corrente e a escassez de dólares que se pretende que seja causada por ele, porque a taxa de câmbio existe para equilibrá-lo. O reequilíbrio pode não acontecer porque o governo mantém a política de déficit e a população continua consumindo mais do que é compatível com o crescimento do país, porque o populismo econômico continua dominante. O *custo* real está no fato de que o país terá que importar *menos* do que importaria se não tivesse a restrição, e o padrão de vida da população *cairá*. Está também no fato de que a força de trabalho nacional e sua produção são depreciadas, enquanto a mão de obra e a produção de outros países são valorizadas.

CAPÍTULO XIV
A DOENÇA HOLANDESA E SUA NEUTRALIZAÇÃO

A doença holandesa é a sobrevalorização crônica da taxa de câmbio de um país. É causada pela exportação de recursos abundantes e baratos cuja produção comercial é compatível com uma taxa de câmbio substancialmente mais apreciada do que a taxa de câmbio de equilíbrio corrente. E é ainda mais apreciado quando nossa referência é a taxa de câmbio de equilíbrio industrial. A doença holandesa é um fenômeno estrutural que bloqueia a industrialização e o crescimento. Se um país exportador de *commodities*, que, por certo tempo, neutralizou essa doença e se industrializou, decidir suspender essa política de neutralização, logo se desindustrializará. É assim na América Latina desde a década de 1990. A doença holandesa é uma falha de mercado que implica a existência de uma diferença entre a taxa de câmbio que equilibra a conta corrente e a taxa de câmbio de equilíbrio industrial. Isso coloca o país em grande desvantagem competitiva.

A doença holandesa é um problema antigo. Recebeu esse nome porque só foi identificado na década de 1960, quando economistas na Holanda descobriram que a descoberta do gás natural e sua exportação estavam valorizando a taxa de câmbio e, portanto, ameaçavam destruir toda a indústria. Na década de 1970, um notável economista argentino, Marcelo Diamand, compreendeu a dinâmica da doença holandesa quando percebeu que a supervalorização do peso se originava das exportações de trigo, soja e carne bovina. Naquela época, a expressão "doença holandesa" ainda não havia sido cunhada, mas ele a definiu como "estruturas produtivas desequilibradas". Seguindo Dvoskin e Feldman, "(...) dois ou mais setores operam sob níveis consideravelmente diferentes de produtividade (...) que não podem ser eliminadas por desvalorizações padrão da taxa de câmbio".[190] Em um artigo de 1972, Diamand explicou o problema. Tomando como referência a Coreia do Sul, os Estados Unidos e a Itália, argumentou que:

> Em cada um dos países, a taxa de câmbio está precisamente em um nível necessário para que o preço dos produtos industriais seja traduzido em dólares igual ao preço internacional. Na Argentina, o fato de a taxa de câmbio ser fixada com base no setor mais produtivo torna-se o determinante central da falta de exportações industriais e inicia a cadeia de eventos que culmina com a crise e a estagnação argentina.[191]

Ou seja, quanto mais o setor de *commodities* na Argentina exportava, mais a moeda do país se valorizava. Assim, as empresas produtoras de bens não comercializáveis que estavam considerando seus projetos de investimento, fizeram seus cálculos e desistiram dos projetos porque não eram lucrativos.

---

[190] DVOSKIN, Ariel; FELDMAN, Germán David. "Marcelo Diamand's contributions to economic theory through the lens of the classical Keynesian approach: a formal presentation of unbalanced productive structures". *Journal of Post Keynesian Economics*, vol. 38, nº 2, 2015, p. 221.

[191] DIAMAND, Marcelo. "La estructura económica desequilibrada Argentina y el tipo de cambio" ["The Argentinean unbalanced economic structure and the exchange rate"]. *Desarrollo*, vol. 45, nº 12, abr./jun. 1972, pp. 9/10.

CAPÍTULO XIV – A DOENÇA HOLANDESA E SUA NEUTRALIZAÇÃO

Diamand não considerou que a valorização afetasse apenas as empresas industriais. E argumentou que a simples desvalorização da moeda nacional não resolveria o problema. Ele ponderou que, primeiro, a desvalorização causaria inflação; segundo, teria um efeito contracionista de curto prazo, porque reduziria o poder de compra dos salários e outras rendas e, terceiro, "representaria uma transferência injustificável de renda para o setor agropecuário",[192] a oferta aumentaria e o preço internacional da mercadoria cairia. São problemas reais que fazem da desvalorização um remédio amargo. Como fazer uma desvalorização de uma vez por todas? Ou, em outras palavras, como a doença holandesa pode ser permanentemente neutralizada?

14.1 Dois modelos

Em 1982, dois importantes economistas do comércio internacional, Max W. Corden e J. Peter Neary, publicaram o primeiro modelo da doença holandesa.[193] Em 2008, no âmbito do ND, publiquei meu artigo sobre o tema, que entendo ser o segundo modelo.[194] Pelo meio, alguns autores publicaram estudos empíricos, aos quais vou me referir mais adiante, baseados de alguma forma no modelo de Corden e Neary.

---

[192] DIAMAND, Marcelo. "La estructura económica desequilibrada Argentina y el tipo de cambio" ["The Argentinean unbalanced economic structure and the exchange rate"]. *Desarrollo*, vol. 45, nº 12, abr./jun. 1972, p. 6.

[193] CORDEN, W. Max; NEARY, J. Peter. "Booming sector and de-industrialization in a small open economy". *Economic Journal*, vol. 92, nº 368, 1982, pp. 825-848; CORDEN, W. Max. "Booming sector and Dutch disease economics: survey and consolidation". *Oxford Economic Papers*, vol. 36, nº 3, 1984. Disponível em: http://www.jstor.org/stable/2662669. Acessado em: 16.02.2024.

[194] BRESSER-PEREIRA, Luiz Carlos. "The Dutch disease and its neutralization: a Ricardian approach". *Brazilian Journal of Political Economy*, vol. 28, nº 1, 2008. Disponível em: http://dx.doi.org/10.1590/S0101-31572008000100003. Acessado em: 15.02.2024.

Os dois modelos dividiram o sistema econômico nos mesmos três setores – um setor exportador de *commodities*, um setor não comercializável de *commodities* e um setor não comercializável, principalmente serviços. Ambos concordaram que a sobrevalorização se aplica ao setor de *commodities* não comercializáveis. Em termos práticos, isso significa que a indústria de transformação sofre com essa supervalorização de seus produtos e torna a taxa de câmbio aplicada a ela pouco competitiva.

Mas os modelos divergem porque, primeiro, o modelo de Corden e Neary limita a doença holandesa ao *boom* das *commodities*, enquanto o modelo novo-desenvolvimentista adiciona um fator de longo prazo – as rendas ricardianas –, fator que pode manter a doença holandesa mesmo em anos nos quais não se pode falar em *boom* de *commodities*. Em segundo lugar, eles divergem porque, no modelo, defino três equilíbrios, como vimos no capítulo anterior, enquanto no modelo de Corden e Neary, esses equilíbrios não existem ou não são explícitos. Em terceiro lugar, divergem porque o modelo ND coloca a taxa de câmbio e sua apreciação no centro, enquanto o outro modelo se concentra nos três setores. Quarto, em um modelo é possível derivar imediatamente políticas para neutralizar a doença holandesa, no outro, não há menção a esse tópico. Finalmente, o modelo de Corden e Neary procura obedecer aos princípios da Teoria Econômica Neoclássica, enquanto o meu é estruturalista, novo-desenvolvimentista.

14.2 Doença holandesa estendida

A doença holandesa existe em um país que exporta principalmente *commodities*. Temos, então, além do equilíbrio corrente, o equilíbrio industrial que corresponde a uma taxa de câmbio substancialmente mais apreciada do que a taxa de câmbio que as empresas de cada setor específico (usando a melhor tecnologia do mundo para produzir bens e serviços não mercantis comercializáveis) precisam para serem competitivas.

CAPÍTULO XIV – A DOENÇA HOLANDESA E SUA NEUTRALIZAÇÃO

Para termos o conceito completo de doença holandesa, devemos adicionar um terceiro equilíbrio – o equilíbrio do déficit em conta corrente ou *equilíbrio da dívida externa que* "equilibra" a taxa de câmbio quando o país incorre em um déficit crônico em conta corrente – países que geralmente são subdesenvolvidos. Note-se que, nesse caso, a avaliação diz apenas respeito a bens não transacionáveis por mercadorias.

Se um país tem a doença, ele terá *três* taxas de câmbio de equilíbrio: a taxa de câmbio de equilíbrio corrente, a taxa de câmbio de equilíbrio industrial e o déficit em conta corrente.

Originalmente, defini doença praticamente holandesa como a diferença entre equilíbrio industrial e equilíbrio atual. Recentemente, porém, percebi que essa definição não mostra a apreciação plena da taxa de câmbio causada pela doença holandesa, porque não leva em conta o equilíbrio com o déficit em conta corrente. Propus então o conceito de *doença holandesa* estendida,[195] igual à diferença entre equilíbrio industrial e equilíbrio com déficit corrente.

Voltando ao exemplo relacionado ao Brasil que apresentei no capítulo XIII, a doença holandesa estendida é igual à diferença entre US$ 5,30 e US$ 4,50 e, portanto, US$ 0,80 por dólar, enquanto a doença holandesa original é igual à diferença entre US$ 5,30 e US$ 4,80 por dólar; é, portanto, igual a US$ 0,50 por dólar. Logo, a doença holandesa é mais grave do que pensávamos inicialmente.

Podemos ver a doença holandesa original e estendida no Gráfico 14.1, que é o mesmo do Gráfico 12.2 com a definição nele dos dois conceitos, observando a doença holandesa correta e a doença holandesa estendida.

---

[195] BRESSER-PEREIRA, Luiz Carlos. "New steps in the construction of new developmentalism". *Brazilian Journal of Political Economy*, vol. 43, nº 4, out. 2023.

Gráfico 14.1 – Ciclo da taxa de câmbio em países em desenvolvimento com doença holandesa

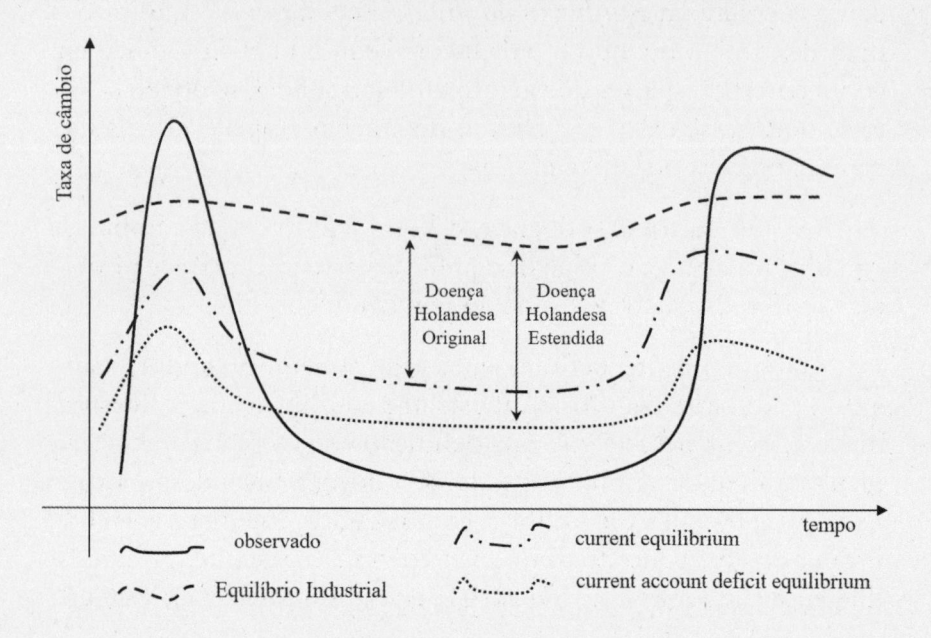

[Figura: gráfico com eixos "Taxa de câmbio" (vertical) e "tempo" (horizontal), mostrando curvas "observado", "Equilíbrio Industrial", "current equilibrium" e "current account deficit equilibrium", com indicações de "Doença Holandesa Original" e "Doença Holandesa Estendida".]

Fonte: elaborado pelo próprio autor.

14.3 A doença holandesa e a maldição dos recursos naturais

A doença holandesa é um problema econômico que deve ser claramente distinguido da "maldição dos recursos naturais". Inicialmente afirmei que as duas denominações poderiam ser consideradas sinônimas, mas me enganei. Ambos os problemas têm a mesma origem – o fato de o país ser exportador de *commodities* –, mas o primeiro é um problema econômico, enquanto o segundo é um problema político e moral. Tanto a maldição dos recursos naturais quanto a doença holandesa dão origem a rendas ricardianas e aluguéis derivados do boom das *commodities*.

Os dois fenômenos diferem em sua natureza e consequências.

CAPÍTULO XIV – A DOENÇA HOLANDESA E SUA NEUTRALIZAÇÃO

Enquanto a doença holandesa implica a valorização a longo prazo da moeda nacional que prejudica a indústria, a maldição dos recursos naturais implica a corrupção generalizada de políticos e empresários que buscam se apropriar das receitas derivadas da exportação de *commodities*.

Enquanto a maldição dos recursos naturais transforma o Estado em um Estado *extrativista*, no qual o governo e as elites econômicas e políticas se orientam não para a produção, mas para a captura das rendas, a doença holandesa bloqueia a industrialização dos países que não a neutralizam, ou então leva à desindustrialização aqueles países que já a neutralizaram mas, persuadidos pelo liberalismo econômico, pararam de fazê-lo, como aconteceu com os países latino-americanos em torno de 1990.

Enquanto a doença holandesa é uma das explicações para que a economia do país cresça pouco porque uma taxa de câmbio apreciada para a indústria torna as empresas competentes pouco ou não competitivas, a maldição dos recursos naturais desmoraliza os cidadãos do país e permite que o Norte Global atribua o baixo crescimento ao fato de seus cidadãos são corruptos (*rent-seekers*), não se esforçando para produzir, mas apenas para se apropriar de uma parte dessa renda. Entre os cientistas políticos, essa ideia é, por exemplo, encontrada em Terry Lynn Karl e Jeffrey Frankel.[196] Entre economistas e geógrafos, Richard Auty iniciou essa abordagem enviesada do problema.[197]

---

[196] Ver, por exemplo, KARL, Terry Lynn. *The paradox of plenty*. Berkeley: The University of California Press, 1997; FRANKEL, Jeffrey. "The natural resource curse: a survey". *Harvard Kennedy School*, Research Working Paper Series, 2010.

[197] AUTY, Richard M. *Resource-Based Industrialization*: sowing oil in eight developing countries. Nova York: Oxford University Press, 1990. Diversos economistas, incluindo LEDERMAN, Daniel; MALONEY, William F. "Trade structure and growth". *In*: _____ (Coord.). *Natural resources*: neither curse nor destiny. Washington; Stanford: World Bank and Stanford University Press, 2007, pp. 15-40, seguiram essa linha.

Embora a doença holandesa não seja do interesse dos países ricos e de seus políticos e economistas que preferem que os países em desenvolvimento continuem sendo produtores de *commodities*, a maldição dos recursos naturais é de grande interesse para eles, porque podem culpar todos os maus desempenhos desses países em si mesmos, e não nos países em desenvolvimento e nos países ricos. Preferem que continuem a ser produtores de bens primários e, portanto, não concorram na exportação de bens manufaturados.

Além de preferirem que os países em desenvolvimento não se industrializem, eles têm dificuldade de entender o que é a doença holandesa, que só se tornou relativamente fácil de entender após o meu (pouco conhecido) modelo de 2008. Não é fácil contrariar, mas há uma forma clara de o fazer. A maldição dos recursos naturais, por outro lado, é fácil de entender ("são todos rentistas") e praticamente impossível de resolver. A corrupção é um problema endógeno em relação a nenhuma outra solução que não seja desenvolver o país e torná-lo mais contratual. A pregação moral e os incentivos à honestidade são ineficazes. Os países centrais defendem a solução político-moralista e confiam a uma importante agência internacional, o Banco Mundial, o estudo da corrupção e a proposição de soluções.

Tenho um estudante de doutoramento a viver em Moçambique, Tomás Heródoto Fuel, que se propôs a elaborar uma tese sobre como neutralizar a doença holandesa derivada da recente exploração de gás de petróleo no norte do país. Para isso, fez um estágio na Universidade de Gana, no qual haveria grande conhecimento da doença holandesa e escreveu um relatório muito informativo. Na verdade, esse conhecimento não existe. Os países africanos têm sido o foco de grande parte dos estudos sobre a maldição dos recursos naturais que são identificados com a doença holandesa. Os investigadores estudaram os casos da Nigéria, Gabão, Angola, Guiné Equatorial, Chade, Cameron, São Tomé e Príncipe, Moçambique e Gana. São estudiosos do Norte Global que rapidamente transferem seu conhecimento equivocado sobre a doença holandesa para economistas africanos.

CAPÍTULO XIV – A DOENÇA HOLANDESA E SUA NEUTRALIZAÇÃO

Esses consultores internacionais não sabem o que é a doença holandesa e não parecem estar interessados em saber. Terry Lynn Karl foi claro ao mostrar esse desinteresse quando a conheci em uma conferência sobre o problema. Querem explicar a falta de industrialização dos países africanos com o *rent-seeking*. Então, o Norte não tem nada a ver com o problema. É um problema do Sul, para o qual o Norte pode oferecer orientação sobre como resolvê-lo. É o imperialismo pela hegemonia, *soft power*, em ação.

Em 1995, Jeffrey Sachs e Andrew Warner publicaram um influente documento de trabalho do National Bureau of Economic Research (NBER), que começa com uma constatação básica: "as economias pobres em recursos muitas vezes superam amplamente as economias ricas em recursos no crescimento econômico".[198] Eles não usaram o artigo de Corden e Neary de 1982, mas propuseram um modelo em que também existem três setores, e afirmam que

> quanto maior a dotação de recursos naturais, maior a demanda por bens [serviços] não negociáveis e, consequentemente, menor a alocação de trabalho e capital para o setor manufatureiro... O encolhimento do setor manufatureiro é apelidado de "doença".[199]

Mas esse não é realmente um modelo de doença holandês. Sachs e Warner estão assumindo uma economia de pleno emprego – uma suposição neoclássica – que não é realista para os países em desenvolvimento e estão definindo a doença holandesa como consequência da alocação de trabalho e capital no setor

---

[198] SACHS, J. D.; WARNER, Andrew M. "Natural resources abundance and economic growth". *NBER Working Paper*, n° 5398, dez. 1995, p. 2.

[199] MATSUYAMA, K. "Agricultural productivity. comparative advantage, and economic growth". *NBER Working Paper*, n° 3606, 19916.

manufatureiro em uma economia que não tem espaço para isso. Esta não é a doença holandesa.[200]

14.4 Neutralizando a doença holandesa

Embora apenas recentemente definida, a doença holandesa é um problema tão antigo quanto o capitalismo e o comércio internacional. Uma vez que os historiadores econômicos levem em conta a doença, eles terão que mudar suas análises históricas de longo prazo. Por exemplo, é provável que concluam que a principal causa do declínio da Espanha e de Portugal do século XVII ao XX foi a doença holandesa que se originou no ouro, prata e cana-de-açúcar de suas colônias. Suas moedas permaneceram sobrevalorizadas no longo prazo, impossibilitando a industrialização e o crescimento, enquanto a manufatura se desenvolveu na França, Inglaterra e Bélgica. Outro exemplo está relacionado à industrialização por substituição de importações. As respectivas altas tarifas de importação não eram necessariamente protecionistas; elas também foram uma forma de neutralizar a doença holandesa no mercado interno, criando condições equitativas para a indústria.

A industrialização só foi possível nos Estados Unidos porque, até 1939, mantinha altas tarifas de importação de produtos manufaturados. Então, esse país neutralizou a doença holandesa pragmaticamente, sem ter uma ideia clara de qual era o problema. A gravidade da doença

---

[200] SACHS, Jeffrey D. "How to handle the macroeconomics of oil wealth". *In*: HUMPHREYS, Macartan; SACHS, Jeffrey D.; STIGLITZ, Joseph E. (Coord). *Escaping the resource curse*. Nova York: Columbia University Press, 2007, p. 191 recomendou que "os rendimentos do petróleo sejam investidos de forma a aumentar a produtividade e, assim, aumentar, em vez de diminuir, a produção no setor de bens não petrolíferos comercializados". Ele também considerou atrelar a moeda nacional ao dólar, mas reconheceu que tal política exigiria reservas cambiais substanciais. E esteve perto de resolver o problema ao considerar a possibilidade de subsidiar as exportações de bens manufaturados que contribuam significativamente para melhorar a sofisticação tecnológica da economia.

CAPÍTULO XIV – A DOENÇA HOLANDESA E SUA NEUTRALIZAÇÃO

holandesa originada das exportações de petróleo e gás dependia da diferença entre seu custo de produção e seu preço internacional, pois quanto maior essa diferença, maior a gravidade da doença holandesa.

A DN apresenta dois métodos de neutralização da doença holandesa que podem ser complementares. O melhor método é que o país estabeleça um imposto de exportação variável sobre as *commodities* exportadas. Esse imposto de exportação deve variar de acordo com o preço médio das principais *commodities* exportadas. A lei que promove a reforma cambial deve ter uma tabela com os preços médios em reais (corrigidos pela inflação) e as respectivas tarifas, que devem ser zeradas quando os preços caírem para um determinado patamar.

O processo de neutralização é simples. Dado que a demanda pelo bem é inelástica em relação à taxa de câmbio do país (a curva de demanda é vertical), um imposto de exportação aumenta o custo de produção da *commodity*, a curva de oferta (S1) se desloca para a esquerda (S2) e, como vemos no Gráfico 14.2, a taxa de câmbio de equilíbrio da conta corrente convergirá para a taxa de câmbio de equilíbrio industrial.

Gráfico 14.2 – Um imposto de exportação neutraliza a doença holandesa alterando a curva de oferta

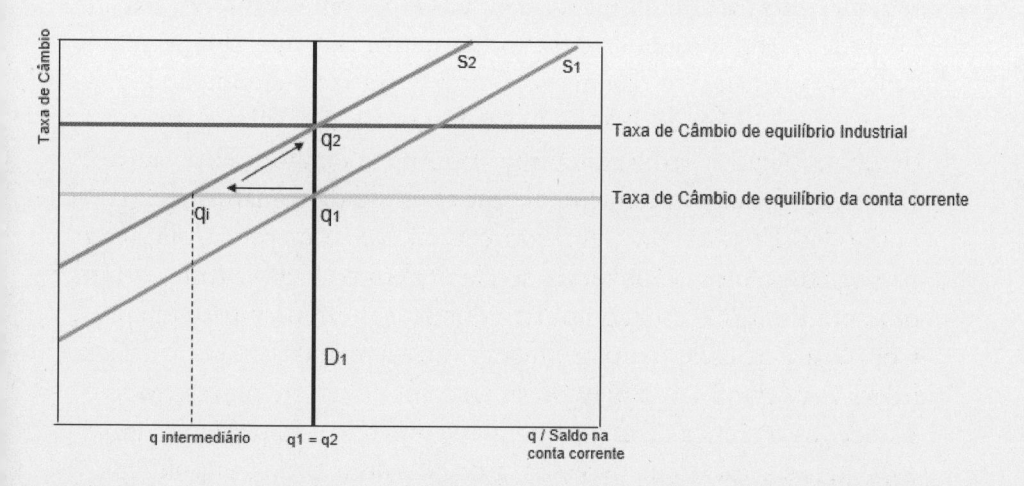

Aqui está um exemplo simples: suponha que a doença holandesa em um país Z em um determinado momento é de Z$ 0,80 por dólar. Um imposto de exportação do mesmo valor neutralizaria a doença.

Uma série interessante de eventos sobre um imposto de exportação ocorreu na Argentina após a grande crise financeira de 2001. O governo criou um *freio* nas exportações de *commodities* não para combater a doença holandesa, mas apenas por razões fiscais. Embora fosse um imposto fixo, neutralizava a doença. Houve reindustrialização, altas taxas de crescimento e o país experimentou um superávit em conta corrente. Então, em 2007, a inflação disparou, e o governo decidiu usar a taxa de câmbio como âncora contra ela. Como resultado, o superávit em conta corrente evaporou, o peso se valorizou, a taxa de crescimento se valorizou e o crescimento perdeu força.

Existe, no entanto, um segundo método para combater a doença holandesa: uma tarifa de importação e um subsídio à exportação de bens e serviços não mercantis comercializáveis, também variáveis de acordo com o preço médio das *commodities* exportadas pelo país. Esse foi o método que muitos países adotaram pragmaticamente, intuitivamente. Eles adotaram esse método quando seus formuladores de políticas não conheciam as doenças holandesas, mesmo sendo desenvolvimentistas e sabendo que, para um país crescer, ele tinha que se industrializar. Acontece que a Organização Mundial do Comércio limita o tamanho das tarifas de importação e proíbe qualquer tipo de subsídio à exportação. Essa organização internacional, que resultou da transformação do antigo GATT (Acordo Geral sobre Tarifas e Comércio), foi criada no auge dos Anos Neoliberais do Capitalismo (1994) e tinha como objetivo limitar o espaço político dos países em desenvolvimento. Com o recente colapso do neoliberalismo e à medida que os governos liderados pelos EUA e pelo presidente Joe Biden trazem de volta o Estado, essa crença arraigada no livre comércio está perdendo força e os países serão mais livres para decidir suas próprias políticas.

CAPÍTULO XIV – A DOENÇA HOLANDESA E SUA NEUTRALIZAÇÃO

A reforma que estabelece tarifas de importação deve estabelecer duas tarifas para cada tipo de bem ou serviço: uma tarifa regular, que varia de acordo com o tipo de bem ou serviço, e uma tarifa única, que incide sobre a importação de todos os bens e serviços e que deve ser chamada de "tarifa holandesa". Tal como acontece com o imposto de exportação, a tarifa holandesa sobre a doença deve ser variável.

Acredito que essa alternativa deve ser considerada por países como Brasil e Argentina, onde a origem da doença holandesa está mais na exportação de soja do que de petróleo, onde o número de agricultores do agronegócio é muito grande, politicamente liberal-conservador, e rejeita qualquer imposto.

O que o país deve fazer com as receitas do novo imposto ou tarifas? O único uso estritamente racional é a criação de um fundo soberano, como o fundo soberano da Noruega. Outros impostos devem ter a finalidade fiscal de financiar o Estado. Apenas as receitas do fundo entrariam no orçamento público do país. Ao contrário do que se pensa, o fundo *não neutralizaria* a doença (isso é feito por imposto de exportação ou tarifa de importação), mas impediria que os fluxos de divisas voltassem a valorizar a moeda nacional. Para um país rico como a Noruega, isso é possível. Não é tão razoável para os países em desenvolvimento, que terão que chegar a algum tipo de compromisso.

Havia um terceiro método para combater a doença holandesa: a criação de múltiplos regimes cambiais. Na década de 1950, quando o Brasil não tinha uma lei tarifária bem definida, o governo criou múltiplos regimes cambiais. Em um deles, o governo classificou os bens em cinco categorias – desde bens que deveriam ser tributados mais até aqueles que deveriam ser menos tributados – e realizava leilões regulares de dólares para importadores de cada categoria, oferecendo a cada leilão uma quantia de dólares que, dada a demanda esperada, colocaria o dólar aproximadamente no preço desejado. Esse não é um bom método, deixava a taxa de câmbio confusa, mas naquela época funcionava.

14.5 O segundo argumento a favor das tarifas aduaneiras

O argumento clássico que legitimava as tarifas de importação era o *argumento da indústria nascente*, proposto por Alexander Hamilton em seu *Report on Manufactures* (1791) e seguido por Friedrich List.[201] É um excelente argumento, mas é um argumento válido apenas enquanto a indústria de cada país for um setor nascente. Ou quando novos avanços tecnológicos ocorreram no setor que o país não acompanhou e, se este entende que deve conservar e desenvolver esse setor, é mais uma vez uma criança.

O segundo argumento surgido na teoria econômica é o da tarifa para neutralizar a doença holandesa. É um argumento legítimo para os impostos de importação de manufaturados que foram essenciais para a industrialização de muitos países e que continuam a ser essenciais hoje. No entanto, em uma época de hegemonia ideológica do capitalismo neoliberal, as críticas persistentes dos economistas liberais levaram muitos formuladores de políticas desenvolvimentistas a desistirem de adotá-las.

Depois que uma indústria deixou de ser nascente ou infante, muitos países continuaram a cobrar impostos de importação para continuar a industrializar – ou para evitar a desindustrialização –, mesmo que os formuladores de políticas não tivessem um bom argumento. Agora, temos esse argumento, "o argumento da doença holandesa".

---

[201] HAMILTON, Alexander. "Report on manufactures". *Report to the Congress of the US as Secretary of the Treasury*, 1791. Disponível em: http://bit.ly/1FaVTTg. Acessado em: 09.03.2024; LIST, Friedrich. *National System of Political Economy*. Roseville: Dry Bones Press, 1999 [1841]. List foi modestamente influente na Alemanha porque escreveu seu livro nos EUA e não fazia parte da Escola Histórica Alemã. Foi o primeiro economista a adotar uma perspectiva nacional no século XIX e foi altamente influente no Brasil nas décadas de 1940 e 1950.

CAPÍTULO XIV – A DOENÇA HOLANDESA E SUA NEUTRALIZAÇÃO

Os EUA tiveram um grave problema de doença holandesa desde que começaram a exportar petróleo do Texas, e os países latino-americanos sempre foram exportadores de *commodities*. Esses países mantiveram altas tarifas de importação – os EUA até 1939, os países latino-americanos até cerca de 1990 – e graças a isso se industrializaram, embora o argumento da indústria nascente já tivesse perdido sua validade muito antes dessas datas. Mas os formuladores de políticas sabiam que o desenvolvimento exigia industrialização e que, se as tarifas fossem eliminadas como os economistas e políticos liberais queriam, haveria uma desindustrialização prematura. Assim, muitos países adotaram pragmaticamente o argumento da doença holandesa. Outro caso: em 1968, quando grande parte da indústria de transformação já havia amadurecido no Brasil, o governo criou um subsídio para a exportação de manufaturados e, de 1969 a 1990, experimentou um enorme aumento nas exportações desses bens. Em 1965, os produtos manufaturados representavam apenas 6% do total das exportações e, em 1990, representavam 62%! Após 1990, quando o subsídio foi suspenso, as exportações de manufaturados caíram para metade do que representavam como percentual do total das exportações, e ao mesmo tempo o grau de sofisticação tecnológica do país caiu.

Portanto, os governos dos EUA e da América Latina não sabiam o que era a doença holandesa, mas contavam com os formuladores de políticas que adotaram altas tarifas de importação de forma pragmática e intuitiva porque acreditavam que a industrialização seria interrompida se as tarifas fossem canceladas. Se soubessem o que é a doença holandesa e tivessem adotado o novo argumento, teriam mais munição para defender a industrialização de seus países. Na América Latina, os economistas desenvolvimentistas que defendiam a política industrial teriam continuado a defender tarifas de importação que, na história do desenvolvimento econômico, são a política industrial mais importante.

Quem vai ganhar e quem vai perder quando a doença for neutralizada? O objetivo é que as empresas industriais ganhem tornando-se competitivas. Assalariados, gestores, rentistas e financistas pagarão porque o poder de compra de suas receitas cairá. Os exportadores de *commodities*, mesmo quando pagam impostos, não pagarão nada em termos líquidos, afinal, o que eles pagam em impostos, eles recebem de volta devido à depreciação da taxa de câmbio. As empresas endividadas em moeda estrangeira sofrerão, mas assumiram um risco que não deveriam ter assumido. E tinham à sua disposição mecanismos de proteção contra riscos, cujo custo os levou a não adotar. É natural, portanto, que paguem por isso.

Os economistas liberais não estão interessados em discutir tarifas que consideram um "pecado capital". É menos compreensível, no entanto, que alguns dos economistas desenvolvimentistas tenham se deixado influenciar pelas ideias que se tornaram dominantes e não mais falassem em tarifas de importação, embora continuassem a defender políticas industriais.

CAPÍTULO XV
VERDE E SOCIAL

Neste livro, discuto o Novo Desenvolvimentismo como uma teoria econômica e política, mas as ciências sociais sempre transmitem valores. Seu tema – crescimento econômico ou desenvolvimento econômico – já é um valor. É um dos cinco objetivos finais que a humanidade estabeleceu para si mesma nos últimos trezentos anos, ao lado da segurança, liberdade, justiça social e proteção da natureza. Mais do que isso, o crescimento econômico, embora no passado e ainda hoje tenha entrado em conflito com esses objetivos, agora é essencialmente um meio para alcançar o progresso em cada um deles.

15.1 Aquecimento global e suas consequências

Até meados do século XX, a proteção da natureza não era um problema discutido pelos economistas; era um tema que estava engatinhando. Foi apenas com a Conferência das Nações Unidas sobre o Meio Ambiente Humano, em Estocolmo, em 1972, que o meio ambiente finalmente se tornou uma questão importante. Hoje, com a ameaça representada pelas mudanças climáticas, a proteção da natureza tornou-se uma condição para a sobrevivência da humanidade.

O grande problema associado à proteção da natureza são as mudanças climáticas. Hoje, esse problema é definido cientificamente e está sendo abordado por muitos cientistas associados ao Painel Intergovernamental sobre Mudanças Climáticas das Nações Unidas. As consequências do aquecimento global são bem conhecidas: a extinção de espécies animais e vegetais; redução da biodiversidade; mudanças na frequência e intensidade das chuvas, interferindo, por exemplo, na agricultura; a subida do nível do mar que submergirá as planícies costeiras e a população que ali vive; e a intensificação de fenómenos meteorológicos como tempestades severas, inundações, vendavais, ondas de calor e secas prolongadas.

Um planeta mais quente está se tornando um lugar de extremos. Em termos de eventos de curta duração, o pior que o clima pode oferecer é um mundo atingido por furacões tropicais ou tufões. Um único furacão pode causar mais de US$ 100 bilhões em danos, como o furacão Harvey fez quando atingiu Houston, Texas, em agosto de 2017, ou matar milhares, como o Maria fez no mês seguinte em Porto Rico.

Vários estudos preveem que as pessoas que vivem no lugar onde historicamente viveram verão essas áreas ultrapassarem os limites climáticos à medida que o mundo fica mais quente. Devido ao aumento da temperatura até 2070, muitas áreas onde as pessoas vivem hoje desenvolverão climas diferentes de todos os que as pessoas viveram antes. Algumas análises econométricas baseadas em diferenças interanuais sugerem que, em geral, temperaturas mais altas levam a menor produtividade do trabalho e mais violência.

Uma mudança de longo prazo refere-se ao nível do mar. A ascensão do mar vem de três mecanismos diferentes: a expansão dos oceanos à medida que absorvem mais calor; a adição de água de degelo do encolhimento das geleiras à terra; e a quebra física de mantos de gelo, como os da Antártida e da Groenlândia. Os dois primeiros fatores estão atualmente levando a um aumento do nível do mar de cerca de 1 cm a cada três anos e devem fazê-lo a uma taxa semelhante no século XXI, mesmo que o aquecimento global seja mantido bem abaixo de 2°C. O tempo que leva para a água do mar esquentar dá ao processo uma inércia significativa. Tais elevações corroerão as costas e aumentarão as inundações, especialmente quando são empurradas para o interior pelas ressacas produzidas por tempestades intensas.

Alta probabilidade de seca e quebra de safra; mudanças nos climas regionais que perturbam economias inteiras; tempestades mais destrutivas devido ao vento e à chuva; água do mar submergindo praias e infiltrando-se em aquíferos – o que se sabe sobre os impactos das mudanças climáticas já é bastante preocupante. As "incógnitas conhecidas" aumentam essa ansiedade, não apenas a questão das camadas de gelo, que criam muita incerteza.

15.2 Desenvolvimento protege o patrimônio público

A natureza é um patrimônio público ou comum que o Estado tem a obrigação de proteger. De acordo com o princípio em que *se baseiam os direitos republicanos*, os bens que integram o patrimônio público só podem ser utilizados para fins públicos. Por isso, a proteção da natureza é um direito republicano de cada cidadão que o Estado deve assegurar.[202] No entanto, durante muito tempo, a lei assegurou ou se omitiu sobre o abuso da natureza, e a depredação foi imensa. O desafio que temos hoje é mais do que apenas proteger o meio ambiente, é restaurá-lo. Não podemos nem devemos privatizar a natureza. Por razões históricas e práticas, a terra é privada, mas o subsolo, o ar, a atmosfera não podem ser privatizados, e o uso da terra deve ser regulado pelo Estado no interesse do bem público.

---

[202] Para o conceito de "direitos republicanos", ver BRESSER-PEREIRA, Luiz Carlos. "Citizenship and *res publica*: the emergence of republican rights". *Citizenship Studies*, vol. 6, nº 2, 2002, pp. 145-164.

O desenvolvimento humano é um *esforço coletivo* associado à felicidade. Coletiva, porque não há felicidade individual – a felicidade é alcançada dentro das comunidades: famílias, amigos, profissões, cidades, sociedade civil e nações. Coletivo, porque, no âmbito dos estados-nação – a forma mais complexa e avançada de sociedade político-territorial construída até hoje –, o bem comum é chamado de interesse público. Coletiva, porque a liberdade não é o que um indivíduo deseja, é a capacidade de defender o interesse público, mesmo quando esse interesse está em conflito relativo com nossos próprios interesses individuais.

Mas qual é a relação entre esses cinco objetivos, especialmente um deles, o desenvolvimento econômico, e o objetivo maior da felicidade?

Muitos ambientalistas tornaram-se críticos do desenvolvimento econômico, e alguns economistas defenderam o decrescimento. O PIB seria outro nome para a destruição da natureza. Isso significa que os defensores do desenvolvimento econômico, como no meu caso, escolheram um caminho errado? A ND não distingue desenvolvimento econômico de crescimento, mas o distingue de *progresso* ou *desenvolvimento humano*. Enquanto o desenvolvimento econômico é apenas um aumento de longo prazo na produtividade e nos padrões de vida, o progresso compreende *todos* os objetivos políticos que as sociedades modernas estabelecem para si mesmas. ND acrescenta que, apesar das contradições, o desenvolvimento econômico é o meio mais importante para alcançar os outros objetivos. Vejamos o que aconteceu com os países desenvolvidos em relação aos outros quatro objetivos políticos: *segurança* – os países desenvolvidos são os mais seguros; *liberdade* – nos países desenvolvidos, os direitos civis e, mais amplamente, os direitos humanos são mais bem defendidos; *justiça social* – nos países desenvolvidos há menos desigualdade; *proteção ambiental* – nos países desenvolvidos, a natureza está mais protegida do que em outros países. De fato, antigamente, a industrialização causava grande destruição ambiental, mas naquela época não havia preocupação com o meio ambiente.

Assim, no conceito de desenvolvimento econômico, elevar o padrão de vida é um meio e não um obstáculo ao progresso humano. No entanto, ambientalistas sensatos criaram o conceito de *desenvolvimento sustentável*. De acordo com o Relatório Brundtland de 1987 das Nações Unidas, *Nosso Futuro Comum*, desenvolvimento sustentável é "o desenvolvimento que atende às necessidades presentes sem comprometer a capacidade das gerações futuras de satisfazer suas próprias necessidades".[203] É um esforço para combinar o aumento da produtividade, a redução das desigualdades e a proteção da natureza.

15.3 Grandes investimentos para conter as mudanças climáticas

A redução das emissões de gases de efeito estufa (GEE) exigirá grandes investimentos. Todas as principais formas de conter as mudanças climáticas envolvem investimentos. O primeiro dos oito objetivos é manter os combustíveis fósseis no solo. Quanto mais for extraído e queimado, piores serão as mudanças climáticas. Para isso, os investimentos em energias renováveis estão no topo da lista de medidas: investimentos em energia eólica e solar e em biocombustíveis. Em segundo lugar, é necessário mudar para transportes sustentáveis. A mudança para carros e ônibus elétricos está em andamento, embora o problema dos aviões e navios ainda não tenha sido resolvido. Terceiro, construir casas "verdes" que economizem energia. Quarto, mudar a comida que comemos e incentivar dietas que reduzam ou reduzam drasticamente o consumo de carne e, no final, se tornem veganas. Quinto, proteger florestas como a Amazônia da ocupação para agricultura e pecuária. Sexto, restaurar a natureza que absorve mais carbono plantando árvores nos lugares certos ou devolvendo a terra à natureza por meio

---

[203] Disponível em: https://www.are.admin.ch/are/en/home/media/publications/sustainable-development/brundtland-report.html. Acessado em: 07.03.2024.

de esquemas de reflorestamento. Sétimo, proteger os oceanos da sobrepesca. Os oceanos também absorvem grandes quantidades de dióxido de carbono da atmosfera, e isso ajuda a manter nosso clima estável. Oito, reduzir o consumo desnecessário. Os bens de luxo devem ser tributados, especialmente os de plástico.

As duas primeiras medidas – manter os combustíveis fósseis no solo e mudar para o transporte sustentável – envolvem grandes investimentos e só serão possíveis para países que experimentaram desenvolvimento econômico. É por essa razão que o financiamento de investimentos em mudanças climáticas nos países em desenvolvimento tornou-se uma questão central para o mundo. Em novembro de 2012, os Campeões de Alto Nível da Ação Climática da ONU realizaram uma pesquisa, com o apoio da *Vivid Economics*, sobre os custos envolvidos. Até 2050, serão necessários US$ 125 trilhões em investimentos climáticos para atender às emissões líquidas zero de carbono, com os investimentos de agora até 2025 precisando triplicar – em comparação com os últimos cinco anos – para colocar o mundo nos trilhos.

Esses investimentos são geradores de empregos e protetores da natureza: reduzem o impacto do crescimento na natureza e tornam a produção mais eficiente em termos de danos à natureza. Como desestimular as empresas a fazerem investimentos que utilizem a natureza? Todo mundo sabe que o melhor a fazer é tributar esses investimentos, mas esses impostos são limitados porque as pessoas não gostam de impostos. E porque se um país aumenta os seus impostos sobre os bens transacionáveis, outros países têm de fazer o mesmo para manter um nível uniforme de tributação. Isso exigiria acordos internacionais que não estão na agenda.

A alternativa que se apresentou foi a criação de mercados de carbono. As empresas podem emitir mais carbono do que as regulamentações do país permitem, desde que comprem créditos de carbono de outras empresas – um crédito de carbono comercial é igual a uma tonelada de dióxido de carbono, ou a quantidade equivalente a outro gás de efeito estufa reduzido, sequestrado ou evitado. É um sistema inteligente. Em vez de pagar impostos, eles pagam comprando créditos de carbono. Desde que foram instituídos, os preços dos créditos de carbono vêm aumentando e incentivam algumas empresas a produzi-los, principalmente plantando árvores, e depois vendê-los com lucro.

No entanto, o sistema tem desvantagens. Como em todos os mercados, os mercados de carbono são legalmente criados e regulados e dependem de padrões de emissões autorizados. Além disso, muitos créditos de carbono seriam produzidos de qualquer maneira. Desde o Acordo de Paris de 2015, houve avanços no estabelecimento de acordos sobre os processos e metodologias que os países precisam seguir para acessar os mercados de carbono, mas, de acordo com um relatório do Compromisso Climático do Programa das Nações Unidas para o Desenvolvimento (PNUD),

> também há sérias preocupações, incluindo questões relacionadas à dupla contagem de reduções de emissões de GEE, abusos de direitos humanos e *greenwashing* (as empresas comercializam falsamente suas credenciais verdes, por exemplo, deturpações de produtos ou serviços neutros para o clima).[204]

Uma alternativa que está funcionando muito bem são os subsídios. Todos os países subsidiam investimentos em energias renováveis – nomeadamente energia eólica e solar – e os progressos são enormes, não só na produção de energia, mas também no progresso técnico que reduz os custos. De acordo com a Agência Internacional de Energia (AIE), durante o período 2022-2027, as energias renováveis devem crescer quase 2.400 GW. Isso equivale a toda a capacidade de energia instalada da China hoje. Isso

---

[204] Compromisso climático do PNUD, "O que são mercados de carbono e por que eles são importantes?", *postagens no blog UNDP Climate Promise*, 18 mai. 2022.

representa uma aceleração de 85% em relação aos cinco anos anteriores, levando a AIE a revisar suas projeções para cima. Espera-se que as energias renováveis sejam responsáveis por mais de 90% da expansão global da capacidade de eletricidade nos próximos cinco anos. A eletricidade da geração de energia eólica e solar mais do que dobrará nos próximos cinco anos, fornecendo quase 20% da geração global de energia até 2027 e superando a geração de energia a carvão. Além disso, a demanda global de biocombustíveis aumentará em 35 bilhões de litros por ano, ou 22%, durante o período 2022-2027. EUA, Canadá, Brasil, Indonésia e Índia respondem por 80% da expansão global no uso de biocombustíveis, já que todos os cinco países têm pacotes de políticas abrangentes que apoiam o crescimento.[205]

Em 2021, Raghuram Rajan fez a melhor e mais original proposta econômica para avançar na luta pelo controle das emissões de GEE. Ele argumentou que é geralmente aceito que um imposto sobre o carbono é a melhor solução, mas não é viável em nível global devido ao *efeito free-riding ou carona*. Se alguns países decidirem taxar as emissões de GEE, enquanto outros não, a competitividade daqueles que o fizerem cairá. A proposta de Rajan para resolver esse problema de justiça era deixar as políticas para cada país e criar um sistema justo de financiamento dos investimentos necessários para a economia de carbono. Como é injusto que um país trabalhe arduamente para reduzir as suas emissões enquanto outro continua a extrair o máximo de petróleo possível,

> Há uma profunda desigualdade em pedir a um país que emitiu apenas 0,13 toneladas de dióxido de carbono *per capita* em 2017 para suportar o mesmo fardo que os EUA ou a Arábia Saudita, com suas respectivas emissões *per capita* de 16 e 17,5 toneladas.

---

[205] IEA. "UN High-Level Climate Actions Champions". *Net Zero by 2050*, IEA – International Economic Agencies, 2021.

A solução proposta por Rajan é a criação de um *global carbon incentive* (GCI). Cada país que emite mais do que a média global pagaria anualmente, a um fundo de incentivo global, o valor calculado multiplicando o excesso de emissões *per capita* pela população e pelo GCI.

> Se o GCI começasse em US$ 10 por tonelada, os EUA pagariam cerca de US$ 36 bilhões, e a Arábia Saudita pagaria US$ 4,6 bilhões. Enquanto isso, países abaixo da média *per capita* global receberiam um pagamento proporcional (Uganda, por exemplo, receberia cerca de US$ 2,1 bilhões). Dessa forma, cada país enfrentaria uma perda efetiva de US$ 10 *per capita* para cada tonelada adicional que emite *per capita*, independentemente de ter começado em um nível alto, baixo ou médio. Não haveria mais um problema de *free-rider*, porque Uganda teria os mesmos incentivos para economizar em emissões que os EUA.[206]

Ele diz que o incentivo é o autofinanciamento. Certo. Os países com as maiores emissões *per capita* pagarão – e é por isso que, por enquanto, a proposta não está sendo discutida com a seriedade que deveria.

Giulio Guarini e José Luis Oreiro propuseram recentemente uma distinção entre um setor manufatureiro verde e um marrom. Com essa diferenciação, seria possível "integrar a abordagem ecológica ao novo-desenvolvimentismo". Eles entendem que, em um país que enfrenta a doença holandesa (principalmente exportadores de petróleo), dada a crescente produção de soja e carne, não restou alternativa aos produtores marginais a não ser expandir as terras utilizadas por esse tipo de produção para as fronteiras da floresta amazônica. A solução econômica para o problema é

---

[206] RAJAN, Raghuram C. "A global incentive to reduce emissions". *Project Syndicate*, vol. 31, mai. 2021.

reduzir a rentabilidade desse tipo de atividade, adotando o imposto de exportação sobre bens primários, o que também contribuiria para a neutralização da doença holandesa.[207]

Há muitas outras ações que fazem parte da luta pela proteção do meio ambiente. Em defesa da biodiversidade, Inger Andersen, diretora do Programa das Nações Unidas para o Meio Ambiente, declarou recentemente que os "cinco cavaleiros do apocalipse" são as mudanças climáticas, a poluição, as espécies invasoras, a superexploração dos recursos naturais e, o mais importante de tudo, a conversão das florestas em agricultura e pecuária. Proteger a Amazônia e outras florestas tropicais é essencial para mitigar as mudanças climáticas e defender a biodiversidade.[208]

A mudança nos hábitos de consumo, especialmente a redução acentuada no consumo de carne, é outra mudança relevante que está acontecendo. Quando há algum tempo um jovem me disse que estava se tornando vegano, como uma contribuição para a proteção da natureza, achei que esse tipo de ação individual era admirável, mas não faria diferença, mas mudei de ideia, porque o número de pessoas que estão reduzindo seu consumo de carne está aumentando em todos os lugares.

O momento de evitar que as temperaturas globais subam mais de 1,5°C acima das médias pré-industriais está se aproximando rapidamente. As decisões tomadas agora determinarão se essa meta será cumprida ou se o mundo a excederá até meados deste século e terá que lidar com extremos climáticos severos antes de tentar baixar o termostato novamente na segunda metade do século. Esses são os alertas do Painel Intergovernamental sobre Mudanças Climáticas (IPCC) em abril de 2022. O painel oferece um menu

---

[207] GUARINI, Giulio; OREIRO, José Luis. "An ecological view of New Developmentalism: a proposal of integration". *Brazilian Journal of Political Economy*, vol. 42, nº 1, jan. 2022, p. 249.

[208] ANDERSEN, Inger. "We are at war with nature". *The Guardian*, 2022.

CAPÍTULO XV – VERDE E SOCIAL

abrangente de possibilidades de como os humanos podem estabilizar o clima e evitar o aquecimento global catastrófico, cumprindo os compromissos assumidos no Acordo de Paris de 2015. O objetivo desse pacto era manter o aquecimento global médio entre 1,5°C e 2°C acima dos níveis pré-industriais.

Alcançar esses objetivos é o maior desafio que a humanidade enfrenta hoje. Esforços estão sendo feitos e os progressos até agora têm sido grandes, mas longe de serem suficientes. O fracasso será mau para todos, mas particularmente mau para os pobres que vivem nas regiões mais vulneráveis às alterações climáticas – as zonas costeiras de todos os continentes e as regiões tropicais semidesérticas de África.

É importante acreditar que o fracasso será evitado. Isabella Teixeira, ex-ministra do Meio Ambiente do Brasil (2010-2016), em entrevista a Daniela Chiaretti, disse que, na época do Acordo de Paris, o que existia era o negacionismo climático, e isso já havia sido superado. Agora é preciso superar a sensação de que não há saída. O mesmo jornalista perguntou a Mary Robson, ex-presidente do Alto Comissariado das Nações Unidas para os Direitos Humanos, se ela concordava. Ela respondeu:

> Ela tem razão. Tem gente que diz que esse problema é muito grande e que, como nada pode ser feito, é melhor seguir em frente com a vida. Temos que incentivar as pessoas a não fazerem isso. Eu digo a todos que você tem que fazer três passos.

O primeiro é tornar a crise climática pessoal no dia a dia e isso significa reciclar com mais cuidado, mudar nossa dieta, mudar a maneira como nos movemos. Caminhar mais, pedalar mais é bom para a ansiedade climática. A segunda coisa é ficar bravo com quem tem mais responsabilidade e não está fazendo o que deveria. São governos ao redor do mundo, cidades, autoridades locais, empresas. O terceiro passo é o mais importante – até 2030, temos de reduzir as emissões de uma forma que deixe a natureza respirar. Temos que imaginar cidades mais verdes, áreas rurais com mais água, reflorestamento. E temos que nos empolgar porque só assim as pessoas estarão motivadas.[209]

Na mesma entrevista, Mary Robinson repetiu o que o Papa Francisco disse em uma conversa com o ex-secretário-geral da ONU Ban Ki-Moon: "Deus perdoa a todos. Às vezes perdoamos aos outros. Natureza, nunca". Fiel a essa citação, entregou uma bela carta encíclica, *Laudato Si': Sobre o Cuidado da Casa Comum*, na qual citava São Francisco – "louvado sejas, meu Senhor, por nossa irmã, a Mãe Terra, que nos sustenta e governa, e que produz vários frutos com flores e ervas coloridas" – e terminava com: "esta irmã agora clama a nós por causa do mal que lhe infligimos por nosso uso irresponsável e abuso dos bens com os quais fomos Deus a dotou".[210]

15.4 Desigualdade crescente

No auge do capitalismo, os anos neoliberais foram uma época de aumento radical da desigualdade econômica: os ricos ficaram muito mais ricos, enquanto os pobres não ficaram mais pobres, mas suas rendas estagnaram.[211] Se considerarmos apenas o 1% mais rico dos Estados Unidos, em 1930, eles controlavam 23% da renda disponível total. Em 1980, como resultado da Era de Ouro do Capitalismo, essa participação caiu para 9%, mas, em 2017, voltou para 22%.

---

[209] CHIARETTI, Daniela. "Na COP 26, o fatalismo climático deve ser superado" ["At COP26, climate fatalism must be overcome"]. *Valor*, 4 out. 2021; ROBINSON, Mary. "Vivemos uma crise de justiça" ["We live in a crisis of justice"]. *Valor*, 26 out. 2021.

[210] PAPA FRANCISCO. *Encycical Letter Laudato Si'*: on care for our common home. Vaticano: Vatican Press, 2015, p. 3.

[211] Os anos neoliberais começaram em 1980, sob os governos de Margaret Thatcher no Reino Unido e Ronald Reagan nos Estados Unidos, passaram por uma crise a partir de 2008 e terminaram com a pandemia de Covid em 2020.

CAPÍTULO XV – VERDE E SOCIAL

O aumento da desigualdade é uma característica essencial do capitalismo rentista neoliberal, uma formação social na qual capitalistas rentistas, financistas e altos executivos corporativos são os grandes vencedores, juntamente com alguns jovens profissionais que se tornaram empreendedores que fizeram fortunas com *startups* associadas à Revolução da Tecnologia da Informação. Hoje, o mundo é mais rico do que era nos anos 1970, mas também é mais inseguro e mais desigual. A demanda por trabalhadores não qualificados e gerentes intermediários diminuiu, enquanto a demanda por trabalhadores qualificados, gerentes e consultores de nível superior aumentou. Os contratos de trabalho foram "flexibilizados", ou seja, tornaram-se mais precários. Por outro lado, as empresas têm conseguido manter uma taxa de lucro satisfatória, apesar da baixa demanda e da queda da produtividade do capital, porque têm sido capazes de aumentar o poder de monopólio. Assim, como assinalou Alain Lipietz em 2001, "a redução progressiva das garantias oferecidas ao desemprego enfraqueceu os trabalhadores e a classe média baixa, mas aumentou o rendimento dos gerentes e diretores".[212]

Todos os pesquisadores envolvidos no estudo da desigualdade de renda sabiam que a virada neoliberal implicou um grande aumento da produtividade. Anthony Atkinson, Thomas Piketty, Branko Milanovic, Gabriel Palma e James Galbraith, em particular, deixaram claro que, após a redução da desigualdade depois da guerra, a concentração de renda nas mãos de capitalistas e profissionais de ponta a partir de 1980 voltou a aumentar como consequência da quase estagnação dos salários.[213] A profundidade

---

[212] LIPIETZ, Alain. "The fortunes and misfortunes of post-Fordism". *In*: ALBRITTON, Robert; ITOH, Makoto; ZUEGE, Alan (Coord.). *Phases of capitalist development*. Houndsmills: Palgrave, 2001, p. 25.

[213] ATKINSON, Anthony B. *The Economic Consequences of Rolling Back the Welfare State*. Cambridge: The MIT Press, 1999; MILANOVIC, Branko "The true world income distribution, 1988 and 2003: first calculation based on household surveys alone". *The Economic Journal*, vol. 112, jan. 2002; MILANOVIC, Branko. *Worlds Apart*: Measuring International and

desse aumento da desigualdade foi definitivamente comprovada em três livros notáveis: *O Capital no Século XXI* (2013), de Thomas Piketty; *Desigualdade: O que Pode Ser Feito?* (2015), de Atkinson; e *Desigualdade Global: Uma Nova Abordagem para a Era da Globalização* (2016), de Branco Milanovic.

No livro de Piketty, dois gráficos, que reproduzo aqui, são significativas. O gráfico sobre a desigualdade nos EUA, 1910-2010, mostra que a participação do decil mais alto da renda nacional, que era de cerca de 45%, cai drasticamente para cerca de 33% em 1940-1944. Permaneceu nesse patamar até 1978, quando, durante os Anos Neoliberais, iniciou um crescimento vertical que só parou em 2008, quando atingiu 50% da receita nacional. Os números são totalmente consistentes com a análise que estou fazendo em meu livro sobre o capitalismo financeiro-rentista neoliberal.[214]

Global Inequality. Princeton: Princeton University Press, 2007; ATKINSON, Anthony; PIKETTY; Thomas (Coord.). *Top incomes over the Twentieth Century*. Oxford: Oxford University Press, 2004; PALMA, Gabriel. "Globalizing inequality: 'centrifugal' and 'centripetal' forces at work". United Nations, Economic & Social Affairs, *DESA Working Paper*, n° 35, set. 2006; PALMA, Gabriel. "The revenge of the market on the rentiers. Why neo-liberal reports of the end of history turned out to be premature". *Cambridge Journal of Economics*, vol. 33, 2009, pp. 829-869; GALBRAITH, James K. *Inequality and instability*. Oxford: Oxford University Press, 2011.

[214] Esse livro será publicado em 2025 pela Oxford University Press com o título *The Rise and Fall of Neoliberal Rentier Capitalism*.

CAPÍTULO XV – VERDE E SOCIAL

Gráfico 15.1 – Desigualdade de renda nos EUA 1910-2010

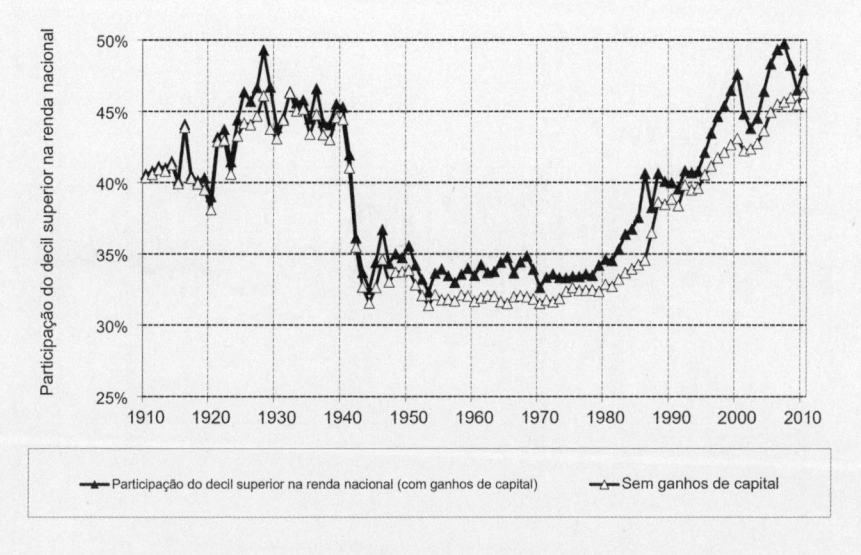

Fonte: PIKETTY, Thomas. *Le Capital au XXIème Siècle*.
Paris: Seuil, 2013, p. 52.

No caso da França, no entanto, não houve aumento da desigualdade desde 1978. A resistência democrática ao aumento da desigualdade foi mais forte por lá.[215]

---

[215] PIKETTY, Thomas. *Le Capital au XXIème Siècle*. Paris: Seuil, 2013, pp. 52 e 429.

Gráfico 15.2 – Desigualdade de renda na França 1910-2010

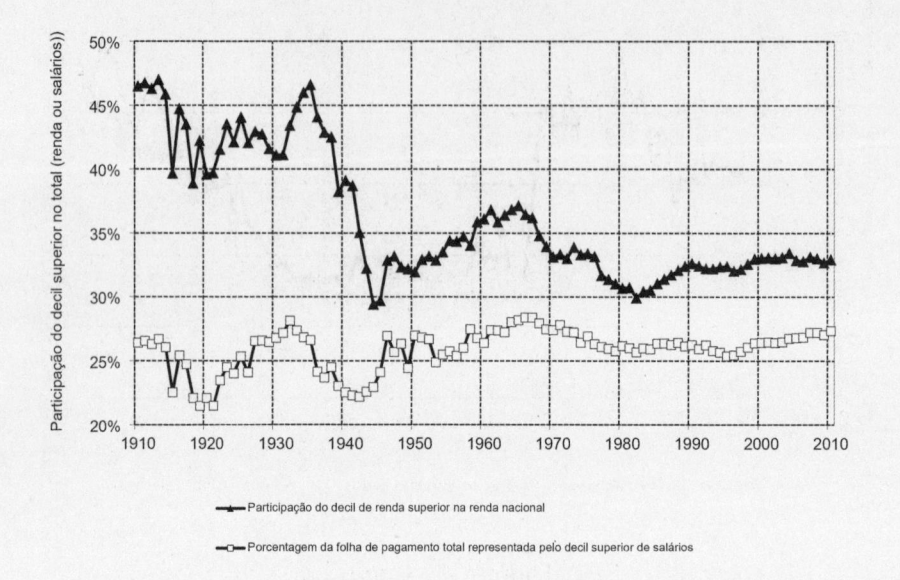

— Participação do decil de renda superior na renda nacional

–□– Porcentagem da folha de pagamento total representada pelo decil superior de salários

Fonte: PIKETTY, Thomas. *Le Capital au XXIème Siècle*.
Paris: Seuil, 2013, p. 429.

Resultados semelhantes para os EUA e a Grã-Bretanha são mostrados no livro de Atkinson. Ele trabalha com o coeficiente de Gini em vez do decil mais alto e mostra que os valores de Gini para os EUA e a Grã-Bretanha caíram até a Segunda Guerra Mundial, permaneceram estáveis até cerca de 1979 e começaram a subir até 2013. E comenta: "nos anos 1980, a desigualdade disparou. Essa foi a 'virada da desigualdade' nos Estados Unidos. Entre 1979 e 1992, o Gini aumentou 4,5 pontos percentuais; e desde 1992, aumentou mais 3 pontos".[216] Assim, a Virada Neoliberal aconteceu ao mesmo tempo que a Virada da Desigualdade. Eles estavam refletindo a

---

[216] ATKINSON, Anthony B. *Inequality*: what can be done? Cambridge: Cambridge University Press, 2015, pp. 17-19.

CAPÍTULO XV – VERDE E SOCIAL

mudança fundamental do regime político de um regime social e desenvolvimentista para um regime neoliberal.

As descobertas de Milanovic vão na mesma direção, com uma particularidade: ele testa a curva em U invertida de Kuznets. Em seu discurso presidencial de 1954 para a Associação Econômica Americana, Kuznets afirmou que as desigualdades primeiro aumentam com o início da industrialização, eventualmente se estabilizam com o tempo e depois começam a cair durante os estágios posteriores do desenvolvimento. De fato, com a revolução industrial de um país, a desigualdade tende a aumentar porque a produtividade aumenta mais rápido do que os salários. Isso porque, de acordo com Arthur Lewis, uma oferta ilimitada de trabalho mantém os salários próximos aos níveis de subsistência, mas uma vez esgotada essa reserva de trabalho, e enquanto os trabalhadores se organizam em sindicatos, os salários tendem a aumentar com a produtividade e a distribuição dos níveis de renda se estabiliza novamente. Em uma terceira fase, a desigualdade cairia sem reduzir a taxa de lucro abaixo do nível satisfatório porque, como argumentei erroneamente no início dos anos 1980, a Revolução da Tecnologia da Informação estava fazendo com que a produtividade do capital ou a relação produto-capital aumentassem.[217] Testando a curva de Kuznets em vários países ricos, Milanovic constatou que a industrialização e a urbanização "aumentaram a desigualdade, começando na época da Revolução Industrial até um pico que ocorreu no final do século XIX ou início do século

---

[217] BRESSER-PEREIRA, Luiz Carlos. *Lucro, acumulação e crise* [*Profit, accumulation and crisis*]. São Paulo: Editora Brasiliense, 1986. Como discuti em BRESSER-PEREIRA, Luiz Carlos; OREIRO, José Luis; MARCONI, Nelson. *Macroeconomia Desenvolvimentista* [*Developmental Macroeconomics*]. Rio de Janeiro: Campus/Elsevier, 2016, a Revolução da Tecnologia da Informação está provocando não um *aumento*, mas uma *queda* na produtividade do capital.

XX".²¹⁸ A desigualdade permaneceu alta pelos 30 anos seguintes, caindo apenas na década de 1930. O Gini permaneceu baixo até a década de 1970, definindo o "Grande Nivelamento".²¹⁹ Na década de 1980, no entanto, ao contrário da curva de Kuznets, a desigualdade aumentou nos Estados Unidos e na Grã-Bretanha. Segundo Milanovic, "a hipótese original de Kuznets é consistente com dados de até 1979, mas não explica o aumento da desigualdade e da renda ocorrido nos últimos quarenta anos". Assim, ele também reconhece que a Virada da Desigualdade aconteceu ao mesmo tempo que a Virada Neoliberal – as duas voltas são a mesma coisa. Isso confirma o argumento de que os anos neoliberais foram um retrocesso reacionário.

---

218 MILANOVIC, Branko. *Global Inequality*: a new approach for the age of Globalization. Cambridge: The Balknap Press of Harvard University Press, 2016, pp. 53 e 72.

219 O Grande Nivelamento foi um período de desigualdade relativamente reduzida na Europa e nos EUA desde a Primeira Guerra Mundial até a década de 1970.

CAPÍTULO XV – VERDE E SOCIAL

*Gráfico 15.3 – Produtividade e taxa salarial
nos EUA 1948-2014*

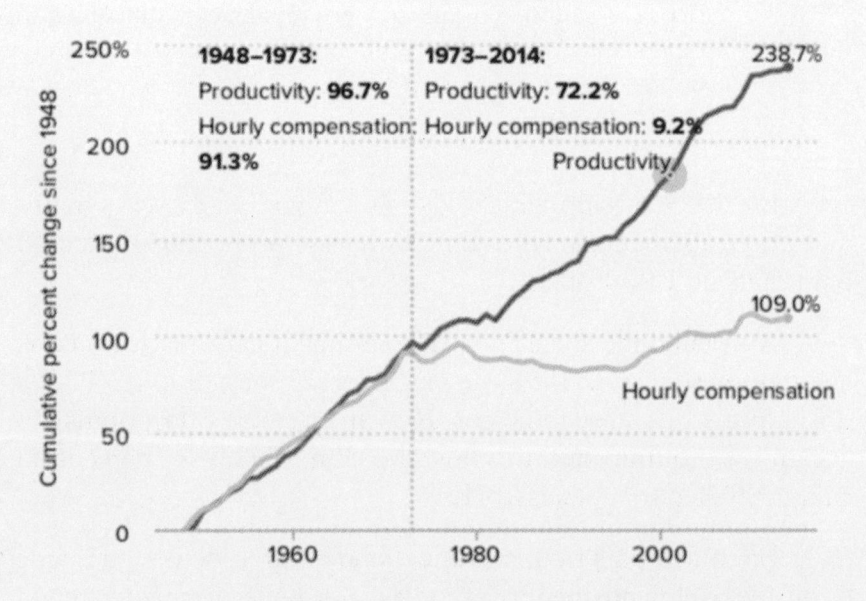

1948–1973:
Productivity: **96.7%**
Hourly compensation:
91.3%

1973–2014:
Productivity: **72.2%**
Hourly compensation: **9.2%**

238.7% Productivity

109.0% Hourly compensation

Fonte: Economic Policy Institute, Washington.
Os dados referem-se à remuneração horária média dos trabalhadores da produção/não supervisores do setor privado e à produtividade líquida do total da economia. "Produtividade líquida" é o crescimento da produção de bens e serviços menos a depreciação por hora trabalhada.

Outro conjunto impressionante de informações sobre essas duas voltas está no Gráfico 14.3, em que vemos o aumento da produtividade e da taxa de salário real nos EUA entre 1948 e 2014. Embora ambas as taxas tenham crescido no mesmo ritmo entre 1948 e 1973, após esse período, surge uma grande lacuna: a produtividade continua aproximadamente no mesmo ritmo, enquanto os salários permanecem praticamente estagnados. Nesse último período, enquanto a produtividade cresceu 72,2%, o salário por hora cresceu 7,2%.

Da mesma forma, uma pesquisa realizada pelo Economic Policy Institute e distribuída pelo Congressional Research Service mostra que

> nos EUA, entre 1979 e 2019, o 1,0% mais rico viu seus salários crescerem 160,3%, e os salários dos 0,1% mais ricos cresceram mais que o dobro rápido, com um aumento espetacular de 345,2%. Em contrapartida, os 90% mais pobres tiveram seus salários anuais aumentados em 26,0% de 1979 a 2019.

Em 1979, a remuneração dos executivos era 39 vezes maior que a do trabalhador médio. Em 2000, essa proporção aumentou para mais de 1.000 vezes![220]

A mobilidade social nos EUA também caiu verticalmente. Segundo pesquisa de 1998, de Perruci e Wysong (2008),[221] 23% dos adultos que nasceram nos 20% mais pobres da população atingiram o quinto quintil mais alto. Em 1998, esse percentual caiu de 20% para apenas 10%.

Em outro país rico, a França, onde o grau de desigualdade é consideravelmente menor, a tendência de concentração de renda também é forte. Entre 1998 e 2005, enquanto a renda dos 0,1% mais ricos cresceu 32% e a dos 10% mais ricos cresceu 19,4%, a dos 90% mais pobres cresceu apenas 4,6%. Essa concentração é explicada em parte pelo aumento acentuado do valor dessa riqueza, mas o fator mais importante foi o aumento dos salários: os salários dos 0,1% mais ricos aumentaram 29%, enquanto os salários dos 90% mais pobres aumentaram apenas 4%.[222] Embora os capitalistas permaneçam prósperos, a impressionante correlação entre o aumento da renda e dos salários mostra que hoje os grandes vencedores são membros da classe tecnoburocrática.

---

[220] Serviços de Pesquisa do Congresso, 28 dez. 2020.
[221] PERRUCI, Robert; WYSONG, Earl. *The new class society*. Nova York: Rowman & Littlefield Publishers, 2008.
[222] LANDAIS, Camille. "Les hauts revenus en France (1998-2006): une explosion des inégalités?" *Paris School of Economics*, jun. 2007.

CAPÍTULO XV – VERDE E SOCIAL

15.5 Por que a desigualdade está aumentando?

Pela profundidade de sua análise do capitalismo, *O Capital*, de Marx, foi o mais importante livro de teoria econômica e economia política publicado no século XIX; *A Teoria Geral*, de Keynes, foi o livro mais significativo sobre economia no século XX por ter criado a macroeconomia; atualmente, *O Capital no Século XXI*, de Thomas Piketty, é o livro mais relevante pela profundidade de sua pesquisa e seu caráter crítico. Teoricamente, o livro de Piketty não é sofisticado. As duas leis que ele apresenta não são realmente novas. A primeira lei reproduz a primeira equação que Marx usou para formular sua teoria da queda da taxa de lucro, enquanto a segunda lei que Piketty apresenta reproduz o modelo de Harrod-Domar

$$\alpha = r \times \beta(\beta = s/y)$$

Mas, como Robert Solow observou em uma excelente resenha do livro,[223] há uma terceira proposição teórica que está subjacente em todo o livro: a taxa de lucro é geralmente maior do que a taxa de crescimento *per capita*.

$$(\tau > \gamma)$$

Somente no período 1910-1950, observa Piketty, a regra não foi seguida, provavelmente devido às duas guerras mundiais. Além disso, se o Estado não intervir de forma corretiva, a renda ficará concentrada o tempo todo.

Além dessa explicação geral, acrescento razões econômicas e políticas mais específicas para o enorme aumento da desigualdade que ocorreu nos países avançados desde o final da década de 1970. Dois estão associados à Revolução da Tecnologia da Informação. A primeira razão é o aumento da demanda por mão de obra qualificada,

---

[223] SOLOW, Robert. "Thomas Piketty is right: everything you need to know about 'Capital in the Twenty-First Century'". *New Republic*, abr. 2014.

enquanto a demanda por mão de obra não qualificada caiu A segunda razão é mais difícil de entender à primeira vista. É a queda da produtividade do capital ou o aumento da relação capital-produto. A Revolução da Tecnologia da Informação envolveu uma grande substituição do trabalho por máquinas: o aumento da relação capital-trabalho. Discutimos a teoria dessa questão no capítulo IX. As empresas privadas compensaram a queda de lucratividade causada por essa mudança técnica com fusões e aquisições, aumentando o poder de monopólio e aumentando as margens de lucro.

Por outro lado, foram os Anos Neoliberais: um tempo em que a hegemonia ideológica da coalizão de classe rentista-financista era enorme. Com o apoio ou legitimação da ortodoxia neoliberal, houve muitas políticas que levaram ao aumento da desigualdade. As reformas tributárias tornaram o sistema tributário mais regressivo; o reajuste do salário-mínimo devido à inflação foi adiado; as reformas flexibilizaram os contratos de trabalho; houve grandes aumentos nos salários dos altos executivos, bônus e opções de ações; e houve uma redução relativa nos gastos sociais. Todas essas causas poderiam ser resumidas em uma única causa: o domínio do capitalismo neoliberal rentista e a ideologia do neoliberalismo.

Por trás da ascensão do neoliberalismo e da relativa estagnação dos salários, há um novo fato histórico que ameaçava a taxa de lucro nos países ricos: a concorrência dos países em desenvolvimento de baixos salários que exportavam produtos manufaturados – os tigres asiáticos, a China e, agora, o Vietnã e a Índia. Na década de 1970, o Brasil estava junto com os tigres, ameaçando o Norte Global. No entanto, na década de 1980, não só o Brasil, mas toda a América Latina, viveu uma enorme crise da dívida externa. Em 1990, todos esses países haviam se submetido à pressão neoliberal para abrir suas economias. Assim, impediram a neutralização da doença holandesa com tarifas de importação – e, no caso do Brasil, com subsídios para a exportação de manufaturados – e, desde então, se desindustrializaram e suas economias quase estagnaram. O novo-desenvolvimentismo nasceu para enfrentar esse problema.

CAPÍTULO XVI
APLICAÇÃO À AMERICA LATINA E AO BRASIL

A economia brasileira está quase estagnada há 44 anos. Como no Leste da Ásia, o crescimento do Brasil foi acelerado entre 1950 e 1979, mas, nos anos 1980, estagnou devido à grande crise da dívida externa, à alta inflação e à queda do investimento público, e, desde o final da década, passou a crescer muito lentamente porque, como argumentarei neste livro, o país caiu numa armadilha, não na armadilha da renda média, como propõe a ortodoxia liberal, mas na armadilha da liberalização.[224] Ao se submeter ao Império ou Norte Global liderado pelos Estados Unidos, o Brasil deixou de neutralizar a doença holandesa, a taxa de câmbio se apreciou no longo prazo, e o país entrou em grave processo de desindustrialização.

---

[224] A armadilha da taxa de juros elevada e da taxa de câmbio apreciada, eu discuti originalmente em BRESSER-PEREIRA, Luiz Carlos. *Macroeconomia da estagnação*. São Paulo: Editora 34, 2007; a armadilha da liberalização, em uma Conferência de Abertura no Xangai Fórum, de 26 a 28 de maio de 2018, o que foi transformado em artigo em 2019, e no artigo BRESSER-PEREIRA, Luiz Carlos; ARAÚJO, Eliane Cristina; PERES, Samuel Costa. "An alternative to the middle-income trap". *Structural Change and Economic Dynamics*, vol. 52, mar. 2020, pp. 294-312.

O Novo Desenvolvimentismo, que um grupo de economistas brasileiros vem desenvolvendo desde o início dos anos 2000, tem uma explicação para essa desindustrialização e consequente desindustrialização e oferece políticas que não pretendem ser uma bala de prata, mas são essenciais para que o país volte a crescer e a realizar o *catching up*.

Em torno de 1980, os países capitalistas avançados mudaram seu regime de política econômica: de social democrático e desenvolvimentista para um regime conservador e neoliberal. O capitalismo central que, desde a Segunda Guerra Mundial, era caracterizado por intervenção moderada do Estado na economia e também um moderado nacionalismo econômico, abandonou essas políticas e embarcou no neoliberalismo – em uma forma de capitalismo na qual, no plano econômico, o Estado apenas garante a propriedade e os contratos e mantem equilibradas as contas fiscais, ficando o restante por conta do mercado.[225] O *mainstream* da ciência econômica que fora keynesiano desde a Segunda Guerra Mundial voltou a ser neoclássico, e a política econômica passou a se pautar pela ortodoxia liberal.

A Virada Neoliberal não se limitou aos países do Norte; desde meados dos anos 1980, os países ricos, liderados pelos Estados Unidos, entenderam ser legítimo impor a mesma forma neoliberal de capitalismo ao restante do mundo. Enquanto a América Latina se curvou a essa pressão, os países do Leste da Ásia submeteram-se à nova "verdade" e sua taxa de crescimento baixou, enquanto a China não fez praticamente nenhuma concessão e se manteve desenvolvimentista ao mesmo tempo que entrava na Organização Mundial do Comércio. Eles contaram com a paradoxal vantagem

---

[225] Para o Novo Desenvolvimentismo, existem duas formas de coordenação econômica do capitalismo: a forma desenvolvimentista e a forma liberal. Ver BRESSER-PEREIRA, Luiz Carlos. "The two forms of capitalism: developmentalism and economic liberalism". *Brazilian Journal of Political Economy*, vol. 37, n° 4, 2017.

CAPÍTULO XVI – APLICAÇÃO À AMERICA LATINA E AO BRASIL

de não terem recursos naturais, o que os poupou da necessidade de neutralizar a doença holandesa. Apenas abriram suas economias no plano comercial, porque as tarifas alfandegárias elevadas só haviam sido necessárias para eles no início da industrialização, quando sua indústria podia ser considerada infante. Ao contrário dos países latino-americanos, não precisavam de tarifas para neutralizar a doença holandesa. Além disso, sua dívida externa no momento da grande crise era muito menor do que a dos países latino-americanos. Depois de uma leve crise em torno de 1980, voltaram a crescer e, hoje, Coreia do Sul, Taiwan e Singapura são países ricos, enquanto a China, que começou mais tarde a se industrializar aceleradamente, está caminhando para o mesmo resultado.

16.1 Quase estagnação

O Brasil havia se industrializado desde os anos 1930 usando o modelo de substituição de importações – uma estratégia desenvolvimentista adequada para um país cuja industrialização está iniciando e que, com a adição de subsídios à exportação de bens manufaturados, pode torná-lo um bem-sucedido exportador desses bens. Foi o que o Brasil fez de 1969 a 1990, e foi essa uma das razões que levou o Império a se apressar na criação da OMC, que limitou as tarifas e proibiu os subsídios, ignorando que eles são necessários quando o país tem a doença holandesa. Mesmo depois que a indústria deixa de ser infante, as tarifas de importação continuam necessárias. Elas são essenciais para neutralizar a doença holandesa.

Os países exportadores de *commodities*, fragilizados pela grande crise da dívida externa dos anos 1980 e, no caso do Brasil, também devido à alta inflação no final da década, se submeteram ao Império e se engajaram nas reformas neoliberais exigidas por ele (liberalização comercial, liberalização financeira, privatização e desregulamentação), recebidas com júbilo pelas elites latino-americanas que são mais nele integradas do que nos seus próprios países. A promessa era que se os países apenas mantivessem suas contas razoavelmente equilibradas – o que, geralmente, fizeram – retomariam o crescimento e realizariam o *catching up* – o alcançamento gradual do nível de renda por habitante dos países ricos. Não surpreende que essa promessa não tenha sido cumprida.

Vejamos os dados da quase estagnação.

Gráfico 16.1 – Comparação do crescimento per capita do Brasil e do Leste da Ásia (1954-2019)

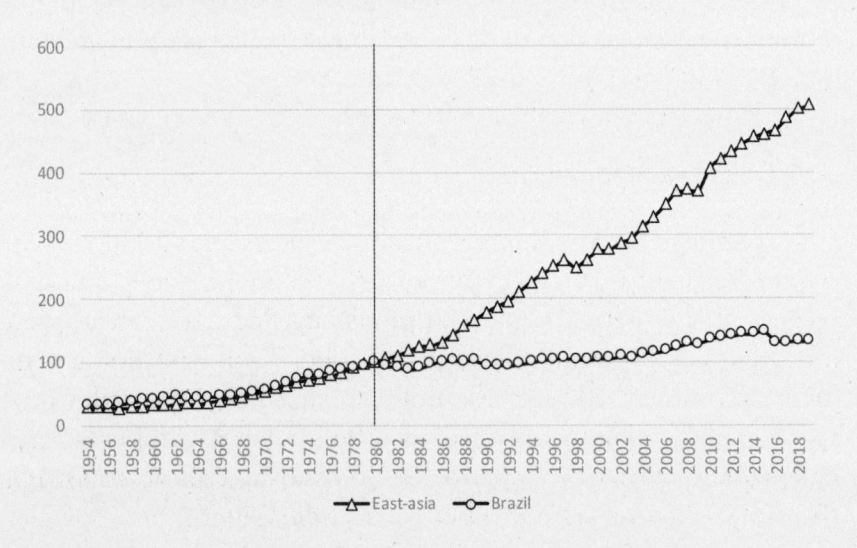

Fonte: Maddison Project Database (2008) e World Bank Development Indicators.

CAPÍTULO XVI – APLICAÇÃO À AMERICA LATINA E AO BRASIL

Quadro 16.1 – Crescimento per capita da América Latina e do Leste da Ásia antes e depois da década de 1980

	1961-1980	1991-2019
América Latina	3,2	1,5
Brasil	4,6	1,2
Leste da Ásia	5,2	5,0
Leste da Ásia (exc. China)	5,7	3,7

Fontes: Banco Mundial. América Latina: Brasil, México, Argentina e Colômbia; Leste da Ásia: Coreia do Sul, Indonésia, Singapura (excluído o período 1954-1960).

Como mostram o Gráfico 16.1 e o Quadro 16.1, que comparam as taxas de crescimento das duas regiões e do antes e depois da virada neoliberal, vemos que antes de 1980 o Leste da Ásia já crescia mais rapidamente do que a América Latina e o Brasil, mas neste país a diferença era muito pequena. Isso mudou radicalmente a partir dos anos 1980. O gráfico mostra a quase estagnação do Brasil e a continuação do crescimento acelerado do Leste da Ásia. No quadro, não estão os anos 1980, uma década de total estagnação. Mesmo com essa exclusão, a diferença em relação ao Leste da Ásia é muito grande. Desde a década de 1980, o crescimento *per capita* da América Latina caiu de 3,2 para 1,5% e o do Brasil, de 4,6 para 1,2% ao ano – uma queda, portanto, ainda maior. Enquanto isso, o crescimento do Leste da Ásia foi de 5,0% ao ano, ou, se excluirmos a China, 3,7% ao ano. A diferença é impressionante.

No Brasil, a quase estagnação ocorreu em conjunto com a desindustrialização. O Gráfico 16.2 mostra o dramático processo de desindustrialização. Dos anos 1980 a 2018, a participação do setor industrial no PIB caiu de cerca de 26% para 11%. O gráfico mostra que a desindustrialização se deu em duas ondas. A primeira foi de 1986 a 1998; começa com o colapso do Plano Cruzado em 1986, a liberalização comercial e financeira em 1990-92, e o período de sobrevalorização extrema da moeda nacional imediatamente após o Plano Real, de 1994, que estabilizou os preços. Entre 1999 e 2005, a taxa de câmbio permaneceu competitiva, mas, depois de 2003, com o *boom* das exportações de *commodities*, a taxa começou a depreciar e, de 2005 a 2018, tivemos a segunda onda de desindustrialização. Ao longo das duas ondas, o investimento permaneceu deprimido. A segunda onda de desindustrialização é intrigante porque coincide com o único período (2005-2010) desde 1980 em que as taxas de crescimento da indústria brasileira foram satisfatórias. Isto pode ser explicado pelo *boom* das *commodities* – pelo aumento dos preços das principais mercadorias exportadas pelo Brasil, que as tornou competitivas a uma taxa de lucro consideravelmente mais elevada do que o normal.

Gráfico 16.2 – Indústria de transformação no Brasil, 1948-2018 (% do PIB)

Fonte: MORCEIRO, Paulo C. "Influência metodológica na desindustrialização brasileira". *Revista de Economia Política*, vol. 41, nº 3, out. 2021, pp. 1-31. Série ajustada ao Sistema de Contas Nacionais de 2010 do IBGE, com correção para mudanças metodológicas e *dummy* financeira.

CAPÍTULO XVI – APLICAÇÃO À AMERICA LATINA E AO BRASIL

16.2 Fatos históricos novos e quase estagnação

Para entendermos a quase estagnação da economia latino-americana e particularmente da brasileira, na qual vou agora me concentrar, precisamos considerar os fatos históricos *novos* que causaram tal mudança. Não faz sentido explicar o que é novo com variáveis antigas – explicar esse mau desempenho desde os anos 1980 com fatos que já estavam presentes antes dessa década. Ouço dizer que o país não contou com instituições garantidoras do direito de propriedade e dos contratos, ou então que não gastou o bastante em educação fundamental, ou ainda que não investiu o bastante em infraestrutura. Essas três variáveis são condições para crescimento econômico, mas não são fatos históricos novos. A educação foi descurada no Brasil, mas, desde a transição democrática de 1985, o país passou a gastar mais em educação e houve claros sinais de progresso nessa área. As instituições não defendiam melhor a propriedade e os contratos antes dos anos 1980 do que depois. É verdade que as instituições não são tão fortes ou legítimas no Brasil quanto em países mais avançados, mas isso sempre foi assim e não poderia ser de outra forma. As instituições são uma das três instâncias que estruturam qualquer sociedade. As outras duas são a instância econômica e das relações de propriedade, e a instância cultural ou ideológica. As três são interdependentes, em cada momento histórico, uma pode ser mais ou menos avançada do que as outras, mas esses atrasos se resolvem. Por isso, é impensável que as instituições brasileiras sejam tão fortes quanto, por exemplo, as existentes na Suíça. Apenas a taxa de investimentos na infraestrutura não aumentou depois dos anos 1980; deve ter caído, porque depois de superada a crise da dívida externa, o governo passou a se dedicar mais a privatizar do que a investir nessa área fundamental para o desenvolvimento econômico. O argumento era que as empresas privadas assumiriam esse papel – coisa que não fizeram. Não faz sentido privatizar empresas naturalmente monopolistas ou quase-monopolistas que o mercado é por definição incapaz de coordenar, porque, depois da privatização, as empresas privadas elevam os preços, reduzem a qualidade dos serviços e apenas realizam uma parcela dos investimentos contratados.

Amplas reformas neoliberais foram realizadas a partir de 1990, mas face aos maus resultados apresentados, os neoliberais dizem que "faltaram reformas" ou então que os governos latino-americanos foram incapazes de controlar o orçamento público. A primeira causa é falsa; foram feitas reformas e mais reformas. A outra é uma meia verdade; nos principais países latino-americanos, exceto a Venezuela, não houve irresponsabilidade fiscal. Na verdade, as reformas, principalmente a abertura comercial e a financeira, foram uma das principais causas da quase estagnação do Brasil e mais amplamente da América Latina. Elas estiveram, também, por trás da queda do crescimento dos países do mundo rico, mas estes têm mercados mais desenvolvidos, e a intervenção do Estado pode ser mais moderada do que aquela necessária para os países em desenvolvimento.

A teoria econômica novo-desenvolvimentista afirma que as sociedades capitalistas são sociedades que, para serem dinâmicas, exigem reformas constantes, mas reformas sensatas, não as neoliberais – reformas institucionais que promovam a educação, a ciência, a tecnologia e a sofisticação produtiva; incentivem a poupança e o investimento; regulem firmemente o setor financeiro; realizem reforma tributária que, de um lado, crie impostos sobre valor adicionado e não diretamente sobre o consumo, de outro lado, seja progressiva; e defendam o patrimônio público evitando a sua captura por empresas e grupos poderosos. Essa captura conflita com os direitos republicanos – o direito que cada cidadão tem que o patrimônio público seja usado para fins públicos ao invés de usurpado por leis mal pensadas, as quais exploram a natureza, cobram taxas de juros abusivas sobre a dívida pública, oferecem isenções de pagamento de impostos que constituem mero privilégio, remunerações abusivas de servidores públicos e vantagens igualmente abusivas obtidas por políticos em busca de reeleição.

CAPÍTULO XVI – APLICAÇÃO À AMERICA LATINA E AO BRASIL

16.3 Por quê?

Os dois gráficos e o quadro deste capítulo levantam uma questão: por que o Brasil ficou tão para trás do Leste da Ásia? Antes de 1980, as duas regiões priorizavam a industrialização e o investimento em infraestrutura e adotaram políticas industriais, porém os países do Leste da Ásia investiram mais em ensino fundamental, realizaram reformas agrárias, desfrutaram de menor desigualdade, evitaram mais firmemente o populismo fiscal e foram mais nacionalistas economicamente porque, ao contrário da elite econômica brasileira, as elites do Leste da Ásia jamais acreditaram serem "brancas e europeias". Essas diferenças bastam para explicar por que o Leste da Ásia cresceu um pouco mais rápido do que a América Latina até 1980, mas não explicam por que, desde os anos 1980, enquanto o Leste da Ásia continuou a crescer, a América Latina está quase-estagnada, com um crescimento muito baixo, incapaz de implicar o *catching up* – a aproximação gradual dos padrões de vida dos países ricos.

As causas da estagnação dos anos 1980 são bem conhecidas. Foram a grande crise da dívida externa e a inflação que foi especialmente alta e de caráter inercial no Brasil. A partir, porém, da primeira metade dos anos 1990, quando tanto o problema da dívida externa quanto o da alta inflação já estavam resolvidos, era de se esperar que os países latino-americanos retomassem o desenvolvimento econômico, mas isso não aconteceu. Enquanto a ortodoxia liberal insistia na tese, sem qualquer fundamento, de que fora a política de substituição de importações que estava causando a quase estagnação, o Desenvolvimentismo Estruturalista Clássico estava mais correto ao atribuí-la ao abandono das políticas desenvolvimentistas que haviam sido tão bem-sucedidas até 1980. Isto é verdade, mas é uma explicação genérica demais. Os desenvolvimentistas clássicos não explicaram por que a liberalização comercial, que implicou o abandono do modelo de substituição de importações baseado no uso de tarifas aduaneiras elevadas, foi uma causa básica dessa quase estagnação. Não explicaram que essas tarifas, que estavam na base do crescimento acelerado do período, já se mantinham altas depois que, em muitos dos setores industriais, a indústria já deixara de ser infante. Não perceberam que essas tarifas eram necessárias para que o crescimento voltasse a ocorrer porque elas, pragmaticamente, intuitivamente, neutralizavam a doença holandesa. Os desenvolvimentistas clássicos concentram-se na crítica da liberalização financeira e a consequente perda do controle das entradas e saídas de capital. Ótimo, mas daí não deduziram que esse foi um fator decisivo para que os bancos centrais aumentassem irresponsavelmente os juros.

O Novo Desenvolvimentismo nasceu do reconhecimento de que, no início dos anos 2000, a América Latina e em especial o Brasil estavam quase estagnados, e que nem os desenvolvimentistas estruturalistas clássicos, nem os pós-keynesianos tinham uma explicação e um solução para o problema.

A teoria novo-desenvolvimentista pode ser resumida radicalmente da seguinte maneira.

Primeiro, ela afirma que os países em desenvolvimento de renda média que, até 1980, contavam com uma razoável poupança pública para financiar o investimento público, perderam essa capacidade a partir de então porque suas empresas estatais foram levadas a se endividar em moeda estrangeira ou a servir de colateral para as dívidas contraídas pelo setor privado, e seus preços foram usados como âncora cambial para controlar a inflação. Assim, quando rompeu a crise, em 1980-1982, elas perderam a enorme capacidade que tinham de criar poupança pública. A poupança pública, que no Brasil chegou a ser de 4% do PIB, caiu para -2%. Os investimentos públicos acompanharam essa queda.

Segundo, naquela época, as empresas estatais foram usadas como garantidoras dos empréstimos externos porque os latino-americanos acreditam na tese que lhes é contada e que parece verdadeira: a tese que eles podem crescer com poupança externa, ou seja, com déficits em conta corrente financiados com endividamento

CAPÍTULO XVI — APLICAÇÃO À AMERICA LATINA E AO BRASIL

externo via empréstimos ou via investimentos diretos das empresas multinacionais. Para que os déficits aconteçam, é preciso que haja, da parte dos países, uma política de déficit na conta corrente, explícita ou implícita, porque só uma política pode impedir que a taxa de câmbio puxe a taxa de câmbio para o equilíbrio. Os políticos e os economistas locais não se dão conta que quanto maior for o déficit na conta corrente, mais apreciada será a moeda nacional (há, portanto, uma proporção entre o déficit ou o superávit em conta corrente e a apreciação ou depreciação da taxa de câmbio) porque estão entrando liquidamente mais capitais do que saem, e isso está apreciando, no longo prazo, a moeda nacional e tornando não competitivas empresas que usam a melhor tecnologia.

Terceiro, a taxa de câmbio nos países exportadores de *commodities* está sujeita ao ciclo cambial. Quando os preços das *commodities* exportadas pelos países sobem de maneira sustentada, configurando-se um *boom* de intensidade variável, as exportações aumentam, aumenta a oferta de dólares, e a taxa de câmbio aprecia. Ao mesmo tempo, os setores privado e público ficam otimistas e aprofundam sua política de crescimento com poupança externa ou endividamento externo, levando a taxa de câmbio a se apreciar ainda mais. Depois, porém, de alguns anos, o *boom* termina quando a dívida externa e o respectivo pagamento de juros ao exterior estão altos. Os credores externos começam a perder confiança no país, suspendem, primeiro, a concessão de novos empréstimos e, depois, a própria rolagem da dívida, e o país quebra, enquanto a moeda nacional se deprecia violentamente, terminando, assim, o ciclo cambial.

Quarto, todos os países latino-americanos, exceto o México, sofrem da doença holandesa, ou seja, suas moedas tendem a ser apreciadas para a indústria manufatureira porque a taxa de câmbio de equilíbrio é determinada pela produção de *commodities*, as quais podem ser produzidas com lucro a uma taxa de câmbio consideravelmente mais apreciada do que aquela necessária para que as empresas que usam a melhor tecnologia no seu setor sejam competitivas. Os países em desenvolvimento não sabiam o que é a doença holandesa, não havia ainda um modelo econômico que fosse claro e do qual derivasse uma política de neutralização, mas seus economistas intuíam que era necessário manter tarifas elevadas e as mantinham. Estavam, assim, neutralizando pragmaticamente a doença holandesa. Quando houve a virada neoliberal na América Latina, em torno de 1990 (10 anos depois da virada no Norte Global), essas tarifas de importação (e no caso do Brasil, também os subsídios à exportação de bens manufaturados) foram reduzidas drasticamente ou zeradas, e teve início um brutal processo de desindustrialização.

A política de déficit em conta corrente e a não neutralização da doença holandesa criaram para os países latino-americanos o problema do *acesso à demanda* que discuti em artigo de 2015. Enquanto a microeconomia neoclássica discute os problemas do acesso à demanda do ponto de vista da alocação ótima de recursos e que levariam as empresas competentes a investir e a macroeconomia keynesiana a partir da insuficiência cíclica de demanda, o Novo Desenvolvimentismo cunhou a expressão acesso à demanda para demonstrar que, quando um país tem uma taxa de câmbio apreciada em geral (causada pela política de crescimento com endividamento externo) ou em relação ao setor industrial (causada pela não-neutralização da doença holandesa), o país não investirá mesmo que as empresas apresentem elevada produtividade e não haja insuficiência de demanda. E não investindo, a produtividade não aumentará e surgirá o problema da insuficiência de demanda.

A liberalização financeira completou o ataque à indústria nos países latino-americanos. Liberalização financeira significa abandono do controle de capitais, que, por sua vez, implica perda de um razoável controle sobre a taxa de juros. Ao, absurdamente, liberalizarem suas contas financeiras, os países possibilitaram que os bancos centrais passassem a usar uma taxa de juros elevada, superior à taxa de juros internacional mais o risco país, e, assim, definir uma taxa de juros com um diferencial de juros que atraísse capitais (a política de crescimento com poupança externa), permitindo que eles favorecessem os capitalistas rentistas locais. Naturalmente, justificavam taxas de juros abusivamente altas com o argumento de que elas eram "necessárias" para controlar a inflação.

Em síntese, os países latino-americanos caíram não na armadilha da renda média, mas na *armadilha da liberalização*. Essa ideia foi desenvolvida originalmente em dois artigos meus, um, de 2018, no qual eu me perguntava por que a liberalização comercial funcionou no Leste da Ásia e fracassou na América Latina; o outro, de 2020, com Eliane Araujo e Samuel Peres, no qual nós mostramos que não foi a armadilha da renda média que esteve na base da desindustrialização e da quase estagnação.

16.4 O terceiro argumento

Há dois argumentos na literatura econômica para a adoção de tarifas de importação não protecionistas, ambos bem conhecidos. O primeiro é o argumento da indústria infante originalmente desenvolvido por Alexander Hamilton (1792) e Friedrich List (1841). Quando o país está começando a industrialização ou um determinado setor está começando a ser implantado, as tarifas aduaneiras são legítimas, não são meramente protecionistas. Antes da competição entre as empresas, é preciso definir um campo igual para a competição.

O segundo argumento, também aplicável apenas no início da industrialização, é o argumento do *big push* com o qual Rosenstein-Rodan fundou o Desenvolvimentismo Estruturalista Clássico em 1943: as tarifas são necessárias e, portanto, legítimas para que os projetos industriais que usam a melhor tecnologia tenham condição de igual competição com os projetos semelhantes em outros países – uma condição ausente nos países não industrializados porque eles não contam com as externalidades econômicas positivas que existem nos polos industriais dos países industrializados. A promoção simultânea pelo Estado de um conjunto de investimentos na indústria resolveria esse problema. O argumento é válido, mas a solução não é realista. Logo após, em 1949, Raúl

Prebisch fundou o estruturalismo latino-americano no quadro da comissão da ONU para a América Latina, a CEPAL.

Na década de 2000, o Novo Desenvolvimentismo acrescentou um terceiro e poderoso argumento para a adoção de tarifas de importação e subsídios à exportação de bens manufaturados – um argumento que não se aplica apenas no início da industrialização, mas quando o país tem doença holandesa: o argumento da neutralização da doença holandesa. A doença holandesa é uma desvantagem competitiva maior com a qual os países exportadores de *commodities* se deparam enquanto procuram se industrializar. As tarifas são uma das formas de neutralização da doença holandesa; a outra são os impostos sobre as exportações de *commodities*. As tarifas foram amplamente usadas para neutralizar a doença holandesa não apenas por países em desenvolvimento; também os Estados Unidos as usaram amplamente até 1939, quando, finalmente, baixaram suas tarifas.

16.5 O que fazer?

No Leste da Ásia, nenhum dos quatro novos fatos históricos que interromperam o crescimento da América Latina estava presente. Países como a Coreia do Sul e Taiwan não sofreram uma crise fiscal, não adotaram a política de crescer com poupança externa; não são exportadores de *commodities*, logo, não enfrentam a doença holandesa; abriram suas economias de forma moderada, não adotaram a política de incorrer taxas de juros elevadas para atrair influxos de capital. Suas elites nunca se consideraram europeias, e colocaram sempre os interesses da nação como seu principal critério de política econômica. Por isso, não incorreram em desindustrialização precoce e continuaram a se desenvolver a partir dos anos 1980, ainda que um pouco mais lentamente. A realidade brasileira é muito diferente. Mas, dadas as novas ideias trazidas pelo Novo Desenvolvimentismo, muitas delas baseada na experiência exitosa do Leste da Ásia, o que deve o Brasil fazer?

CAPÍTULO XVI – APLICAÇÃO À AMÉRICA LATINA E AO BRASIL

Vimos que três fatos históricos novos levaram a América Latina à quase estagnação: a queda da poupança pública, a política de crescimento com endividamento externo ou "poupança externa" e a armadilha da liberalização. Como enfrentar esses problemas?

No que diz respeito ao aumento da poupança e do investimento público, tenho algumas propostas que podem não ser suficientes (essa é a primeira proposta?). Primeiro, para aumentar a poupança pública, é necessário diminuir os gastos de consumo do governo, entre os quais, os dois gastos de consumo que devem ser mais reduzidos são os que se referem aos altos juros pagos pela dívida pública e aos enormes subsídios e isenções fiscais existentes no país. Ambos os gastos beneficiam, principalmente, os ricos e são vistos pelo neoliberalismo como "imutáveis". Para baixar os juros pagos, é preciso rever a política de juros dos bancos centrais – uma política que se preocupa mais em proteger os bancos e garantir aluguéis extras aos capitalistas rentistas do que em controlar a inflação. Esta é uma das facetas da "austeridade". Quanto aos subsídios, deve-se considerar que eles geralmente não fazem parte de uma política industrial bem concebida, mas são meros favores do Estado alcançados pelos mais variados setores da economia. Isso também se aplica às isenções fiscais. Aqui, no entanto, os beneficiários não são necessariamente empresas, mas igrejas, clubes, associações.

Quanto à taxa de câmbio, devemos considerar duas políticas. Em primeiro lugar, é necessário abandonar a política implícita adotada pelos países latino-americanos de incorrer em déficits crônicos em conta corrente. Se déficits e superávits se alternassem, não haveria política de déficit em conta corrente. Quando, no entanto, elas são recorrentes, a taxa de câmbio não está cumprindo seu papel porque as políticas implícitas dos governos de "crescer com poupança externa" ou controlar a inflação com uma "âncora cambial" estão em ação. Os governos devem, portanto, tomar conhecimento desta política e revê-la.

Em segundo lugar, para neutralizar a doença holandesa, deve-se usar um dos dois mecanismos de neutralização ou combiná-los.

Ambos são economicamente equivalentes, ambos pressupõem que o imposto de exportação sobre *commodities* e as tarifas e subsídios sobre produtos manufaturados devem ser variáveis, de acordo com a variação dos termos de troca ou do preço médio das exportações do país. Para que isso seja possível politicamente, é preciso considerar que a extração mineral é geralmente concentrada em poucas empresas, e então é preferível usar um imposto de exportação, porque o número de empresas que pagarão os impostos será relativamente pequeno. No caso da produção de *commodities* agrícolas, em que há um grande número de produtores, as tarifas de importação são a melhor alternativa, porque os agricultores e suas associações têm o poder político de impedir que o imposto seja aprovado no parlamento. De qualquer forma, o governo terá obstáculos para implementar a neutralização da doença holandesa. Em certos casos, como na Argentina, esses impostos existem e são inevitáveis por uma razão fiscal, mas eles não têm o objetivo de neutralizar a doença holandesa.

16.6 Populismo econômico

Para que essas três políticas novas sejam adotadas, sem prejuízo de todas as demais que já vêm sendo praticadas, há duas condições políticas. Primeiro, é necessário que a centro-esquerda e a centro-direita afastem os extremistas de um lado e do outro e voltem a adotar políticas desenvolvimentistas. Que direita e esquerda passem a se diferenciar não pela política de desenvolvimento, mas pela política de distribuição da renda. Hoje isso é possível porque o neoliberalismo se desmoralizou no mundo rico e agora os governos dos países centrais estão trazendo o Estado de volta para a economia. Os países latino-americanos também podem trazer o Estado de volta para suas economias.

Há também o problema do populismo econômico que defino como a política de o Estado e o país como um todo gastarem irresponsavelmente mais do que arrecadam, levando, no primeiro caso,

CAPÍTULO XVI – APLICAÇÃO À AMERICA LATINA E AO BRASIL

a déficits públicos que não podem ser caracterizados como política contracíclica e, no segundo caso, a déficits na conta corrente que não refletem um crescimento em ritmo de "milagre" e a queda da propensão marginal a consumir.

É preciso, aqui, distinguir com clareza o populismo econômico do populismo político ou populismo simplesmente. Este pode ser desastroso, mas muitas vezes representa a primeira etapa da autonomia das massas, como Ernesto Laclau discutiu plenamente em 2005. É a forma através da qual líderes políticos carismáticos logram o apoio das massas para, com essa legitimidade, promover o desenvolvimento do país. Getúlio Vargas no Brasil e Lazaro Cardenas no México foram exemplos clássicos do bom populismo.

Já o populismo econômico é sempre ruim. Ele ocorre quando um Estado ou todo o estado-nação gastam, *irresponsavelmente*, mais do que arrecadam. No caso do populismo fiscal, o Estado pode gastar de maneira responsável e incorrer em déficit público quando está engajado em uma política macroeconômica contracíclica, mas isto só acontece em ocasiões especiais, não permanentemente como propõem os populistas inaceitavelmente usando Keynes. No caso do populismo cambial, porém, penso ser mais difícil encontrar circunstâncias em que o país se envolva responsavelmente em déficits em conta corrente. Isto só acontece quando o país já está crescendo muito rapidamente, a propensão marginal a consumir cai, a propensão marginal a investir aumenta, e os as entradas líquidas de capital não substituem a poupança interna.

Acredito que o populismo econômico é um obstáculo mais sério ao crescimento da América Latina do que o imperialismo. O populismo econômico é um traço central das três "classes" mais relevantes nas sociedades modernas: os capitalistas rentistas, que têm o dinheiro, os políticos, que têm o poder formal, e as classes populares, que votam. Assim, nenhum deles aceita as novas políticas básicas necessárias: o aumento da poupança pública, o fim do crescimento com déficits crônicos em conta corrente e a neutralização da doença holandesa. Os rentistas, porque tais políticas reduzirão o poder aquisitivo de suas receitas (juros, dividendos e aluguéis imobiliários), de sua riqueza no dinheiro nacional, e porque a depreciação desse dinheiro exigirá a queda das taxas de juros. As classes populares, porque querem proteger a curto prazo seus salários e os lucros de seus pequenos negócios. E os políticos, porque querem o apoio financeiro dos ricos e o voto dos pobres.

Em síntese, as políticas macroeconômicas são prioritárias, mas elas devem ser completadas por políticas do lado da oferta, principalmente uma política de educação e outra de investimentos na infraestrutura, e por uma nova política industrial na qual as tarifas voltem a ter uma posição central. Em relação a esta, Nassif e Morceiro,[226] em trabalho recente, definiram seis missões para a política industrial e identificaram alguns subsetores industriais prioritários: os setores relacionados com a saúde e a indústria farmacêutica, a reindustrialização de alguns nichos intensivos em trabalho sofisticado como a indústria química e a aeroespacial, o setor de motores e baterias, os serviços de informática, e na infraestrutura, a expansão de subsetores verdes.

No plano da distribuição, o apoio aos grandes serviços sociais do Estado e uma reforma tributária progressiva deverão reduzir a desigualdade. No plano da proteção do ambiente, é necessário adotar políticas abrangentes para proteger a floresta amazônica e reduzir as emissões de dióxido de carbono. Esses dois problemas fundamentais foram brevemente analisados no capítulo XV deste livro; eles não interferem diretamente no problema da quase estagnação econômica aqui analisada.

---

[226] NASSIF, André; MORCEIRO, Paulo César. "Industrial policy for prematurely deindustrialized economies after the Covid-19 pandemic crisis". *Textos para Discussão*, 351, Niterói: Universidade Federal Fluminense, Faculdade de Economia, nov. 2021.

CAPÍTULO XVI – APLICAÇÃO À AMERICA LATINA E AO BRASIL

Em suma, os países do Leste da Ásia limitaram, ou, no caso da China, simplesmente rejeitaram as reformas neoliberais, e continuaram a crescer; eles puderam se manter mais abertos no plano comercial porque não têm a doença holandesa para neutralizar. Enquanto isso, o Brasil e os demais países latino-americanos ficaram presos na armadilha da liberalização. As nações do Leste da Ásia são mais coesas porque suas elites sabem que são asiáticas, enquanto as elites econômicas latino-americanas, muitas vezes, acreditam ser "brancas e europeias" e se submetem mais facilmente às elites do Norte branco.

Além dessas duas considerações de caráter mais geral, o Novo Desenvolvimentismo explicou a quase estagnação latino-americana com três políticas equivocadas. Primeiro, tivemos as políticas que levaram, no início dos anos 1980, à "crise fiscal do Estado", cuja origem está ainda nos anos 1970, quando o governo militar usou as empresas estatais para crescer com endividamento externo e para controlar a inflação. Essa política reduziu a capacidade das empresas estatais de gerar lucros e, portanto, poupança pública. Quando elas se recuperaram, nos anos 1990, foram privatizadas.

O segunda política foi a liberalização comercial que pôs fim a uma política que havia sido fundamental para a industrialização: a neutralização da doença holandesa via tarifas de importação e subsídios à exportação de bens manufaturados.

A terceira política foi a liberalização financeira, que tirou do Estado a capacidade de controlar as entradas e saídas de capitais externos e, em consequência, de administrar sua taxa de câmbio, além de ter facilitado a adoção pelo Banco Central de uma política de juros elevados que constituíram uma enorme captura do patrimônio público pelos rentistas e financistas e uma causa importante da não solução da crise fiscal.

BIBLIOGRAFIA

AGLIETTA, Michel. *Régulation et Crises du Capitalisme*. Paris: Calmann-Lévy, 1976.

AKAMATSU, Kaname. "A historical pattern of economic growth in developing countries". *Journal of Developing Economies*, vol. 1, n° 1, 1962.

ALIBER, Robert Z. "Exchange rate". *The New Palgrave Dictionary of Economics*. vol. 2. Londres: Macmillan-Palgrave, 1987.

AMSDEN, Alice H. *Asia's next giant*: South Korea and late industrialization. Nova York: Oxford University Press, 1989.

ANDERSEN, Inger. "We are at war with nature". *The Guardian*, 2022.

ANG, Yuen-Yuen. *How China escaped the poverty trap*. Ithaca: Cornell University Press, 2016.

ARESTIS, Philip; SAWYER, Malcolm. *Re-examining monetary and fiscal policy for the 21st century*. Cheltenham: Elgar Press, 2004.

ARRIGHI, Giovanni. "The developmentalist illusion: a reconceptualization of the semiperiphery". *Goodreads*, jan. 1990.

_____. *The long Twentieth Century*: money, power, and the origins of our times. Londres: Verso Books, 1994.

ATKINSON, Anthony B. *Inequality*: what can be done? Cambridge: Cambridge University Press, 2015.

_____. *The Economic Consequences of Rolling Back the Welfare State*. Cambridge: The MIT Press, 1999.

ATKINSON, Anthony B.; PIKETTY; Thomas (Coord.). *Top incomes over the Twentieth Century*. Oxford: Oxford University Press, 2004.

AUDRETSCH, David B. *The Market and the State*. Nova York: Harverster Wheatsheaf, 1989.

AUTY, Richard M. *Resource-Based Industrialization*: sowing oil in eight developing countries. Nova York: Oxford University Press, 1990.

BAGCHI, Amiya Kumar. "The past and the future of the developmental state". *Journal of World-Systems Research*, vol. 6, n° 2, 2000.

BAIROCH, Paul. *Economics & World History*. Chicago: Chicago University Press, 1993.

BALAKRISHNAN, Gopal (Coord.). *Mapping the nation*. Londres: Verso, 1996.

BAUER, Otto. *La cuestión de la nacionalidad y la Socialdemocracia*. México: Siglo Veintiuno Editores, 1979 [1907].

BAUMOL, William. *Business behavior, value and growth*. Nova York: Harcourt, Brace & Word, 1967.

BHADURI, Amit; MARGLIN, Stephen. "Unemployment and the real wages: the economic basis for contesting political ideologies". *Cambridge Journal of Economics*, vol. 14, n° 4, dez. 1990.

BIELSCHOWSKY, Ricardo. *ECLAC's Thinking*: selected texts 1948-1998. Santiago de Chile: ECLAC, 2016.

BLANCHARD, Olivier. "Empirical structural evidence on wages, prices, and employment in the US". *NBER Working Paper*, n° 204, out. 1986.

BLANCHARD, Olivier; MILESI-FERRETTI, G. M. "(Why) Should current account balances be reduced?" *IMP Staff Discussion Note*, mar. 2011.

BLINDER, Alan. *A monetary history of the United States, 1961-2021*. Princeton: Princeton University Press, 2022.

BLYTH, Mark M. *Austerity*: the history of a dangerous idea. Oxford: Oxford University Press, 2013.

BRAUDEL, Fernand. *A Dinâmica do Capitalismo*. Rio de Janeiro: Rocco, 1987.

_____. *Civilisation matérielle, économie et capitalisme XVe-XVIIIe siècle*: Les Jeux de l'Exchange. vol. 2. Paris: Armand Colin, 1979.

_____. *The Wheels of progress*: civilization and capitalism 15th-18th Century. vol. 2. Nova York: Harper & How, 1982 [1979].

BIBLIOGRAFIA

BRESSER-PEREIRA, Luiz Carlos (Coord.). *Populismo econômico*: ortodoxia, desenvolvimentismo e populismo na América Latina [*Economic populism*: orthodoxy, developmentalism and populism in Latin America]. São Paulo: Editora Nobel, 1991.

_____ et al. "A taxa de câmbio de equilíbrio em conta corrente: metodologia e estimativas para os países da AL". *Revista Brasileira de Economia Política*, vol. 42, n° 4, out. 2022.

_____ et al. "The current account equilibrium exchange rate: Methodology and estimations for LA countries". *Brazilian Journal of Political Economy*, vol. 42, n° 4, out. 2022.

_____. "A descoberta da inflação inercial" ["The discovery of inertial inflation"]. *Revista de Economia Contemporânea*, vol. 14, n° 1, 2010. Disponível em: http//dx.doi.org/10.1590/S1415-98482010000100008. Acessado em: 11.03.2024.

_____. "A new left in the South?" *Network-Policy*, 5 dez. 2000. Disponível em: https://www.bresserpereira.org.br/index.php/short-texts/7372-558. Acessado em: 05.03.2024.

_____. "A taxa de câmbio no centro da teoria do desenvolvimento". *Estudos Avançados*, vol. 26, n° 75, 2012. Disponível em: http://dx.doi.org/10.1590/S0103-40142012000200002. Acessado em: 15.02.2024.

_____. "Citizenship and *res publica*: the emergence of republican rights". *Citizenship Studies*, vol. 6, n° 2, 2002.

_____. "Democracy and capitalist revolution". *Économie Appliquée*, vol. 65, n° 4, 2012.

_____. "Development economics and World Bank's identity crisis". *Review of International Political Economy*, vol. 2, n° 2, 1995. Disponível em: http://dx.doi.org/10.1080/09692299508434318. Acessado em: 11.03.2024.

_____. "Growth and distribution: a revised classical model". *Brazilian Journal of Political Economy*, vol. 38, n° 1, jan. 2018.Disponível em: https:/doi.org/10.1590/0101-31572018v38n01a01.

_____. "Historical models and economic syllogisms". *Journal of Economic Methodology*, vol. 25, 2017. Disponível em: https://doi.org/10.1080/1350178X.2017.1368091. Acessado em: 11.03.2024.

_____. "Neutralizing the Dutch disease". *Journal of Post Keynesian Economics*, vol. 43, n° 2, 2020.

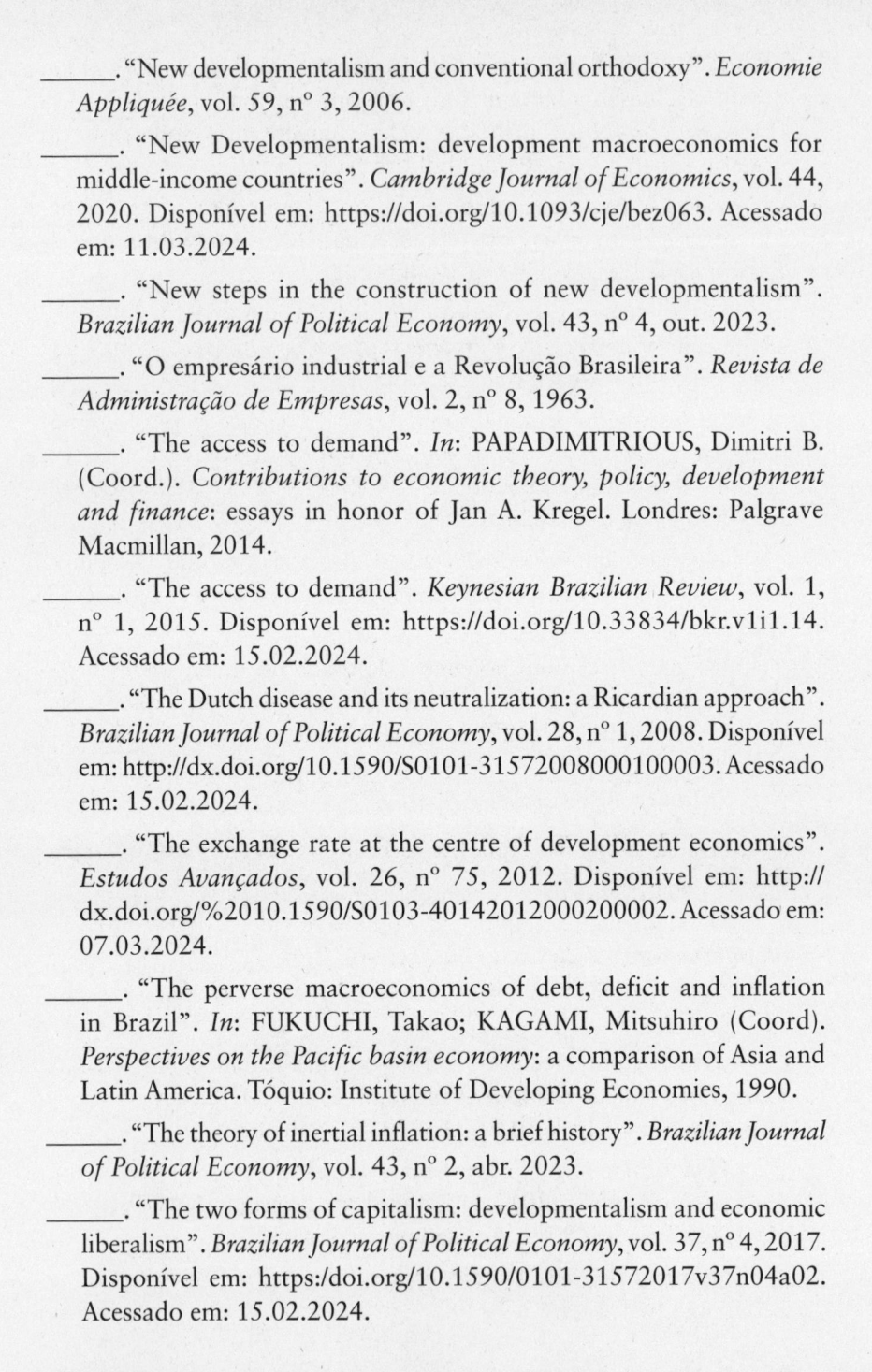

_____. "New developmentalism and conventional orthodoxy". *Economie Appliquée*, vol. 59, nº 3, 2006.

_____. "New Developmentalism: development macroeconomics for middle-income countries". *Cambridge Journal of Economics*, vol. 44, 2020. Disponível em: https://doi.org/10.1093/cje/bez063. Acessado em: 11.03.2024.

_____. "New steps in the construction of new developmentalism". *Brazilian Journal of Political Economy*, vol. 43, nº 4, out. 2023.

_____. "O empresário industrial e a Revolução Brasileira". *Revista de Administração de Empresas*, vol. 2, nº 8, 1963.

_____. "The access to demand". *In*: PAPADIMITRIOUS, Dimitri B. (Coord.). *Contributions to economic theory, policy, development and finance*: essays in honor of Jan A. Kregel. Londres: Palgrave Macmillan, 2014.

_____. "The access to demand". *Keynesian Brazilian Review*, vol. 1, nº 1, 2015. Disponível em: https://doi.org/10.33834/bkr.v1i1.14. Acessado em: 15.02.2024.

_____. "The Dutch disease and its neutralization: a Ricardian approach". *Brazilian Journal of Political Economy*, vol. 28, nº 1, 2008. Disponível em: http://dx.doi.org/10.1590/S0101-31572008000100003. Acessado em: 15.02.2024.

_____. "The exchange rate at the centre of development economics". *Estudos Avançados*, vol. 26, nº 75, 2012. Disponível em: http://dx.doi.org/%2010.1590/S0103-40142012000200002. Acessado em: 07.03.2024.

_____. "The perverse macroeconomics of debt, deficit and inflation in Brazil". *In*: FUKUCHI, Takao; KAGAMI, Mitsuhiro (Coord). *Perspectives on the Pacific basin economy*: a comparison of Asia and Latin America. Tóquio: Institute of Developing Economies, 1990.

_____. "The theory of inertial inflation: a brief history". *Brazilian Journal of Political Economy*, vol. 43, nº 2, abr. 2023.

_____. "The two forms of capitalism: developmentalism and economic liberalism". *Brazilian Journal of Political Economy*, vol. 37, nº 4, 2017. Disponível em: https:/doi.org/10.1590/0101-31572017v37n04a02. Acessado em: 15.02.2024.

_____. "The two methods and the hardcore of economics". *Journal of Post Keynesian Economics*, vol. 31, nº 3, 2009.

_____. "The value of the exchange rate and the Dutch disease". *Brazilian Journal of Political Economy*, vol. 33, nº 3, jul. 2013.

_____. "Washington Consensus or fiscal crisis approach?" *Working Paper* 6, University of Chicago, Department of Political Science, East-South Systems Transformations Project, jan. 1991. Disponível em: https://bit.ly/3hMSomw. Acessado em: 11.03.2024.

_____. "Why did trade liberalization work for East Asia but fail in Latin America?" *Challenge*, vol. 62, nº 4, 2019 [2018]. (Original: Fórum de Xangai, 26 a 28 de maio 2018).

_____. *A Crise do Estado*. São Paulo: Editora Nobel, 1992.

_____. *Developing Brazil*: overcoming the failure of the Washington Consensus. Boulder: Lynne Rienner Publishers, 2009.

_____. *Globalization and competition*. Nova York: Cambridge University Press, 2010.

_____. *Lucro, acumulação e crise* [*Profit, accumulation and crisis*]. São Paulo: Brasiliense, 1986.

_____. *Macroeconomia da estagnação*. São Paulo: Editora 34, 2007.

BRESSER-PEREIRA, Luiz Carlos; ARAÚJO, Eliane Cristina; PERES, Samuel Costa. "An alternative to the middle-income trap". *Structural Change and Economic Dynamics*, vol. 52, mar. 2020. Disponível em: https://doi.org/10.1016/j.strueco.2019.11.007. Acessado em: 09.03.2024.

BRESSER-PEREIRA, Luiz Carlos; ARAÚJO, Eliane; GALA, Paulo. "An empirical study of the substitution of foreign for domestic savings in Brazil". *Revista EconomiA*, vol. 15, 2014.

BRESSER-PEREIRA, Luiz Carlos; GALA, Paulo. "Macroeconomia estruturalista do desenvolvimento" ["Structuralist development macroeconomics"]. *Brazilian Journal of Political Economy*, vol. 30, nº 4, out. 2010.

_____. "Por que a poupança externa não promove o crescimento?" *Brazilian Journal of Political Economy*, vol. 27, nº 1, jan. 2007.

BRESSER-PEREIRA, Luiz Carlos; MARCONI, Nelson. "Como financiar o déficit público?" *In*: RONCAGLIA, André; BARBOSA, Nelson (Coord.). *Bidenobics nos trópicos*. Rio de Janeiro: Editora da FGV, 2021.

BRESSER-PEREIRA, Luiz Carlos; NAKANO, Yoshiaki. "Accelerating, maintaining, and sanctioning factors of inflation". *Brazilian Journal of Political Economy*, vol. 3, 1984. Disponível em: https://centrodeeconomiapolitica.org.br/repojs/index.php/journal/article/view/1872. Acessado em: 06.03.2024.

_____. "Economic growth with foreign savings?" *Brazilian Journal of Political Economy*, vol. 23, nº 2, abr. 2003. Disponível em: https://centrodeeconomiapolitica.org.br/repojs/index.php/journal/article/view/895. Acessado em: 01.03.2024.

_____. "Uma estratégia de desenvolvimento com estabilidade" ["A development strategy with stability"]. *Brazilian Journal of Political Economy*, vol. 4, nº 1, 2002. Disponível em: https://doi.org/10.1590/0101-31572002-1246. Acessado em: 05.03.2024.

_____. *The Theory of Inertial Inflation* [*Inflação e Recessão*]. Bolder: Lynne Rienner Publisher, 1987 (1984).

BRESSER-PEREIRA, Luiz Carlos; OREIRO, José Luis; MARCONI, Nelson. *Macroeconomia Desenvolvimentista* [*Developmental Macroeconomics*]. Rio de Janeiro: Campus/Elsevier, 2016.

BRESSER-PEREIRA, Luiz Carlos; PAULA, Luiz Fernando; BRUNO, Miguel. "Financialization, coalition of interests and interest rates in Brazil". *Revue de la Régulation*, vol. 27, nº 1, 2020.

BRESSER-PEREIRA, Luiz Carlos; ROSSI, Pedro. "Sovereignty, the exchange rate, collective deceit, and the euro crisis". *Journal of Post Keynesian Economics*, vol. 38, nº 3, 2015.

BRESSER-PEREIRA, Luiz Carlos; RUGITSKY, Fernando. "Industrial policy and exchange rate scepticism?" *Cambridge Journal of Economics*, vol. 42, nº 3, abr. 2018. Disponível em: https://doi.org/10.1093/cje/bex004. Acessado em: 11.03.2024.

BROADBERRY, Stephen *et al*. *British Economic Growth from 1270 to 1870*. Cambridge: Cambridge University Press, 2015.

CANITROT, Adolfo. "La experiencia populista de distribución de ingresos" ["The populist experience of income distribution"]. *Desarrollo*, vol. 15, nº 59, 1975.

CARDOSO, Fernando Henrique. "The consumption of the dependency theory in the United States". *Latin America Research Review*, vol. 12, nº 3, 1977.

CARDOSO, Fernando Henrique; FALETTO, Enzo. *Dependency and development in Latin America*. Berkeley: University of California Press, 1979 [1969].

CHANG, Ha-Joon. *Kicking Away the Ladder*. Londres: Anthem Press, 2002.

CHENERY, Hollys; BRUNO, Michael. "Development alternatives in an open economy: The case of Israel". *Economic Journal*, vol. 72, n° 285, mar. 1962.

CHESNAIS, François. "L'état de l'économie mondiale au début de la grande récession Covid-19: repères historiques, analyses et illustrations". *Alencontre*, abr. 2020.

CHIARETTI, Daniela. "Na COP 26, o fatalismo climático deve ser superado" ["At COP26, climate fatalism must be overcome"]. *Valor*, 4 out. 2021.

CHICK, Victoria. "The evolution of the banking system and the theory of saving, investment and interest". *In*: ARESTIS, Philip; DOW, Sheila C. (Coord.). *On money, method and Keynes*. Londres: Macmillan: 1992 [1985].

_____. *Macroeconomics after Keynes*. Cambridge: MIT Press, 1983.

CLINE, William. "Estimates of fundamental equilibrium exchange rates (2014)". *Policy Brief*, Washington: Peterson Institute for International Economics, maio 2014.

COAKLEY, Jerry; KULASI, Farida; SMITH, Ronald. "Current account solvency and the Feldstein-Horioka Puzzle". *Economic Journal*, vol. 106, n° 436, maio 1996.

COLACCHIO, Giorgio; DAVANZATI, Guglielmo Forges. "Endogenous money, increasing returns and economic growth: Nicholas Kaldor's contribution". *Structural Change and Economic Dynamics*, vol. 41, jun. 2017.

CORDEN, W. Max. "Booming sector and Dutch disease economics: survey and consolidation". *Oxford Economic Papers*, vol. 36, n° 3, 1984. Disponível em: http://www.jstor.org/stable/2662669. Acessado em: 16.02.2024.

CORDEN, W. Max; NEARY, J. Peter. "Booming sector and de-industrialization in a small open economy". *Economic Journal*, vol. 92, n° 368, 1982.

CRIPPS, Francis. "The money supply, wages, and inflation". *Cambridge Journal of Economics*, vol. 1, nº 1, mar. 1977.

DELONG, J. Bradford. "A history of economic whac-a-mole". *Project Syndicate*, 1º nov. 2022.

DIAMAND, Marcelo. "La estructura económica desequilibrada Argentina y el tipo de cambio" ["The Argentinean unbalanced economic structure and the exchange rate"]. *Desarrollo*, vol. 45, nº 12, abr./jun. 1972.

DOBB, Maurice. *Studies in the development of capitalism*. Londres: Routledge & Kegan, 1963.

DOMAR, Evsey. "Capital expansion, rate of growth, and employment". *Econometrica*, 1946.

DORNBUSCH, Rudiger. "Expectations and exchange rate dynamics". *Journal of Political Economy*, vol. 84, nº 6, 1976.

DORNBUSCH, Rudiger; EDWARDS, Sebastian (Coord.). *The Macroeconomics of Populism in Latin America*. Chicago: The University of Chicago Press, 1991.

DUMÉNIL, Gérard; LÉVY, Dominique. "The profit rate: where and how much did it fall? Did it recover? (USA 1948-2000)". *Review of Radical Political Economy*, vol. 34, 2002.

_____. *The Economics of the profit rate*: competition, crises and historical tendencies in capitalism. Londres: Edward Elgar, 1993.

DUWICQUET, Vincent; MAZIER, Jacques; SAADAOUI, Jamel. "Dealing with the consequences of exchange rate misalignments for macroeconomic adjustments in the EMU". *Metroeconomica*, vol. 69, nº 4, 2018.

DVOSKIN, Ariel; FELDMAN, Germán David. "Marcelo Diamand's contributions to economic theory through the lens of the classical Keynesian approach: a formal presentation of unbalanced productive structures". *Journal of Post Keynesian Economics*, vol. 38, nº 2, 2015.

ECKSTEIN, Otto. *Core inflation*. Englewood Cliffs: Prentice Hall, 1981.

EDERER, Stefan; REHM, Miriam. "Making sense of Piketty's 'fundamental laws' in a post-Keynesian framework: the transitional dynamics of wealth inequality". *Review of Keynesian Economics*, vol. 8, nº 2, 2020.

EICHENGREEN, Barry. *Capital flows and crises*. Cambridge: MIT Press, 2003.

EICHENGREEN, Barry; PARK, Donghyun; SHIN, Kwanho. "When fast growing economies slow down: international evidence and implications for China". *Asian Economic Papers*, vol. 11, 2012.

ERBER, Fábio S. "As convenções de desenvolvimento no governo Lula: um ensaio de economia política". *Brazilian Journal of Political Economy*, vol. 31, nº 1, jan. 2011.

ERBER, Georg; FRITSCHE, Ulrich; HARMS, Patrick C. "The global productivity slowdown: diagnosis, causes and remedies". *Intereconomics, Review of European Economic Policy*, vol. 52, nº 1, 2017.

EVANS, Peter B. "The state as problem and solution: predation, embedded autonomy, and structural change". *In*: HAGGARD, Stephan; KAUFMAN, Robert (Coord.). *The Politics of economic adjustment*. Princeton: Princeton University Press, 1992.

_____. *Embedded autonomy*. Princeton: Princeton University Press, 1995.

EVANS, Peter B.; RUESCHEMEYER, Dietrich; SKOCPCOL, Theda (Coord.). *Bringing the State back in*. Cambridge: Cambridge University Press, 1985.

FELDMAN, Germán D. "Harrod's foreign trade multiplier". *Research Gate*, out. 2021. Disponível em: www.researchgate.net/publication/355351581_Harrod%27s_foreign_trade_multiplier. Acessado em: 16.02.2024.

FELDSTEIN, Martin; CHARLES, Horioka. "Domestic savings and international capital flows". *Economic Journal*, vol. 90, nº 358, jun. 1980.

FELIPE, Jesus; ABDON, Amelyn; KUMAR, Utsav. "Tracking the middle-income trap: what is it, who is in it, and why?" *Levy Economics Institute*, Working Paper nº 715, abr. 2012. Disponível em: http://www.levyinstitute.org/pubs/wp_715.pdf. Acessado em: 16.02.2024.

FONSECA, Pedro Cezar Dutra. "Desenvolvimentismo: a construção do conceito" ["Developmentalism: the construction of the concept"]. *In*: CALIXTRE, André Bojikian; BIANCARELLI, André Martins; CINTRA, Marcos Antonio Macedo (Coord.). *Presente e futuro do desenvolvimento brasileiro*. Rio de Janeiro: IPEA, 2014.

FRANK, Andre Gunder. "The development of underdevelopment". *Monthly Review*, vol. 18, nº 4, 1966. Disponível em: doi.org/10.14452/MR-018-04-1966-08_3. Acessado em: 16.02.2024.

FRANKEL, Jeffrey. "The natural resource curse: a survey". *Harvard Kennedy School*, Research Working Paper Series, 2010.

FRENKEL, Roberto; ROS, Jaime. "Unemployment and the real exchange rate in Latin America". *World Development*, vol. 34, nº 4, 2006. Disponível em: doi:10.1016/j.worlddev.2005.09.007. Acessado em: 16.02.2024.

FUKUCHI, Takao; KAGAMI, Mitsuhiro (Coord). *Perspectives on the Pacific basin economy*: a comparison of Asia and Latin America. Tóquio: Institute of Developing Economies, 1990.

FURTADO, Celso. "O desenvolvimento recente da economia venezuelana" ["The recent development of the Venezuelan economy"]. *In*: _____. *Ensaios sobre a Venezuela* [*Essays on Venezuela*]. Rio de Janeiro: Editora Contraponto/Centro Celso Furtado, 2008 [1957].

_____. *Development and underdevelopment*. Berkeley: University of California Press, 1967 [1961].

GALA, Paulo. "Real exchange rate levels and economic development: theoretical analysis and econometric evidence". *Cambridge Journal of Economics*, nº 32, 2008.

GALBRAITH, James K. *Inequality and instability*. Oxford: Oxford University Press, 2011.

GALBRAITH, John Kenneth. *The New Industrial State*. Nova Jersey: Princeton University Press, 2007 [1967].

GELLNER, Ernest. *Nations and nationalism*. Ithaca: Cornell University Press, 1983.

GERSCHENKRON, Alexander. *Economic backwardness in historical perspective*: a book of essays. Nova York: Praeger, 1962.

GORDON, David. "Up and down the long roller coaster". *In*: STEINBERG, Bruce *et al*. *U.S. Capitalism in Crisis*. Nova York: The Union for Radical Political Economics, 1978.

GUARINI, Giulio; OREIRO, José Luis. "An ecological view of New Developmentalism: a proposal of integration". *Brazilian Journal of Political Economy*, vol. 42, nº 1, jan. 2022.

HAMILTON, Alexander. "Report on manufactures". *Report to the Congress of the US as Secretary of the Treasury*, 1791. Disponível em: http://bit.ly/1FaVTTg. Acessado em: 09.03.2024.

HARROD, Roy F. "An essay in dynamic theory". *The Economic Journal*, vol. 49, nº 193, 1939.

HARVEY, John T. "Modeling interest rate parity: a system dynamics approach". *Journal of Economic Issues*, jun. 2006.

_____. *Currencies, capital flows and crises*. Nova York: Routledge, 2009.

HEIN, Eckhard. "Money, interest and capital accumulation in Karl Marx's economics: a monetary interpretation and some similarities to post-Keynesian approaches". *The European Journal of the History of Economic Thought*, vol. 13, nº 1, 2006.

HEIN, Eckhard. "Money, interest, and capital accumulation in Karl Marx's economics: a monetary interpretation". *WSI-Diskussionspapier*, Düsseldorf, Hans-Böckler Stiftung, Wirtschafts- und Sozialwissenschaftliches Institut (WSI), nº 102, 2002.

HIRSCHMAN, Albert O. "The political economy of importing-substitution industrialization in Latin America". *Quarterly Journal of Economics*, vol. 82, nº 1, fev. 1968.

_____. "The rise and decline of development economics". *In*: _____. *Essays in Trespassing*. Nova York: Cambridge University Press: 1981.

_____. *Shifting involvements*. Princeton: Princeton University Press, 1982.

HOBSON, John A. *Imperialism*: a study. Nova York: James Pott & Co., 1902.

HUMPHREYS, Macartan; SACHS, Jeffrey D.; STIGLITZ, Joseph E. (Coord). *Escaping the resource curse*. Nova York: Columbia University Press, 2007.

IEA. "UN High-Level Climate Actions Champions". *Net Zero by 2050*, IEA – International Economic Agencies, 2021.

IPCC. *Climate change 2022*: impacts, adaptation and vulnerability. *Intergovernmental Panel on Climate Change Sixth Assessment report*, 2022. Disponível em: https://www.ipcc.ch/report/ar6/wg2/. Acessado em: 11.03.2024.

JAGUARIBE, Hélio. *Economic and political development*. Cambridge: Harvard University Press, 1968 [1962].

JEAN, Fourastié. *Les Trente Glorieuses*. Paris: Fayard, 1979.

JOHNSON, Chalmers. *MITI and the Japanese Miracle*. Stanford: Stanford University Press, 1982.

KALDOR, Nicholas. "Productivity and growth in manufacturing industry: a reply". *Economica*, New Series, vol. 35, n° 140, 1968.

_____. "The new monetarism". *Lloyd's Bank Review*, jul. 1970.

_____. *The scourge of monetarism*. Oxford: Oxford University Press, 1982.

KARL, Terry Lynn. *The paradox of plenty*. Berkeley: The University of California Press, 1997.

KEYNES, John Maynard. *A Tract on monetary reform*. Londres: Macmillan, 1923 [1791]. (The Collected Writings, vol. IV).

_____. *The General Theory of employment, interest and money*. Londres: Macmillan, 1936.

KING, J. E. *A History of Post Keynesian Economics since 1936*. Cheltenham: Elgar Press, 2002.

KRUGMAN, Paul. "A model of balance of payments crises". *Journal of Money Credit and Banking*, vol. 11, n° 3, 1979. Disponível em: http://www.jstor.org/stable/1991793. Acessado em: 11.03.2024.

_____. "What happened to Asia?" *In*: NEGISHI, Takashi; RAMACHANDRAN, Rama; MINO, Kazuo (Coord.). *Economic theory, dynamics and markets*. [S.l.]: Springer, 2001 [1998].

KUHN, Thomas. *The structure of the scientific revolutions*. Chicago: Chicago University Press, 1962.

LABINI, Paolo Sylos. "The Keynesians". *Banca Nazionale del Lavoro Quarterly Review*, vol. 2, n° 11, 1949.

LACLAU, Ernesto. *On populist reason*. Londres: Verso, 2005.

LANDAIS, Camille. "Les hauts revenus en France (1998-2006): une explosion des inégalités?" *Paris School of Economics*, jun. 2007.

LAPAVITSAS, Costas. *Profiting without producing*. Londres: Verso, 2013.

LAVOIE, Marc. *Post-Keynesian Economics*: new foundations. Londres: Edward Elgar, 2014.

LAVOIE, Marc; RODRÍGUEZ, Gabriel; SECCARECCIA, Mario. "Similitudes and discrepancies in Post-Keynesian and Marxist Theories of investment: a theoretical and empirical investigation". *International Review of Applied Economics*, 22 jan. 2007. Disponível em: https://www.tandfonline.com/journals/cira20. Acessado em: 07.03.2024.

LAW, John. *Money and trade considered*: with a proposal for supplying the nation with money. [S.l.]: Classic Reprint, 2015 [1705].

LAZONICK, William; MAZZUCATO, Mariana. "The risk-reward nexus in the innovation-inequality relationship: who takes the risks? Who gets the rewards?" *Industrial and Corporate Change*, Oxford University Press, vol. 22, n° 4, 2013.

LEDERMAN, Daniel; MALONEY, William F. "Trade structure and growth". *In*: _____ (Coord.). *Natural resources*: neither curse nor destiny. Washington; Stanford: World Bank and Stanford University Press, 2007.

LERNER, Abba P. "Functional Finance and the Federal Debt". *Social Research*, vol. 10, n° 1, 1943. Disponível em: https://www.jstor.org/discover/10.2307/40981939. Acessado em: 11.03.2024.

_____. *The Economics of Control*. Londres: Macmillan,1944.

LEWIS, Arthur W. "Economic development with an unlimited supply of labour". *In*: AGARWALA, Amar; SINGH, S. P. (Coord.). *The economics of underdevelopment*. Nova York: Oxford University Press, 1958 [1954].

LIMA SOBRINHO, Alexandre Barbosa. *Japão*: o capital se faz em casa. Rio de Janeiro: Paz e Terra, 1973.

LIPIETZ, Alain. "The fortunes and misfortunes of post-Fordism". *In*: ALBRITTON, Robert; ITOH, Makoto; ZUEGE, Alan (Coord.). *Phases of capitalist development*. Houndsmills: Palgrave, 2001.

LIST, Friedrich. *National System of Political Economy*. Roseville: Dry Bones Press, 1999 [1841].

LOPES, Francisco L. "Inflação inercial, hiperinflação e desinflação" ["Inertial inflation, hyperinflation, and disinflation"]. *Revista da ANPEC*, n° 7, dez. 1984.

LOVE, Joseph L. "Raúl Prebisch and the origins of the doctrine of the unequal exchange". *Latin America Research Review*, vol. 15, n° 3, 1980.

LOVETT, William A.; ECKES JR., Alfred E.; BRINKMAN. Richard L. *US trade policy*: history, theory, and the WTO. Nova York: M. E. Sharpe, 1999.

MADDISON, Angus. *Contours of the World Economy, I-2030 AD*. Oxford: Oxford University Press, 2007.

MAITO, Esteban Ezequiel. "The tendency of the rate of profit to fall since the nineteenth century and a world rate of profit". *In*: CARCHEDI, Guglielmo; ROBERTS, Michael (Coord.). *World in crisis*: a global analysis of Marx's law of profitability. Chicago: Haymarket Books, 2018.

MARCONI, Nelson *et al*. "The impact of exchange rate misalignments on manufacturing investment in Brazil". *Brazilian Journal of Political Economy*, vol. 42, nº 4, out. 2002.

MARGLIN, Stephen A. "Lessons of the golden age: an overview". *In*: MARGLIN, Stephen A.; SCHOR, Juliet. *The golden age of capitalism*. Oxford: Clarendon Press, 1990.

MARICHAL, Carlos. *Nueva história de las grandes crisis financieras*: una perspectiva global, 1873-2008. México: Editorial Debate, 2010.

MARSHALL, Alfred. *Principles of Economics*. 8ª ed. Londres: Macmillan, 1920 [1890].

MARX, Karl. *Capital*, volume III. Londres: Penguin Books, 1981 [1894]. (Escrito entre 1864-1865. Publicado por Engels).

MATSUYAMA, K. "Agricultural productivity. comparative advantage, and economic growth". *NBER Working Paper*, nº 3606, 1991.

MAZIER, Jacques; PETIT, Pascal. "In search of sustainable paths for the Eurozone in the troubled post-2008 world". *Cambridge Journal of Economics*, vol. 37, 2013.

MAZZUCATO, Mariana. *The Entrepreneurial State*: debunking public vs. private sector myths. Londres: Anthem Press, 2013.

MILANOVIC, Branko "The true world income distribution, 1988 and 2003: first calculation based on household surveys alone". *The Economic Journal*, vol. 112, jan. 2002.

_____. *Worlds Apart*: Measuring International and Global Inequality. Princeton: Princeton University Press, 2007.

MILBERG, William; WINKLER, Deborah. *Outsourcing economics*: global value chains in capitalist development. Nova York: Cambridge University Press, 2013.

MILL, John Stuart. *Principles of Political Economy*. Londres: Routledge & Kegan Paul, 1965.

MISSIO, Fabrício *et al*. "Real exchange rate and economic growth: new empirical evidence". *Metroeconomica*, 2015.

MOKYR, Joel; VICKERS, Chris; ZIEBARTH, Nicolas L. "The history of technological anxiety and the future of economic growth is this time different". *The Journal of Economic Perspectives*, vol. 29, nº 3, 2015.

MOORE, Basil J. "The endogenous money stocks". *Journal of Post Keynesian Economics*, vol. 2, nº 1, out. 1979.

_____. "The endogenous money supply". *Journal of Post Keynesian Economics*, vol. 10, nº 3, 1988.

_____. *Horizontalists and verticalists*: the macroeconomics of credit money. Nova York: Cambridge University Press, 1988.

MORANDI, L.; REIS, E. J. "Estoque de capital fixo no Brasil, 1950-2002". *Anais da ANPEC*, Encontro Nacional de Economia, vol. 32, João Pessoa, Paraíba, 2004.

MORENO-BRID, Juan Carlos. "On capital flows and the balance-of-payments-constrained growth model". *Journal of Post Keynesian Economics*, 21:2, 1998

MORCEIRO, Paulo C. "Influência metodológica na desindustrialização brasileira. *Revista de Economia Política*, vol. 41, nº 3, out. 2021.

MÜLLER-ARMACK, Alfred. "Economia social de mercado" ["Social market economy"]. *In*: MÜLLER-ARMACK, Alfred. *Regime econômico e política econômica* [*Economic regime and economic policy*]. Rio de Janeiro: Edições Tempo Brasileiro, 1983.

MUNDELL, R. A. "Capital mobility and stabilization policy under fixed and flexible exchange rates". *The Canadian Journal of Economics and Political Science*, vol. 29, nº 4, nov. 1963.

NASSIF, André; MORCEIRO, Paulo César. "Industrial policy for prematurely deindustrialized economies after the Covid-19 pandemic crisis". *Textos para Discussão*, 351, Niterói: Universidade Federal Fluminense, Faculdade de Economia, nov. 2021.

NIPUN, S. "Classical Theory of Economic Growth". *Share Your Knowledge on Economics*. Disponível em: http://www.economicsdiscussion.net/economic-growth/classical-theory-of-economic-growth-with-diagram/26276. Acessado em: 11.03.2024.

NORTH, Douglass C. *Institutions, institutional change and economic performance*. Cambridge: Cambridge University Press, 1990.

NOYOLA-VÁSQUEZ, Juan F. "El desarrollo y la Inflación en México y otros países latinoamericanos". *Investigación Económicas*, vol. 16, nº 14, 1956.

O'CONNOR, James. *The fiscal crisis of the State*. Nova York: St. Martin Press, 1973.

OKISHIO, Nobuo. "Technical changes and the rate of profit". *Kobe University Economic Review*, nº 7, 1961.

PALMA, Gabriel. "Four sources of 'de-industrialization' and a new concept of Dutch Disease". *In*: OCAMPO, José Antonio (Coord.). *Beyond reforms*: structural dynamics and macroeconomic vulnerability. Stanford: Stanford University Press; World Bank, 2005.

_____. "Globalizing inequality: 'centrifugal' and 'centripetal' forces at work". United Nations, Economic & Social Affairs, *DESA Working Paper*, nº 35, set. 2006.

_____. "The revenge of the market on the rentiers. Why neo-liberal reports of the end of history turned out to be premature". *Cambridge Journal of Economics*, vol. 33, 2009.

PAPA FRANCISCO. *Encycical Letter Laudato Si'*: on care for our common home. Vaticano: Vatican Press, 2015.

PAZOS, Felipe. *Chronic inflation in Latin America*. Nova York: Praeger, 1972.

PEIRCE, Charles Sanders. "The fixation of belief". *Popular Science Monthly*, vol. 12, nov. 1877.

PERRUCI, Robert; WYSONG, Earl. *The new class society*. Nova York: Rowman & Littlefield Publishers, 2008.

PIERSON, Paul. "Coping with permanent austerity: welfare state restructuring in affluent democracies". *In*: _____ (Coord). *The New Politics of the Welfare State*. Oxford: Oxford University Press, 2001.

PIKETTY, Thomas. *Le Capital au XXIème Siècle*. Paris: Seuil, 2013.

POMERANZ, Kenneth. *The Great Divergence*. Princeton: Princeton University Press, 2000.

POPPER, Karl R. *The Logic of Scientific Discovery*. Londres: Hutchinson, 1957 [1934].

PREBISCH, Raúl. "The economic development of Latin America and its principal problems". *CEPAL's Estudio de la América Latina 1948*, Santiago de Chile, United Nations, ECLAC, 1950 [1949].

RAJAN, Raghuram C. "A global incentive to reduce emissions". *Project Syndicate*, vol. 31, maio 2021.

RANGEL, Ignácio M. *A inflação brasileira*. Rio de Janeiro: Tempo Brasileiro, 1963.

_____. *Elementos de economia do projetamento* [*Elements of project economics*]. Salvador: Livraria Progresso Editora, 1960.

RAPETTI, Martin; SKOTT, Peter; RAZMI, Arslan. "The real exchange rate and economic growth: are developing countries special?" *International Review of Applied Economics*, vol. 26, n° 6, 2012. Disponível em: https://doi.org/10.1080/02692171.2012.686483. Acessado em: 07.03.2024.

RAZIN, Ofair; COLLINS, Suzan M. "Real exchange rate misalignments and growth". *National Bureau of Economic Research*, set. 1997. Disponível em: https://doi.org/10.3386/w6174. Acessado em: 07.03.2024.

REENEN, John Van. "Increasing differences between firms: market power and the macro-economy". *Jackson Hole Conference*, 31 ago. 2018.

REINERT, Erik S. *How rich countries got rich... and why poor countries stay poor*. Nova York: Carroll & Graf Publishers, 2007.

REINERT, Erik S.; REINERT, Sophus A. "Mercantilism and economic development: Schumpeterian Dynamics, institution building, and international benchmarking". *OIKOS*, vol. 10, n° 1, 2005.

RENAN, Ernest. *Qu'est-ce qu'une Nation?* Paris: Pocket/Agora, 1993 [1882].

RESENDE, André Lara. "A moeda indexada: uma proposta para eliminar a inflação inercial" ["Indexed Money: a proposal to eliminate inertial inflation"]. *Gazeta Mercantil*, vol. 26, set. 1984.

_____. *Juros, moeda e ortodoxia* [*Interest, currency and orthodoxy*]. São Paulo: Portfolio-Penguin, 2017.

RESENDE, André Lara; ARIDA, Pérsio. "Inertial inflation and monetary reform". *In*: WILLIAMSON, J. (Coord). *Inflation and indexation*: Argentina, Brazil and Israel. Washington: Institute for International Economics, 1985 [1984].

ROBBINS, Lionel. *Money, trade and international relations*. Nova York: Macmillan, 1971.

ROBERT, P. Flood; PETER M. Garber. "Collapsing exchange-rate regimes: some linear examples". *Journal of International Economics*, vol. 17, nº 1-2, 1984. Disponível em: https://doi.org/10.1016/0022-1996(84)90002-3. Acessado em: 16.02.2024.

ROBERTS, Michael. *The Great Depression*. Chicago: Haymarket Books, 2016.

ROBINSON, Joan. *Introduction to the theory of employment*. Londres: Macmillan, 1956.

ROBINSON, Mary. "Vivemos uma crise de justiça" ["We live in a crisis of justice"]. *Valor*, 26 out. 2021.

RODRIK, Dani. "Real exchange rate and economic growth". *Brooking Papers on Economic Activity*, 2008.

ROS, Jaime. *Rethinking economic development, growth, & institutions*. Oxford: Oxford University Press, 2013.

ROSANVALLON, Pierre. *La Société des Égaux*. Paris: Seuil, 2011.

ROSENSTEIN-RODAN, Paul. "Problems of industrialization in Eastern Europe and South-Eastern Europe". *Economic Journal*, vol. 53, jun. 1943.

ROSTOW, Walt W. *The Stages of Economic Growth*. Cambridge: Cambridge University Press, 1960.

SACHS, J. D.; WARNER, Andrew M. "Natural resources abundance and economic growth". *NBER Working Paper*, nº 5398, dez. 1995.

SACHS, Jeffrey D. "How to handle the macroeconomics of oil wealth". *In*: HUMPHREYS, Macartan; SACHS, Jeffrey D.; STIGLITZ, Joseph E. (Coord). *Escaping the resource curse*. Nova York: Columbia University Press, 2007.

_____. *Common Wealth*. Londres: Penguin Books, 2008.

SCHÄFER, Armin; STREECK, Wolfgang. *Politics in the age of austerity*. Cambridge: Polity Press, 2013.

SCHMITTER, Philippe C. "Still a century of corporatism?" *Review of Politics*, vol. 36, nº 1, 1974. Disponível em: https://doi.org/10.1017/S0034670500022178. Acessado em: 01.03.2024.

SCHNEIDER, Ben Ross. "Big business and politics of economic reform: confidence and concertation in Brazil and Mexico". *In*: MAXFIELD,

Sylvia; SCHNEIDER, Ben Ross (Coord.). *Business and the State in developing countries*. Ithaca: Cornell University Press, 1997.

_____. *Bureaucracy and industrial policy in Brazil*. Pittsburgh: Pittsburgh University Press, 1991.

SCHUMPETER, Joseph A. *Theory of economic development*. Oxford: Oxford University Press, 1961 [1911].

SERRA, Antonio. *A Short treatise on the wealth of nations*. Ed. por Sophus A. Reinert. Londres: Anthem Press, 2011 [1613].

SHAIKH, Anwar. "An introduction to the history of crisis theories". *US Capitalism in Crisis*, Nova York, Union for Radical Political Economy, 1978. Disponível em: http://gesd.free.fr/shaikh78.pdf. Acessado em: 06.03.2024.

SHONFIELD, Andrew. *Modern capitalism*. Oxford: Oxford University Press, 1969.

SIMON, Herbert A. "Theories of decision-making in economics". *American Economic Review*, vol. 49, n° 3, jun. 1959. Disponível em: http://www.jstor.org/stable/1809901. Acessado em: 06.03.2024.

_____. *Models of Man*. Nova York: Wiley, 1957.

SIMONSEN, Mário Henrique. *Inflação*: gradualismo x tratamento de choque [*Inflation*: gradualism x shock treatment]. Rio de Janeiro: ANPEC, 1970.

SINGER, Hans. "The distribution of gains between investing and borrowing countries". *American Economic Review*, vol. 40, maio 1950.

SINN, Stefan. "Saving-investment correlations and capital mobility: on the evidence from annual data". *Economic Journal*, vol. 102, 1992.

SKIDELSKY, Robert. *Keyne*: the return of the master. Londres: Penguin Books, 2009.

SOLOW, Robert M. "A contribution to the theory of economic growth". *Quarterly Journal of Economics*, vol. 70, 1956.

_____. "Technical Change and the Aggregate Production Function". *Review of Economy and Statistics*, vol. 70, 1957.

_____. "Thomas Piketty is right: everything you need to know about 'Capital in the Twenty-First Century'". *New Republic*, abr. 2014.

SOUZA JUNIOR, José Ronaldo de C.; CORNELIO, Felipe Moraes. "Estoque de capital fixo no Brasil: séries desagregadas anuais, trimestrais e mensais". *IPEA, Texto para Discussão 2580*, Rio de Janeiro, ago. 2020.

SPENCE, Michael. *The Next convergence*: the future of economic growth in a multispeed world. Nova York: Farrar, Straus and Giroux, 2011.

STEWART, James. *An inquiry into the principles of political economy*. Londres: A. Millar & T. Cadell, 1767.

SUMMERS, Lawrence. "US economic prospect: secular stagnation, hysteresis, and the zero lower bound". *Business Economics*, vol. 49, n° 2, 2014. Disponível em: https://doi.org/10.1057/be.2014.13. Acessado em: 11.03.2024.

TAVARES, Maria da Conceição. "The growth and decline of import substitution in Latin America". *In*: BIELSCHOWSKY, Ricardo (Coord). *ECLAC's Thinking - Selected Texts 1948-1998*. Santiago de Chile: ECLAC, 2016 [1963].

TAYLOR, Lance. *Structuralist macroeconomics*. Nova York: Basic Books, 1983.

THIRLWALL, Anthony P. "Balance of payments constrained growth models: History and overview". *School of Economics Discussion Papers*, Canterbury, n° 11, 2011. Disponível em: https://www.econstor.eu/handle/10419/50582. Acessado em: 05.03.2024.

_____. "The balance of payments constraint as an explanation of international growth rates differences". *Banca Nazionale del Lavoro Quarterly Review*, vol. 128, 1979.

THIRLWALL, Anthony P.; HUSSAIN, M. Nureldin. "The balance of payments constraint, capital flows and growth rates differences between developing countries". *Oxford Economic Papers*, vol. 34, n° 3, nov. 1982. Disponível em: https://www.jstor.org/stable/2662591. Acessado em: 07.03.2024.

TORVIK, Ragnar. "Learning by doing and the Dutch disease". *European Economic Review*, vol. 45, n° 2, 2001.

VIEIRA, Flávio Vilela; DAMASCENO, Aderbal Oliveira. "Desalinhamento cambial, volatilidade cambial e crescimento econômico: uma análise para a economia brasileira (1995-2011)". *Brazilian Journal of Political Economy*, vol. 36, n° 4, 2016. Diponível em: http://dx.doi.org/10.1590/0101-31572016v36n04a03. Acessado em 02.04.2024.

WADE, Robert. *Governing the market*. Princeton: Princeton University Press, 1990.

WADE, Robert; VENEROSO, Frank. "Asian crisis: the high debt model versus the Wall Street-Treasury-IMF complex". *New Left Review*, vol. 228, mar. 1998.

WALLERSTEIN, Immanuel. *Geopolitics and geoculture*: the capitalist world economy. Cambridge: Cambridge University Press; Paris: Maison des Sciences de l'Homme, 1991.

_____. *The modern world-system*. Nova York: Academic Press, 1974.

WEBER, Max. "Politics as a Vocation" 1946 [1919]. *In*: GERTH, H. H.; MILLS, Wright (Coord.). *From Max Weber*. Nova York: Oxford University Press, 1958 [1946]. (Publicado originalmente em 1919, baseado em conferência em Munique, em 1917).

WEINTRAUB, Sidney. "A theory of monetary policy under wage inflation". *In*: _____. *Keynes, Keynesians and Monetarists*. Philadelphia: University of Pennsylvania Press, 1978 [1974].

WILLIAMSON, John. "Estimates of FEER". *In*: _____ (Coord.). *Estimating Equilibrium Exchange Rates*. Washington: Institute for International Economics, 1994.

_____. "Exchange rate economics". *Working Paper Series*, Peterson Institute for International Economics, Washington, 2008.

_____. "FEERs and the ERM". *National Institute Economic Review*, n° 137, 1991.

WRAY, L. Randall. *Modern money theory*: a primer on macroeconomics for sovereign monetary. 2ª ed. rev. Londres: Palgrave Macmillan, 2015.

YONGBOK, Jeon. "Balance-of-payment constrained growth: the case of China, 1979-2002". *International Review of Applied Economics*, vol. 23, n° 2, 2009.

LISTA DE ILUSTRAÇÕES

Gráficos

Gráfico 3.1 – Países ricos, China e Índia. Crescimento da renda per capita 1500-1950 ... 74

Gráfico 11.1 – Crescimento *per capita* da Inglaterra 1270-2016 ... 202

Gráfico 11.2 – PIB industrial *per capita* (2014) e PIB *per capita* (PPC, 2011) ... 204

Gráfico 11.3 – Taxa de lucro esperada e taxa de investimento ... 212

Gráfico 11.4 – Exportações, importações e crescimento do PIB ... 215

Gráfico 12.1 – Conta corrente e a taxa de câmbio ... 222

Gráfico 12.2 - Ciclo da taxa de câmbio em países em desenvolvimento – sem doença holandesa ... 230

Gráfico 13.1 – Conta corrente e taxa de câmbio de equilíbrio ... 236

Gráfico 14.1 – Ciclo da taxa de câmbio em países em
desenvolvimento com doença holandesa ... 252

Gráfico 14.2 – Um imposto de exportação neutraliza a
doença holandesa alterando a curva de oferta ... 257

Gráfico 15.1 – Desigualdade de renda nos EUA 1910-2010 ... 277

Gráfico 15.2 – Desigualdade de renda na França 1910-2010 ... 278

Gráfico 15.3 – Produtividade e taxa salarial nos
EUA 1948-2014 ... 281

Gráfico 16.1 – Comparação do crescimento per capita
do Brasil e do Leste da Ásia (1954-2019) ... 288

Gráfico 16.2 – Indústria de transformação no Brasil,
1948-2018 (% do PIB) ... 290

Quadros

Quadro 3.1 – Formas históricas das sociedades e
instituições coordenadoras ... 71

Quadro 4.1 – Fases e formas de desenvolvimento
capitalista e taxas de crescimento ... 95

Quadro 9.1 – Taxa de lucro constante, tipos de
progresso técnico e taxa salarial ... 175

Quadro 16.1 – Crescimento *per capita* da América
Latina e do Leste da Ásia antes e depois da década de 1980 ... 289

ÍNDICE ONOMÁSTICO

Acesso à demanda (teoria) – p. 15, 125, 239, 241, 296

Acumulação de capital (ou investimento) – p. 40, 67, 68, 82, 95, 120, 125, 171, 180, 182, 201, 205, 241

    Condições gerais da acumulação de capital – p. 82, 117, 118, 125

Alemanha – p. 25, 29, 43, 79, 80, 91, 97, 101, 104, 119, 132, 135, 136, 217, 222, 223, 234, 241, 260

Anti-imperialismo – p. 56

Arábia Saudita – p. 228, 270, 271

Arestis, Philip – p. 169

Argentina – p. 59, 232, 245, 248, 258, 259, 289, 300

Argumento da indústria infante – p. 260, 294, 287, 297

Argumento da neutralização da doença holandesa – p. 18, 253, 298

Arrighi, Giovanni – p. 75, 93

Atkinson, Anthony – p. 275

Austeridade – p. 19, 37, 42, 88, 127, 128, 129, 132, 133, 134, 135, 136, 137, 153, 299

    E síndrome da austeridade – p. 132, 133

Banco Mundial – p. 12, 13, 46, 131, 219, 254

Bancos – p. 25, 61, 62, 80, 107, 118, 129, 130, 137, 138, 141, 142, 143, 144, 146, 147, 148, 149, 150, 151, 152, 160, 163, 170, 198, 199, 232, 294, 296, 299

    Centrais – p. 13, 14, 18, 21, 24, 26, 34, 40, 45, 57, 61, 62, 69, 72, 76, 79, 80, 84, 85, 93, 99, 130, 137, 138. 141, 142, 143, 146, 147, 149, 150, 152, 160, 166, 170, 172, 175, 187, 198, 199, 254, 294, 296, 299, 300

    Comerciais – p. 16, 27, 67, 73, 77, 99, 118, 141, 189, 190, 196, 232

    Públicos – p. 292, 294, 301, 62, 72, 78, 79, 103, 107, 108, 128, 129, 137, 138, 139, 146, 185, 233, 243, 244, 265

Blinder, Alan – p. 169, 170

Blyth, Mark – p. 135

Brasil – p. 11, 13, 14, 37, 42, 43, 48, 49, 59, 68, 69, 79, 84, 136, 138, 139, 144, 145, 146, 156, 192, 195, 196, 227, 232, 236, 237, 240, 242, 243, 251, 259, 260, 260, 270, 273, 284, 285, 286, 287, 289, 290, 291, 292, 293, 294, 296, 298, 301, 303, 319, 323, 328

Braudel, Fernand – p. 99, 75, 93

Burguesia – p. 27, 42, 45, 59, 66, 67, 73, 74, 77, 80, 98

Capital – p. 16, 17, 40, 55, 56, 65, 66, 67, 68, 77, 82, 93, 94, 95, 97, 114, 120, 121, 122, 124, 125, 126, 130, 131, 133, 141, 144, 146, 171, 172, 173, 174, 175, 177, 178, 179, 180, 182, 183, 184, 188, 189, 190, 198, 199, 201, 202, 202, 205, 206, 207, 208, 209, 210,

212, 217, 218, 220, 221, 223, 224, 225, 228, 231, 234, 236, 237, 238, 239, 241, 255, 262. 275, 276, 279, 283, 284, 294, 298, 301

Carbono, mercado de – p. 268, 269

Cardoso, Fernando Henrique – p. 310, 311

Centro-periferia – p. 57, 58, 60

Chenery, Hollis – p. 219, 311

Chick, Victoria – p. 147, 151, 161

China – p. 17, 19, 46, 54, 71, 74, 75, 79, 82, 83, 85, 88, 106, 118, 122, 172, 202, 216, 217, 222, 224, 228, 269, 284, 286, 287, 289, 303

Ciclo cambial – p. 125, 229, 231, 232, 238, 244, 295

Cidades-estado – p. 95, 96

Ciências metodológicas – p. 21, 22, 23, 32

Ciências substantivas – p. 21, 22, 23, 32

Coalizão desenvolvimentista – p. 78, 80, 97

Coalizão financeiro-rentista – p. 16

Coeficiente de Gini – p. 278

Colonialismo – p. 101

Competitividade – p. 16, 51, 131, 141, 178, 192, 196, 220, 223, 234, 235, 270

Corden, Max W. – p. 249, 250, 255, 311

Coreia do Sul – p. 13, 45, 46, 69, 79, 82, 83, 130, 227, 248, 287, 289, 298

Cripps, Francis – p. 159

Crises financeiras – p. 121, 125, 129, 131, 144

    Crise e balanço de pagamentos – p. 212, 218, 230, 231, 238

    Crise de 2008 (financeira global) – p. 33, 128, 144

    Grande crise da dívida externa dos anos 1980 – p. 14, 44, 45, 79, 220, 285, 287, 293

Curva de Philips – p. 159

Custo de produção – p. 114, 194, 257

Custo marginal – p. 115, 116

Custo unitário do trabalho – p. 55, 162, 194, 195, 196, 331

Déficit(s) em conta-corrente – p. 17, 51, 54, 78, 82, 85, 126, 130, 131, 146, 191, 217, 219, 220, 221, 222, 223, 224, 225, 226, 227, 228, 229, 230, 231, p. 17, 51, 54, 78, 82, 85, 126, 130, 131, 146, 191, 217, 219, 220, 221, 222, 223, 224, 225, 226, 227, 228, 229, 230, 231, 234, 235, 236, 240, 243, 244, 245, 251, 294, 296, 299, 301

    E crise de balanço de pagamentos – p. 230, 231

Déficit público – p. 127, 129, 136, 301

DeLong, Bradford – p. 169

Demanda – p. 12, 15, 16, 28, 35, 49, 52, 82, 103, 114, 115, 116, 123, 125, 126, 127, 128, 129, 130, 137, 138, 142, 143, 148, 149, 151, 153, 155, 156, 158, 159, 160, 161, 162, 163, 164, 165, 166, 168, 169, 170, 181, 185, 190, 198, 211, 213, 214, 215, 216, 218, 219, 223, 231, 239, 240, 241, 244, 255, 257, 259, 270, 275, 283, 284, 296

    Efetiva – p. 12, 123, 127, 128, 156, 271

    Acesso à demanda – p. 15, 16, 82, 125, 239, 241, 296

Dependência, teoria da – p. 239, 241, 296

ÍNDICE ONOMÁSTICO

Desenvolvimento (ou crescimento) econômico (conceito) – p. 14, 15, 16, 17, 18, 20, 27, 36, 40, 42, 45, 46, 50, 56, 58, 62, 65, 66, 67, 68, 72, 73, 74, 76, 78, 83, 92, 95, 108, 116, 117, 124, 129, 141, 155, 171, 172, 193, 201, 202, 205, 212, 239, 240, 261, 263, 266, 267, 268, 291, 293

Desenvolvimentismo Estruturalista Clássico – p. 11, 12, 13, 18, 36, 37, 39, 40, 41, 42, 44, 45, 47, 50, 51, 52, 53, 54, 57

Desenvolvimento sustentável – p. 267

Desigualdade econômica – p. 274, 91, 109, 172

Diamand, Marcelo – p. 248

Dinheiro – p. 35, 37, 61, 80, 123, 135, 137, 139, 140, 141, 143, 147, 148, 149, 150, 151, 152, 157, 189, 193, 196, 210, 223, 301, 302

Moeda – p. 37, 27, 44, 49, 54, 55, 61, 126, 130, 131, 135, 138, 139, 142, 147, 148, 149, 150, 151, 152, 156. 157, 158, 160, 161, 163, 164, 165, 166, 169, 189, 190, 192. 193, 194, 195, 196, 197, 198, 199, 217, 221, 223, 226, 227, 231, 232, 234, 237, 238, 241, 243, 248, 249, 253, 256, 259, 262, 290, 294, 295

    Moeda estrangeira – p. 55, 130, 192, 193, 194, 196, 197, 198, 217, 223. 231, 238, 262, 294

    Moeda forte – p. 44

    Moeda nacional – p. 54, 126, 131, 152, 198, 226, 227, 234, 243, 249, 253, 256, 259, 290, 295

    Oferta de moeda – p. 138, 142, 149, 150, 152, 158, 160, 166, 223

    Quantidade de moeda – p. 49, 135, 147, 163

    Valor da moeda estrangeira – p. 55, 192, 194, 196, 197

Distribuição funcional da renda – p. 175, 176, 182

Dívida externa – p. 14, 15, 17, 19, 44, 45, 46, 47, 51, 55, 60, 79, 121, 130, 131, 146, 220, 224, 230, 231, 232, 235, 236, 241, 251, 284, 287, 291, 293, 295

Doença holandesa – p. 17, 18, 44, 47, 48, 51, 53, 54, 55, 60, 70, 83, 90, 106, 121, 187, 193, 194, 228, 229, 234, 235, 244, 247, 248, 249, 250, 251, 252, 253, 254, 254, 255, 256, 257, 258, 259, 260, 261, 271, 272, 284, 285, 287, 294, 295, 296, 298, 299, 300, 302, 303

> E sua neutralização – p. 53, 70, 247, 257, 272, 284, 296, 298, 299, 300, 302, 303

Dornbusch Rudiger – p. 189, 242, 243, 312

Economia política – p. 11, 15, 21, 25, 26, 27, 28, 29, 30, 32, 36, 39, 40, 47, 48, 49, 50, 68, 97, 98, 111, 112, 113, 114, 118, 119, 124, 158, 182, 193, 283

Economia Política Clássica – p. 25, 26, 27, 28, 112, 113, 114, 118, 158, 182, 193

Economistas – p. 11, 12, 14, 16, 17, 18, 21, 22, 24, 25, 26, 28, 30, 31, 32, 33, 34, 35, 36, 37, 40, 43, 44, 47, 57, 58, 61, 65, 68, 81, 90, 96, 97, 98, 103, 108, 112, 113, 114, 115, 116, 117, 128, 136, 138, 139, 145, 146, 148, 156, 157, 160, 163, 164, 167, 169, 170, 172, 179, 182, 183, 184, 185, 197, 203, 205, 207, 108, 210, 215, 224, 225, 231, 232, 238, 242, 244, 245, 247, 249, 253, 254, 260, 261, 262, 263, 266, 286, 295, 296

> Desenvolvimentistas – p. 12, 13, 17, 18, 25, 26, 33, 39, 41, 42, 44, 46, 47, 56, 57, 59, 60, 62, 69, 70, 79, 81, 85, 87, 89, 90, 92, 103, 104, 108, 109, 116, 117, 172, 220, 243, 244, 258, 260, 261, 262, 293, 294, 300

> Liberais – p. 12, 13, 25, 26, 30, 33, 43, 44, 43, 46, 47, 58, 60, 63, 69, 70, 76, 78, 88, 89, 90, 92, 96, 97, 101, 105,

ÍNDICE ONOMÁSTICO

106, 108, 119, 120, 131, 136, 146, 185, 238, 244, 258, 260, 261, 262, 274, 176, 280, 284, 287, 292, 303

Educação – p. 45, 72, 82, 103, 107, 116, 125, 184, 185, 201, 205, 228, 291, 292, 302

Edwards, Sebastian – p. 242

Efeito Balassa-Samuelson – p. 192, 196, 197

Efeito estufa – p. 267, 269

Elites – p. 57, 58, 69, 70, 72, 102, 136, 253, 287, 293, 298, 303

    Agrárias – p. 69, 293

    Econômicas – p. 12, 13, 23, 25, 30, 33, 34, 35, 50, 57, 58, 82, 87, 91, 102, 117, 124, 125, 127, 132, 159, 175, 208, 226, 237, 253, 283, 297, 302, 303, 319

Empresários – p. 57, 62, 69, 77, 78, 82, 89, 95, 99, 100, 101, 103, 104, 105, 108, 141, 210, 241, 253

Equilíbrio corrente (da taxa de câmbio) – p. 48, 230, 234, 240, 244, 247, 250, 251

Equilíbrio da dívida externa – p. 251

Equilíbrio Fundamental – p. 235

Equilíbrio Industrial – p. 16, 48, 194, 230, 235, 236, 247, 250, 251, 257

Estado desenvolvimentista – p. 40, 50, 62, 69, 76, 77, 78, 79, 80, 81, 84, 85, 91, 98, 108, 109

Estado liberal – p. 100, 109

Estado-nação – p. 12, 16, 50, 56, 65, 66, 69, 70, 72, 73, 80, 83, 87, 91, 99, 109, 181, 243, 301

Estados Unidos – p. 13, 32, 34, 43, 44, 59, 60, 79, 81, 90, 91, 93, 100, 101, 105, 106, 118, 129, 130, 160, 161, 192

Evans, Peter – p. 14, 42, 62, 77

Externalidades – p. 41, 113, 117, 297

Expectativas – p. 21, 23, 32, 34, 129, 143, 159, 160, 166, 167, 168, 189

Expectativas racionais – p. 21, 23, 32, 34, 159, 160, 166, 167, 168

Faletto, Enzo – p. 59

Falsificacionismo – p. 23

Fases do capitalismo – p. 94, 171, 181

    Fase capitalista-gerencial – p. 103

    Fase liberal-industrial – p. 95, 99, 100

    Fase mercantilista – p. 79, 91, 96, 97

Financiamento monetário – p. 138, 139, 140, 233

Financistas – p. 78, 98, 105, 120, 121, 139, 144, 146, 185, 199, 224, 262, 275, 303

Fisher, Irving – p. 157, 158

FMI – p. 46, 130, 131, 144, 145, 232, 237

Formas de coordenação econômica – p. 50, 88, 286

    Desenvolvimentista – p. 11, 13, 14, 15, 25, 33, 34, 40, 42, 43, 44, 45, 50, 51, 62, 68, 69, 70, 76, 77, 78, 79, 80, 81, 83, 84, 85, 87, 88, 89, 90, 91, 92, 95, 97, 98, 101, 102, 103, 104, 105, 106, 108, 109, 111, 124, 125, 127, 136, 178, 187, 219, 250, 279, 286, 287, 293

ÍNDICE ONOMÁSTICO

Liberal – p. 12, 13, 14, 15, 16, 24, 28, 31, 32, 33, 34, 37, 66, 68, 69, 70, 76, 81, 88, 89, 90, 91, 95, 97, 99, 100, 101, 103, 109, 126, 129, 153, 156, 178, 205, 214, 224, 231, 235, 245, 260, 275, 276, 278, 279, 280, 284,285, 286, 289, 293, 296

Formas de organização social – p. 70, 71

França – p. 25, 29, 75, 79, 80, 89, 91, 96, 101, 104, 117, 172, 173, 256, 277, 282

Frank, André Gunder – p, 45, 59

Friedman, Milton – p. 158, 166

Furtado, Celso – p. 12, 58, 67

Fuel, Tomás Heródoto – p. 254

Galbraith, John K. – p. 67

Gellner, Ernest – p. 55, 72

Grande Divergência – p. 74, 75

Guarini, Giulio – p. 271

Hamilton, Alexander – p. 43, 81, 96, 260, 297

Harvey, John T. – p. 187

Hayek, Friedrich – p. 30

Hiperinflação – 168, 223, 245

Holanda – p. 98, 147, 247

Hume, David – p. 135

Hussain, M. Nureldin – p. 215, 217, 218, 324

Idealismo filosófico – p. 31

Imperialismo – p. 11, 28, 29, 45, 52, 56, 57, 58, 69, 75, 80, 83, 101, 102, 255, 301

Industrialização – p. 13, 17, 25, 29, 40, 42, 43, 52, 53, 56, 57, 58, 69, 76, 80, 81, 84, 85, 87, 90, 92, 96, 97, 108, 116, 192, 203, 205, 213, 214, 229, 247, 253, 255, 256, 258, 260, 261, 266, 279, 286, 287, 289, 290, 293, 296, 297, 298, 302, 303

Inflação – p. 16, 37, 49, 50, 62, 82, 91, 120, 121, 123, 125, 126, 127, 131, 135, 136, 137, 138, 139, 142, 145, 146, 147, 149, 150, 152, 153, 155, 156, 157, 158, 159, 160, 161, 162, 163, 164, 165, 166, 167, 168, 169, 170, 199, 223, 231, 233, 238, 245, 249, 257, 258, 184, 285, 287, 293, 294, 297, 299, 303

 E teoria monetarista – p. 37, 62, 135, 148, 156, 157, 160, 163, 168, 169

 E teoria pós-keynesiana – p. 149, 151, 156, 157, 160, 163, 169

Inflação inercial – p. 16, 37, 49, 121, 147, 150, 155, 156, 157, 163, 164, 165, 166, 168, 169

Inflação de custos – p. 159, 163

Investimentos diretos – p. 221, 224, 295

Japão – p. 45, 62, 79, 81, 82, 83, 84, 107, 129, 130, 137, 138, 228

Johnson, Chalmers – p. 45, 62, 76, 82

Kaldor, Nicholas – p. 12, 41

Kalecki, Michal – p. 33

Kennedy, Charles – p. 213

Keynes, John Maynard – p. 33

King, J. E. – p. 148, 151, 161, 316

Knapp, George Friedrich – p. 61

ÍNDICE ONOMÁSTICO

Labini, Paolo Sylos – p. 148

Leste da Ásia – p. 285, 286, 289, 293, 297, 298, 303

Lima, Gilberto Tadeu – p. 19

Limitações da teoria econômica – p. 170

List, Friedrich – p. 43, 90, 97, 260, 297

Lei das vantagens comparativas – p. 69, 203

Liberalismo econômico – p. 11, 13, 16, 21, 27, 28, 29, 30, 31, 34, 35, 50, 57, 58, 68, 76, 78, 80, 88, 89, 90, 100, 102, 103, 112, 116, 119, 253

Lucros – p. 15, 16, 35, 66, 67, 73, 84, 94, 95, 114, 115, 133, 162, 167, 171, 172, 175, 176, 177, 181, 182, 183, 198, 302, 303

Macroeconomia – p. 12, 14, 15, 16, 19, 33, 35, 36, 37, 47, 48, 49, 50, 51, 52, 54, 61, 111, 112, 113, 120, 124, 125, 158, 159, 160, 169, 187, 206, 233, 237, 283, 296

> Macroeconomia do desenvolvimento – p. 19, 47, 49, 52, 54, 111, 124

Mais-valia – p. 28, 114, 115, 115, 185

Maldição dos recursos naturais – p. 252, 253, 254

Marconi, Nelson – p. 19, 49, 139

Marshall, Alfred – p. 27, 30, 31, 35, 112

Marx, Karl – p. 27, 28, 142

Marxismo – p. 29, 60

McCombie, John – p. 215

Método hipotético-dedutivo – p. 21, 28, 30, 31, 32, 34, 36, 112

Método histórico – p. 12, 21, 22, 28, 29, 34, 39, 62

Método histórico-dedutivo – p. 34

Mercantilismo – p. 25, 26, 27, 65, 68, 73, 85, 87, 89, 95, 97, 98, 99, 101, 104, 147, 214

México – p. 13, 43, 79, 84, 295, 301

Microeconomia – p. 30, 34, 50, 52, 111, 112, 113, 114, 117, 118, 120, 125, 296

    Neoclássica – p. 11, 12, 16, 21, 23 27, 29, 30, 31, 32, 33, 34, 36, 40, 42, 50, 63, 87, 105, 112, 113, 115, 116, 135, 136, 142, 151, 158, 161, 188, 189, 212, 237, 250, 255, 296

    Da Economia Política Clássica – p. 27, 28, 113, 114, 118, 158

    Do Novo Desenvolvimentismo – p. 21, 97, 157

Milanovic, Branko – p. 97, 157, 21

Modelo de dois hiatos – p. 219, 220

Modelo de Thirlwall – p. 212

Monarcas – p. 26, 98, 99

Moore, Basil – p. 149

Moreno-Brid, Juan Carlos – p. 215

Multinacionais – p. 56, 60, 82, 295

Nação – p. 12, 55, 56, 57, 65, 73, 108, 117, 201, 298

Nacionalismo – p. 50, 55, 56, 57, 60, 109, 118, 286

Nakano, Yoshiaki – p. 19, 49, 164, 239

Natureza, proteção da – p. 263, 264, 265, 267, 272

ÍNDICE ONOMÁSTICO

Neoliberalismo – p. 15, 33, 46, 76, 85, 87, 88, 89, 92, 106, 107, 119, 135, 205, 258, 284, 286, 299, 300

    Colapso do neoliberalismo – p. 85, 87, 258

Novo Desenvolvimentismo – p. 11, 14, 18, 20, 21, 37, 39, 46, 47, 49, 51, 97, 121, 153, 157, 187, 233, 263, 271, 284, 286, 294, 296, 298, 303

    Comparado com Desenvolvimentismo Estruturalista Clássico – p. 51

    Comparado com Teoria Econômica Pós-Keynesiana – p. 54

O'Connor, James – p. 132, 133

Oreiro, José Luis – p. 19, 49, 271

Organização das Nações Unidas – p. 58, 263, 264, 267, 269, 272, 273

Organização Mundial do Comércio – p. 258, 286

Ortodoxia liberal – p. 24, 30, 32, 33, 34, 37, 126, 129, 153, 156, 224, 285, 286, 293

Países centrais – p. 13, 14, 21, 34, 45, 57, 61, 69, 76, 79, 80, 84, 85, 99, 172, 254, 300

Países periféricos – p. 13, 14, 29, 69, 76, 79, 81, 84, 92

Países subdesenvolvidos – p. 40, 41, 211

Papa Francisco – p. 274

Paridade de poder de compra (PPP) – p. 55, 188, 189, 190, 192, 193, 194, 197

Peirce, Charles – p. 22

Pierson, Paul – p. 134

Piketty, Thomas – p. 275, 276, 283

Política de déficit em conta corrente – p. 191, 220, 221, 224, 229, 235, 296, 299

Política de crescimento com endividamento externo – p. 55, 126, 187, 219, 220, 231, 296, 299

Política de crescimento com poupança externa – p. 19, 217, 225, 233, 239, 295, 296

Política fiscal – p. 123, 127, 128, 233

Política monetária – p. 62, 141, 145, 147, 151, 152, 199, 237, 238

Popper, Karl – p. 23

Populismo cambial – p. 19, 221, 224, 230, 243, 244, 301

Populismo fiscal – p. 47, 243, 293, 301

Poupança interna – p. 16, 51, 126, 127, 219, 222, 224, 225, 226, 227, 228, 301

Prebisch, Raúl – p. 12, 41, 57, 203

Preços macroeconômicos – p. 16, 50, 52, 54, 78, 91, 107, 120, 122, 125, 141, 142, 155, 171, 187

Princípio da subsidiariedade – p. 91, 119

Privatização – p. 15, 82, 83, 107, 287, 291

Produtividade do trabalho – p. 67, 121, 162, 173, 177, 179, 195, 196, 201, 205, 206, 208, 264

Produtividade total dos fatores – p. 173, 208

Produtividade do capital – p. 94, 172, 173, 174, 175, 177, 182, 206, 209, 275, 279, 284

Progresso técnico – p. 17, 41, 68, 94, 95, 116, 171, 172, 173, 174, 175, 176, 178, 179, 180, 182, 201, 202, 205, 209, 269

ÍNDICE ONOMÁSTICO

Rajan, Raghuram – p. 270

Rangel, Ignacio – p. 42, 149

Reino Unido – p. 13

Relação capital-trabalho – p. 284

Relação produto-capital – p. 94, 172, 173, 174, 175, 176, 178, 179, 181, 206, 279

Rentistas – p. 55, 78, 105, 121, 126, 139, 141, 144, 146, 185, 191, 196, 199, 210, 222, 223, 224, 227, 243, 244, 254, 262, 275, 296, 299, 301, 302, 303

Restrição externa – p. 214, 218, 219, 245

E modelo de Thirlwall – p. 212

Revolução Capitalista – p. 16, 25, 40, 53, 65, 66, 67, 69, 73, 74, 75, 79, 83, 85, 92, 106, 173, 178, 201

    Formação do estado-nação – p. 16, 66, 73

    Revolução industrial – p. 18, 65, 67, 73, 75, 83, 97, 98, 107, 109, 173, 202, 203, 279

Revolução da Tecnologia da Informação – p. 275, 279, 283, 284

Revolução Democrática – p. 103

Revolução Organizacional – p. 102, 103

Ricardo, David – p. 28, 99, 214

Risco-país – p. 141, 143, 145, 146, 171, 198

Robinson, Mary – p. 274

Rosenstein-Rodan, Paul – p. 41, 297

Sachs, Jeffrey – p. 255

Salários – p. 15, 16, 19, 28, 29, 35, 41, 55, 57, 66, 67, 94, 101, 105, 106, 108, 114, 115, 126, 128, 142, 156, 159, 161, 162, 163, 167, 169, 172, 174, 175, 176, 179, 180, 181, 182, 183, 184, 185, 191, 195, 196, 223, 224, 227, 231, 235, 243, 244, 249, 275, 279, 281, 282, 284, 302

Sawyer, Malcolm – p. 37, 169

Serra, Antonio – p. 26, 42, 214

Sistema financeiro – p. 82, 125, 142, 219

Smith, Adam – p. 27, 28, 96, 97, 99

Sofisticação produtiva – p. 52, 108, 205, 292

Stuart Mill, John – p. 28

Subdesenvolvimento – p. 58, 206

Subsídios de exportação – p. 284, 287, 296, 298, 300, 303

Substituição de importações – p. 42, 43, 44, 45, 53, 213, 256, 287, 293

Termos de troca – p. 40, 41, 190, 197, 198, 203, 217, 218, 238, 300

Tailândia – p. 79, 130

Tarifas aduaneiras – p. 90, 293, 297

    E o argumento da indústria infante – p. 297

    E o argumento da neutralização da doença holandesa – p. 18, 53, 298

Tavares, Maria Conceição – p. 43

Taxa de câmbio – p. 15, 16, 19, 24, 48, 50, 51, 54, 55, 77, 78, 82, 83, 90, 91, 120, 121, 122, 124, 125, 126, 129, 142, 168, 187, 188, 189, 190, 191, 192, 193, 194, 196, 197, 198, 199, 213, 221, 222,

223, 225, 226, 227, 229, 230, 231, 233, 234, 235, 236, 237, 238, 239, 240. 241, 242, 243, 244, 245, 247, 248, 250, 251, 253, 257, 258, 259, 262, 285, 290, 295, 296, 299, 303

    Determinação da – p. 16, 53, 55, 142, 152, 187, 190, 197

    Teoria do acesso à demanda – p. 239, 241

    E conta corrente – p. 54, 55, 120, 125, 191, 242, 245

Taxa de juros – p. 16, 19, 35, 50, 55, 61, 91, 120, 121, 129, 137, 138, 141, 142, 143, 144, 145, 147, 151, 152, 153, 171, 181, 185, 189, 190, 198, 199, 209, 211, 231, 285, 296

Taxa de lucro – p. 16, 35, 50, 82, 91, 114, 115, 120, 121, 122, 128, 141, 171, 172, 173, 174, 175, 176, 177, 178, 179, 180, 181, 182, 183, 184, 185, 193, 209, 210, 211, 212, 275, 279, 283, 284, 290

Taxa de salários – p. 16, 142

Teoria do valor – p. 30, 112, 114

Teoria ou Escola Austríaca – p. 30, 32, 105, 119

Teoria ou Escola da Regulação – p. 40, 61, 104

Teoria ou Escola Monetária Moderna – p. 37, 40, 61, 137, 152

Teoria ou Escola Neoclássica – p. 31, 63, 87, 112, 115, 116, 158, 161

Teoria ou Escola Pós-Keynesiana – p. 33, 36, 157, 163, 169

Thirlwall, Anthony – p. 212, 213, 214, 215, 216, 217, 218, 324

Utilidade marginal – p. 30, 115

Valor-trabalho – p. 28, 115, 183

Valor da moeda estrangeira – p. 55, 192, 194, 196, 197

Warner, Andrew – p. 255

Weintraub, Sidney – p. 36, 161, 162, 163, 169

NOTAS

NOTAS

A Editora Contracorrente se preocupa com todos os detalhes de suas obras! Aos curiosos, informamos que este livro foi impresso no mês de junho de 2024, em papel Polen Soft Natural 80g.